Hans Henning Grote
Die Höhle von Beauregard: Erlebnis der Westfront 1917

edition militaris

ISBN: 978-3-96389-010-9
Druck: edition militaris, 2018
Die edition militaris ist ein Imprint der Diplomica Verlag GmbH.

© edition militaris, 2018
http://www.diplomica-verlag.de
Printed in Germany
Alle Rechte vorbehalten.
Die edition militaris übernimmt keine juristische Verantwortung oder irgendeine Haftung für evtl. fehlerhafte Angaben und deren Folgen. Der Inhalt ist im historischen Kontext zu lesen.

Hans Henning Grote

Die Höhle von Beauregard

Erlebnis der Westfront 1917. Erinnerungen aus dem
Ersten Weltkrieg am westlichen Kriegsschauplatz

Ich widme dieses Buch einem Geschlecht, das um der Gesamtheit des deutschen Volkes willen seine Jugend begrub, noch ehe sie beginnen konnte, und darum ewig jung geblieben ist. Aus den Gräbern von Ypern und Verdun, vom Chemin des Dames und der Somme leuchtet mahnend das Licht unsterblicher Taten, würdig einer stolzen Vergangenheit, Warnung der harrenden Gegenwart, Verheißung für die Zukunft.

Ich fordere die wenigen auf, die der Tod der Schlachten verschonte, nicht um Genusses, sondern der ehernen Verpflichtung willen: es gilt, die Brücke zu hämmern, die Vergangenheit und Gegenwart verbindet, sinnvoll Geschlecht mit Geschlecht zu verknüpfen, damit der Faden nicht abreiße, der heute scheinbar am Boden schleift. Wir aber sind der Pol, um den sie suchend kreisen!

Ich weiß mich eins mit meinem Geschlecht, wenn es der flimmernden Welt der Rhetorik Abkehr schwor, fremd im eigenen Vaterland, weil nur die Tat ihm allen Lebens höchsten Sinn bedeutet.

Also rufe ich das Geschlecht der Front auf, aus dem Unbewußten den Tatwillen zu schweißen, durch den sich die Scheidung der Geister und Menschen vollziehen wird, auf daß die Deutschen der Gegenwart aus der stinkenden Höhle schmachvoller Verzweiflung die verheißungsvollen Lande der Freiheit betreten. Denn es ist weder Freiheit noch Befriedung der Menschheit außer durch die Freiheit der Nationen!

Das ist nun schon der dritte Frühling, den wir hier draußen erleben. Die hellen Mondnächte sind gut für die Menschen, die ihrem Ruf nachgehen können. Dann streichelt das helle Himmelslicht milde ihre Unrast und löst sie in Wärme und Friedlichsein. Aus einer verborgenen Tür tritt plötzlich die Liebe hervor und nimmt sie in zärtliche Arme. Sünde tun wird zur Pflicht, und ist auch nicht Sünde, weil es menschlich ist.

Aber sind wir noch Menschen? Uns peinigt der holde Duft, der aus den weiten Wäldern aufsteigt wie ein betörender Zauber und unser gebändigtes Blut toll macht, daß es wild gegen die Ketten begehrt und aufschreit in unendlicher Sehnsucht. Wir vergessen, daß wir im Kriege sind, denn die Nächte sind so hell und lang. Aber der holde Traum wird zur reißenden Qual, wenn aus des Waldes Lichtung plötzlich ein Pferd aufwiehert, das den Morgen erwartet, sein Futter, das Wasser, wenn jäh ein Soldatenruf die stille Nacht erschüttert, weil irgendein Melder die Postenkette durchqueren will. Hat uns ein Gott das Denken gegeben, so müssen wir es vertreiben, wenn wir bestehen wollen.

Aber warum wollen wir bestehen? Ist das Leben nicht besser als das Sterben, das uns drei Jahre schon verschonte, weil es uns, gerade uns für ein besonderes Fest erkoren hat?

Die hellen Nächte sind schön, aber grausam. Denn wenn wir schon glaubten, daß wir uns an den Tod gewöhnt hätten, so lehren sie uns, daß noch immer etwas vom Menschsein in uns ist. Sollen wir's festhalten, müssen wir's vertreiben? In Mainächten ist es schwer, die Antwort darauf zu finden, denn der Frühling ist Leben, und Leben müssen wir vernichten. Also will es das Gebot.

Das Waldlager bei Cessières ist früh lebendig. Da tummeln sich die Grenadiere am nahen Bach und genießen wohlig seine reinliche Kühle, in einem Tümpel weiter entfernt plantschen die Pferde und spülen den schmierigen Lehm von den Fesseln, den sie noch vom Chemin des Dames her bis in diesen Frieden mit sich geschleppt haben.

Meine Kompanie ist die letzte, die zum Exerzieren antritt. Es kommt mir nicht auf die Länge der Arbeit an, aber auf die Güte. Und weil die Männer das wissen, spielen die Glieder um so leichter. Sie vergessen so eher die Mühen des Drills, der ihnen hier mitten im Kriege sinnlos erscheinen wird. Und dennoch ist er notwendiger denn je, auch wenn die Nächte nicht so frühlingsvoll hinter uns liegen.

„Sie sind ein Rebell", hat der Hauptmann erst heute morgen zu mir gesagt, und einen Augenblick lang schien es fast so, als ob er's ernst meinte. „Warum haben Sie immer den kürzesten Dienstzettel? Das grenzt schon fast an Schlamperei!"

Ich stelle nur die Gegenfrage: „Hatten Herr Hauptmann denn gestern bei der Besichtigung den Eindruck, daß die vierte Kompanie die schlechteste ist?"

„Das nun gerade nicht, aber der Bataillonsbefehl hat sich deutlich genug geäußert."

Ich sage aus dem Kopf ihm vor: „Die durch die letzten schweren Kämpfe erschütterte Haltung der Truppe ist durch straffen Dienst und strenge Zucht wiederherzustellen. Ich überlasse den Herren Kompanieführern die Art und Weise, wie sie die allgemeine Stimmung der ihnen anvertrauten Unteroffiziere und Mannschaften zu heben haben. Neue schwere Kämpfe stehen dicht bevor."

Der Hauptmann steht mit schiefem Kopf zur Seite. Er wendet sich schroff zum Gehen. Aber dann kehrt er auch schon zurück, beugt sich zu mir nieder und flüstert geheimnisvoll: „Vielleicht schon heute abend — —."

Ich salutiere: „Wir sind bereit. Nur die hundert Mann Ersatz machen mir Sorge, die reinen Kinder. Es ist ein Jammer, daß man ihnen keine Zeit mehr lassen kann. Und nur zwei Unteroffiziere und den Leutnant W. als Unterführer. Es ist wie in einer Kinderbewahranstalt."

„Fürchten Sie sich?" schneidet des Hauptmanns Stimme und hat einen unangenehmen Ton.

Ich bleibe ruhig. „Sorge ist nicht dasselbe wie Furcht. Und das schlimmste ist, daß ich mich seit Tagen schon mit einigen Brustschmerzen herumschleppe, die nicht weichen wollen. Man kommt nicht gern um Ehre und Reputation."

Nun merkt auch der Hauptmann auf.

„Erzählten Sie nicht einmal, daß es Sie 1915 an der Lunge traf? Fragen Sie den Arzt, man muß vorsichtig sein, und wir brauchen Sie."

Ich zucke die Achseln. „Wenn der Einsatz schon wieder dicht bevorsteht? Wer soll mich vorläufig ersetzen! Es wird schon gehen. Man hat mir ja auch meinen verdienten Urlaub wegen Unabkömmlichkeit verweigert, obwohl die Mannschaften meiner Zeit schon lange fort sind, zum Teil schon wieder zurück."

Die Waldschneise entlang rast ein Radfahrer, er erkennt uns, springt rasch ab. Der Mann reicht dem Hauptmann ein gelbes Kuvert. „Eilt!" steht darauf zu lesen. Der öffnet mit einem vielsagenden Blick auf mich und zeigt mir dann den eng bekritzelten Wisch. „Die Offiziere des Bataillons zum Regimentsstab, die Kompanien für den Abend marschbereit halten!"

Wenige Augenblicke später sind wir zu achten auf dem Wege in das Dorf, wo in einem niedrigen Bauernhause der Regimentsadjutant schon ungeduldig auf uns wartet. Er macht auch eine entsprechende Bemerkung, die ihm aber der Hauptmann kurz abschneidet: „Wir sind keine Hexenmeister!"

Die Situation ist klar. Das vor Anicy le Chateau liegende Landwehr-Regiment erwartet spätestens morgen früh einen feindlichen Angriff. In der Tat ist das grummelnde Feuer an der Front stärker geworden, wenn es mir auch scheinen will, als käme es weiter von Westen her, wie ja auch der große Angriff auf den Chemin des Dames, den wir eben erst am Winterberg siegreich abgeschlagen haben, just am Kanal abschneidet, an dem sich der linke Flügel des Hilfe heischenden Regiments befindet. Die alten Landwehrknaben haben Gas gerochen, Grund genug, daß wir aus unserer eben erst begonnenen, wohlverdienten Ruhe aufgeschreckt werden. Vielleicht war es auch nur der Pulverdampf der neben ihnen tobenden Schlacht, wie er in solcher Stärke noch niemals in ihre Nasen gestiegen sein mochte. Gleichgültig, wir müssen marschieren.

Mein Freund Hesse, der Musiker, der die zweite Kompanie führt, schlägt mich auf die Schultern.

„Aus mit Deinen Gedichten, aus mit meiner neuen Symphonie, alter Schwede, das heißt", er lächelt vergnügt, „ich nehme das Manuskript doch mit."

Er hat die gleiche Ansicht wie ich, die sich auf nichts anderes stützt als auf unser Gefühl, das wir in diesen langen Kampfjahren fehlerfrei ausgebildet haben, so daß es oft nicht nur uns, sondern auch andern das Leben rettete — wenn es darauf ankommt.

Wir trennen uns bald, denn bis zum Einbruch der Dunkelheit, die zum Einmarsch nach vorn benutzt werden soll, gibt es noch eine Fülle Arbeit. Munitionsempfang und Gewehrappell, Handgranatenfassen — meinem jungen Ersatz ist das Mordinstrument noch sehr wenig vertraut —, Verpflegungsempfang und Unterschriften über Unterschriften.

Der Urlaub ist nun auch für die Grenadiere gesperrt. Fünf Mann sollten heute los. Nach einer kurzen Beratung mit dem Feldwebel, der ein bedenkliches Gesicht macht, entschließe ich mich, sie nun doch fahren zu lassen. Sie waren eben schon abgefertigt, noch ehe der Befehl mich erreichte. Auf diese fünf kommt es für den Kampf nicht an, aber darauf, daß sie durch die Enttäuschung nicht umgeworfen werden. Wenn sie wiederkommen, werden sie um so brauchbarer sein. So denke ich, denn ich weiß, wie es mit solcher Enttäuschung ist. Wir Führer können sie unterkriegen, denn wir haben ein Amt, dessen Verantwortung wir zu jeder Stunde fühlen. Es gibt uns nicht mehr frei, so sehr wir auch in schwachen Stunden dagegen angehen wollen. Wir müssen! Das ist Härte und Süße zugleich.

Der Pfleger bringt mein braunes Pferd — das wievielte ist es schon seit damals, als wir auszogen! Ich streichle die borstige Kruppe, schwinge mich in den Sattel.

Auf der Waldschneise erwartet mich schweigend die Kompanie. Im letzten Augenblick noch hat mir der Hauptmann den Leutnant W. zurückbehalten, als Führerreserve, wie es heißt. Es gab einen unangenehmen Auftritt, aber er war der Stärkere. Ich fühlte dabei, daß meine Schmerzen in der Brust doch mehr waren als nur ein vorübergehendes Unwohlsein. Denn danach sank ich einen Augenblick lang wie mit Keulen niedergehauen zusammen. Erst als ich den Braunen unter mir hatte, die Reihe der Meinen entlang ritt, spannte sich die Kraft neu, rauschte das Blut frischer, dachte ich nicht mehr an mich selbst.

An einem Wegkreuz hinter dem Dorfe sammelt sich das Bataillon. Wir werden zunächst geschlossen marschieren, bis sich dann die erste und dritte Kompanie samt dem Stabe von uns abtrennen. Hesse und ich kommen direkt nach Anicy hinein, das unter starkem Beschuß liegt, vor allem während der Dunkelheit. Die Vierte nimmt die Spitze, ist mir auch das liebste.

Die Nacht ist schmeichelnd warm. Vom mondhellen Himmel grüßen Tausende von Sternen. Zuweilen brummen die Motoren eines Fliegers über unsern Häuptern. Da wir nicht unterscheiden können, ob Freund oder Feind, und nach Bomben kein Verlangen tragen, gibt es jedesmal ein längeres Halten. Fast meine ganze Kompanie, die in den letzten Kämpfen so gut wie aufgerieben wurde und den schmerzlichen Stolz besitzt, die meisten Verluste im Regiment davongetragen zu haben, ist bis auf wenige Ausnahmen kriegsungewohnt. So hat der junge Ersatz seine helle Freude an dem noch ungefährlichen Kriegsspiel. Die beiden Unteroffiziere können keine Ordnung hineinbringen. Ich galoppiere vor und zurück und ordne die einzelnen Gruppen unter den Baumdächern.

Gewiß, die „Kinder", wie ich sie nenne, arme Kinder, halten

das wieder für höchst überflüssige Schikane. Der Tag wird nicht mehr fern sein, wo sie wissen, warum das alles so sein muß, und daß es für sie geschieht. Leutnant W. fehlt mir auf Schritt und Tritt, aber der Hauptmann weiß vielleicht, was er mir zutrauen kann. Ich fürchte, es ist zu viel.

Wenige Kilometer vor Anicy, aus dem der Einschlag schwerer Granaten schon lange hörbar wurde, teilt sich die Kompanie auf meinen Befehl in einzelne schwache Abteilungen. Schon erwarten mich die Vorkommandos, die die Kellerunterkünfte, in denen wir zu einem Eingreifen bei dem Landwehr-Regiment bereitliegen sollen, erkundet und verteilt haben. Sie berichten, daß der Eingang des Dorfes unter Feuer schwerer Artillerie liegt. Da heißt es abwarten, denn wir werden vorne ja noch nicht dringend benötigt. Nur ich selbst will vorausgehen, um die Lage zu klären. Allzu dicht scheint der Feuerriegel nach dem, was wir hören, nicht zu sein. Doch nur an Ort und Stelle wird man völlige Gewißheit haben.

Mit nur noch zwei Mann, das Pferd lasse ich zurück, mache ich mich auf den Weg. Die Straße selbst liegt klar übersehbar vor uns, kein feindliches Feuer hindert den Weg. Aber je mehr wir uns dem Dorfe nähern, in das wir hineinmüssen, wird auch das Anheulen der feindlichen Geschosse immer deutlicher hörbar. Wir erkennen Schußrichtung und Einschlag. In der Tat, sie sperren Anicy le Chateau vor uns ab, so, als ob sie von unserem bevorstehendem Einzuge etwas wüßten. Nun, die Kompanie ist noch weit, und mich selbst werden sie nicht hindern.

Wir sind bis an die ersten Gehöfte gelangt, die die beginnende Dorfstraße ankündigen. In ihrem Schatten warten wir den ersten Einschlag ab, den nächsten noch, und wissen nun die Zwischenräume der Schüsse. Das ist schon so viel wie ein zurückgewonnenes Leben.

Wenn meine Kompanie noch aus Frontschweinen bestünde — aber so! Die Jungens laufen mir mitten hinein. Ich schicke den Gefreiten zurück mit dem Befehl, wieder zu mir zu stoßen. Er soll der Kompanie Bescheid bringen, daß sie dicht vor den ersten Häusern des Ortes zu halten habe und so lange warten müsse, bis ich den Vormarsch befehle.

Hinter uns rasselt es an, ein Proviant- oder Munitionswagen, der nach vorne will. Ich weiß nicht, zu welchem Truppenteil er gehört, glaube auch, er kann über seinem eigenen Lärm die Granateinschläge nicht wahrnehmen. Ich will dem Fahrer noch etwas zurufen, aber er ist mit seinen vier schweren Gäulen schon vorüber wie ein gespenstisches Gefährt.

Wir vermögen nun selbst vor dem Lärm, bis das Wagengeräusch vor uns endlich verstummt, das feindliche Feuer nicht klar heraus zu hören.

Jetzt — eine ganze Gruppe schossen die drüben, blutroter Flammenschein schießt jäh empor und verbrennt die Landschaft. Sind das nicht auch Schreie, höre ich nicht das Stampfen wildgewordener Hufe? Ich gebe dem Melder neben mir ein Zeichen, aus dem Dunkel keucht schon der zweite heran, der von der Kompanie zurück ist; jetzt ist's Zeit, jetzt laden die drüben! Vorwärts!

Wir passieren in jagendem Laufe in dem Dorf ein. Da verhält der stürmende Schritt jäh vor einer dunklen, stöhnenden Masse, die sich vor uns am Boden wälzt. Der Wagen, es traf ihn! Nun ist es gleichgültig, wann der nächste Schuß auf uns selbst niedergehen wird. Hier ist Hilfe nötig.

Wir erkennen jetzt auch: Pferde sind es, die dort verendend im Straßenstaube mit den Hufen wirbelnde Kreise schlagen. Das Gesträng ward schon zerschnitten, nur noch zwei, die der tödliche Schuß traf, kämpfen hier um den letzten Atem. Der Fahrer ist mit den beiden anderen schon auf und davon. Er hat schnell gehandelt. Denken wir jetzt an uns, denn nur noch eine Viertelminute trennt uns vom nächsten Schuß.

Wir springen hinter einen Mauervorsprung. Es ist mehr das Gefühl, das uns hier Sicherheit verleiht, als die schwachen Balken es vermögen, die uns bei einem Treffer unter sich begraben müssen.

Da heult schon wieder eine neue Lage heran. Die ganze Batterie schießt drüben. Verdammt, sie halten genau auf uns!

Doch als sich Staub und Qualm verzogen haben, der uns einhüllte, daß uns ein heftiges Husten ankam, sind wir heil. Aber man soll das Glück nicht zum zweiten Male versuchen, es gibt sichere Plätze, von denen aus man das weitere beobachten kann. Außerdem haben wir keine Zeit, die Schießübung der französischen Artillerie, von deren Güte wir schon seit langem durchaus überzeugt sind, als ein Hindernis für eigene Pläne anzusehen.

Leider verschwand der Mond. Aber auch so noch wird es gelingen, einen Umweg um die Schußstelle zu erkunden, der für die Kompanie gangbar und vor allem sicher ist. Ich mache mich auf, steige über Trümmer, schreite durch zerfallene Gärten, bleibe fluchend in einem Drahtzaun stecken, aus dem mich der Melder befreit. Dort hinten ist ein Feldweg, der ins Dorf hineinführt. Es gilt, die Verbindung zur Chaussee zu suchen. Eine halbe Stunde Pirsche, wir haben sie, und der Melder macht sich auf, die Kompanie nachzuführen.

Um Mitternacht ist alles in seinen Kellern. An das Bataillon geht die Meldung. Ich male die Buchstaben:

„Trotz des die ganze Nacht hindurch währenden Beschusses von Anicy hatte die Kompanie keine Verluste."

Dann wirft mich das Fieber auf das Bett.

Bett ist ein übertriebener Ausdruck, aber wir schliefen zumeist schlechter. Denn eine sehr weiche, wenn auch, wie sich bald herausstellte, verlauste Matratze dient meinem zerschlagenen Leib als Unterlage.

In dem Rest dieser Nacht habe ich scheußliche Träume. Ich sitze mitten in dem Pferdeknäuel auf der Chaussee von Anicy und er läßt mich nicht los. Heiß, brennend heiß, läuft das rote Blut über mich und verklebt mir die Augen. Da wache ich schreiend auf, sehe mich verdutzt in dem niedrigen Keller um, den das behagliche Schnarchen meiner Melder heftig erschüttert. Was war doch? Ach ja, das heiße Blut, ich fühle es noch immer. Aber als ich die feuchte Stirn mit den Händen streiche, sehe ich, daß es nur Schweiß ist, der meinen ganzen Körper einhüllt und ihn matt und widerstandslos macht.

Rock und Hemd herunter, hinein in eiskaltes Wasser, wollen sehen, wer stärker ist! Das Bad erfrischt auch, mehr noch der dünne Kaffee von gestern abend, der auf Hartspiritus frisch gewärmt wurde. Ich schlürfe ihn in durstigen Zügen. Was gab's zum Brotaufstrich? Nur Marmelade, Horchpostenschmalz, keine Hindenburgbutter! Dann kann es nicht so schlimm stehen, und die Landwehr sah Gespenster, wie wir es geahnt hatten. Mir soll es doppelt recht sein, denn lange macht der Körper nicht mehr mit. Ein paar Wochen Ruhe, dann werden ich und die andern wieder mehr Freude an ihm haben.

Noch schiebe ich den Gedanken weit von mir zurück. Noch ist keine Gewißheit vorhanden, daß alles ruhig bleibt, und die Kinder sorgen mich, der ich selbst vor noch nicht langer Zeit Kind war, ehe das große Sterben übers Land schritt.

Ich gehe die sogenannten Stellungen ab, denn es sind ja nur Keller, in denen die Grenadiere sehr vergnügt liegen, ihre Pfeifen schmauchen und gewißlich denken: so angenehm hätten wir uns den Krieg nicht gedacht. Wenn ich darum zu sorgen hätte, nie würde ihnen ihre Illusion genommen. Hurra und Hoch und einige Tote, aber immer der andere, so hatte auch ich mir einst den Krieg vorgestellt. Und ein Hohenfriedberger Marsch würde dabei sein oder der Torgauer, der Yorcksche: ach Gott, was ist daraus geworden!

Aber nur der Anfang der Erkenntnis ist schwer, und viele sind darüber auch nicht hinausgekommen, denn die Kugel traf sie vorher. Nun ist es schon lange her, daß ich belehrt wurde, Jahre wohl. Es ist alles von uns abgeglitten, was nur Spiel und eitler Glanz waren, wie wir heute wissen. Erst hat uns das Andere, das Wahre, fast überwältigt, manche vielleicht auch niedergeschlagen, was weiß ich davon! Aber nun ist ein Gefühl in mir, als ob irgend etwas Neues in der Seele dicht vor seinem Erwachen stünde. Ich weiß auch, daß ich nur deshalb nicht sterben möchte, um es noch erleben zu können, welches Gesicht es auch tragen mag,

Zuweilen kommt mir dabei der lächerliche Gedanke, den ich

vor andern nicht auszusprechen wage: daß sie mich nicht treffen werden, ehe dieses Seltsame sich vollendet hat.

Das Bataillon hat uns noch mit einer Inspizierung verschont. Wir haben auch keine Sehnsucht nach der vorgesetzten Behörde. Wir leben nun schon den zweiten Tag höchst zufrieden in dem verwunschenen Nest. Erst in der Nacht, zuweilen auch um die Mittagsstunden und bei Beginn der Dämmerung, wenn die drüben wissen, daß unsere Feldküchen unterwegs sind, brüllt es vor den eisernen Grüßen seiner Landsleute vor Schmerzen laut auf und vergießt die Tränen, die der arme Leib aus Stein und Holz besitzt: Fensterglas, Steine, ganze Balken.

Als ich mein bescheidenes Mittagsmahl löffle, dicke Erbsen mit markiertem Speck, mein Lieblingsessen übrigens, haut es oben ein. Der Keller schwingt einmal nach rechts und einmal nach links, so daß wir sehr erstaunte Gesichter machen. Aber dann umgibt er uns wieder unbeweglich. Draußen aber rasselt's und prasselt's.

Ich warte noch einige Zeit, dann gehe ich schleunigst hinaus, den Schaden zu besehen. Die Treppe, die in das Obergeschoß meines Hauses führt, ist halb verschüttet, aber noch benutzbar. Ich steige sie vorsichtig hinauf, schon auf dem ersten Absatz breche ich halb durch die Diele.

Als ich mich am Geländer wieder emporrankte, heult eine neue Granate heran. Diesmal aber trifft's die Kirche grad' gegenüber. Vom Dachgeschoß aus, in das sich vorhin der Volltreffer setzte, erblicke ich die mir zugekehrte hohe Wand des Gotteshauses, wie sie sich langsam hernieder neigt und jetzt mit donnerndem Krachen zu Boden stürzt, daß die Steine um mein Haus prasseln und ich rasch den Kopf zurückziehe, um nicht von ihnen getroffen zu werden. Ohne den Schuß in mein eigenes Heim, der die Aussicht nach dem Platz mit der Kirche öffnete, weil er die Wand durchschlug und ein fensterbreites Loch riß, wäre mir der Anblick nicht vergönnt gewesen.

Er packt mich irgendwie tief. Wir haben hier ja Zeit zum

denken und genießen das zeitweilige Feuer auf das Dorf wie ein Jahrmarktschauspiel, nur daß es ein wenig nervenstachelnder ist, geht es doch auch dicht an dem Leben vorbei. Aber doch vorbei, wenn wir gut aufmerken.

Drei weitere Schüsse folgen, dann ist wieder Stille. Sie sind der ersten breiten Wunde nachgegangen, vergrößern die unheilbare.

Die Kirchen sind in diesem Kriege immer beliebte Ziele. Wenn sich früher in ihrem Schutz die Gläubigen geborgen haben, so kann man das heute keinem raten. In weitem Bogen sind wir im Kampffeld, und soweit nach hinten der Beschuß reichte, stets eilig um sie herumgegangen, wenn es nur irgend möglich war. Vielleicht gibt es auch keine Gläubigen mehr, die ihren schirmenden Arm verdienen. Im Namen Gottes versenden sie hüben wie drüben ihr tödliches Eisen und flehen um den Sieg ihrer gerechten Sache. Ich würde lachen, wenn einer käme und die Gerechtigkeit der unsrigen bestreiten wollte. Um ihretwillen bin ich hier und habe den Gedanken an meine Jugend begraben, bewußt und ohne Klage. Wir alle haben das getan.

Aber haben die drüben keinen Glauben? Selbst die französische Einwohnerschaft, die nun seit Jahren schon unter unserer Besatzung leidet — so leidet, daß wir oft haben denken müssen, wie man bei uns in der Heimat solche Widerwärtigkeiten ertragen würde! — hat ihren Glauben nicht verloren.

Wo war es doch? An der Somme wohl, als wir zum zweiten Male aus dem großen Totenloch herauskamen, zerfleddert und zerfledert. Ja, ich entsinne mich, bei Monchy-Lagache war es. Da kam ich mit einem alten französischen Bauern ins Gespräch, einem der letzten Bewohner des nicht kleinen Dorfes, der nicht geflüchtet war. Er hatte sich nicht trennen wollen von seinem kleinen Anwesen, und da er sich gelegentlich dienstbar erwies, hatte der Ortskommandant bei der allgemeinen Evakuierung ein Auge zugedrückt. Nun saß der Alte inmitten der Feinde, die ihm durchaus wohlgesinnt waren, so etwas wie Freundschaft bestand sogar zwischen ihm und den deutschen Soldaten.

Am Abend vor unserm Weitermarsch war es, da geriet ich mit ihm in ein politisches Gespräch. So felsenfest war unsere Überzeugung, daß die Franzosen, die für ihre Verbündeten die Hauptlasten an Blut und Geld zu tragen haben, als Geschlagene aus diesem Kriege hervorgehen werden, schon jetzt geschlagen sind, daß ich ihr auch Ausdruck gab. Aber der Alte lächelte nur und stand mit seinem flatternden, weißen Barte, den großen, jetzt unheimlich brennenden Augen wie ein Prophet, als er phrasenreich erklärte:

„Les Francais ne seront vaincus jamais —, jamais. Le jour de la gloire sera bientot venu!"

Er also hat seinen Gott und wir den unsern, und alle glauben. Um dieses Glaubens willen aber zerschmettern die Menschen die heiligen Stätten, die sie ihm errichtet haben.

Es ist eine sinnlose Zeit, sie scheint wie ein Abgrund zwischen zwei Jahrhunderte gestellt. Aber nur das, was vor ihr war, kennen wir. Das Heraufdämmernde können wir nur ahnen. Jeder aber erklärt seine schwachen Umrisse, die er schon zu sehen glaubt, anders. Niemand weiß, was daraus werden soll. Wen der Abgrund nicht verschlingt, der wird einen weiten Sprung wagen müssen in unbekanntes Land.

Am Mittag fühle ich mich etwas besser. Ein Fieberthermometer ist gottlob nicht zur Hand. Man hat von hinten für die Truppe schlechten Obstschnaps, für den das IX. A. K. als Hersteller zeichnet, herausgesandt. Er schmeckt wirklich wie Medizin, man hört die Engel im Himmel dabei pfeifen, aber der Krankheit scheint er gut zu bekommen.

Das fühle ich jetzt, als ich mich zum zweiten Postenrundgang auf die Strümpfe mache, bei dem ich am Kanal noch in einen gesegneten Feuerüberfall hineingerate, vor dem mein Melder und ich in einem Chausseegraben Deckung suchen.

Auf so etwas muß man immer gefaßt sein. Man gewöhnt sich daran wie an die Anpfiffe der Vorgesetzten. Beides läßt kalt, und wenn es vorüber ist, ist es nicht gewesen.

Hesse hat mit seiner Kompanie den Ostteil des Ortes inne. Ich treffe ihn in einem Obstgarten, den er mit Tisch und Stühlen aus irgendeinem zerschossenen Hause wohnlich eingerichtet hat. Die abgerissenen Zweige deuten darauf hin, daß hier noch kürzlich ein Artilleriesegen niedergegangen sein muß. Er störte den Musikus nicht. Und richtig, auch jetzt treffe ich ihn eifrig bei der Arbeit. Aber der Freund ist doch geneigt, sie um meinetwillen vorläufig zu beenden.

„Eigentlich müssen wir der sickrigen Landwehr unsern Dank sagen", ruft Hesse mir entgegen. „Das ist ein Dorado hier. Hinten störten uns die Stäbe, hier sind wir wieder Könige. Wenn man erst wieder drin ist, ist mir die dicke Luft noch immer am liebsten. Hier sind wir w i r !"

Und er stimmt das schöne Lied an: „Lebt denn der alte Hahnauer noch, Hahnauer noch?" und ruft den paar Grenadieren seines Kompaniestabes, die grinsend aus den Kellern lugen, zu: „Mitbrüllen, Jungens: Ja, ja, er lebt noch, er zippelt, zappelt noch!"

Gewaltig schwillt der Chorus an, und ich tue mit, so blöde es auch ist.

Hesse füllt mir einen Trinkbecher voll Kaffee aus seinem Kochgeschirr und bietet mir aus einem Pappkarton, der die Handschrift einer Frau trägt, schon ein wenig bröckligen Kuchen an.

„Du siehst verdammt schlecht aus", bemerkt er dann und sieht mir prüfend ins Gesicht. „Gewaschen hast du dich wohl ausnahmsweise, hier ist ja Zeit dazu. Also ist's schlimmer, als du denkst. Ja, warum gibt die Bande dir denn deinen Urlaub nicht, du bist doch dran?"

„Was heißt hier dran", sage ich wegwerfend, „wir sind doch unabkömmlich, wir dreimal prämiierten Krieger. Ehre, Ruhm, was weiß ich!"

„Davon wirst du kaum gesund werden, und wenn sie dir in den nächsten Tagen vor die Plautze schießen, was dann, he! Dann ist wohl der Krieg aus, weil du nicht ersetzt werden kannst?"

Er grinst spitzbübisch.

„Um solchen Preis, mein Lieber, solltest du dich opfern, auf der Stelle, marsch! Die nächste Artillerielage ist sowieso gleich wieder fällig, die Jungens sind schon fürsorglich in ihren Bau gekrochen. Ich werde mich ihnen anschließen, du aber bleibst gefälligst hier." Aber er hat mich schon unter den Arm gefaßt, zieht mich mit sich fort.

Als wir gerade die Kellertreppe hinuntertappen, hört man schon aus der Gegend der Windmühle eins, drei, vier scharfe Schläge, die Abschüsse der feindlichen Batterie. Wie Peitschenknallen klang's dicht hintereinander, man kann bis acht zählen, dann sind die vier Schüsse schon in dem Garten, den wir eben verlassen haben.

Hesse lugt hinaus, schreit wütend auf: „Gemeinheit, mein Tisch!"

Dort, wo wir eben noch plauderten, wo die gemütliche Ecke des Kameraden sich befunden hat, ist nichts mehr zu sehen als ein kleines, kreisrundes Loch. Der Teufel mag die Überreste des zersplitterten Holzes zusammensuchen, soweit sind sie zerstreut worden.

Wir warten noch eine zweite Lage ab, dann klettern wir schleunigst wieder an die frische Luft.

„Du könntest dir eigentlich eine gemütlichere Ecke aussuchen", bemerke ich zu dem Freunde.

„Ist das etwa nicht gemütlich", trotzt er dagegen. „Abwechslung muß sein. Ich spiele mit denen drüben Verstecken. Wenn sie durchaus die Hausgeräte ihrer Landsleute zerschießen wollen, mir kann's gleich sein. Siehst du, der Meyer schafft schon wieder Ersatz, nur ruhig neben den Granattrichter stellen, mein Junge. Da haben wir denn gleich die Latrine neben uns, bequemer kann es uns doch nicht gemacht werden."

Wir lachen.

Dann mit einem Male wird Erich Hesse nachdenklich. „Ich beneide dich eigentlich, daß du jetzt für ein paar Wochen herauskommst. Als ich das letztemal im Februar auf Urlaub war, hatte ich wenig davon. Sie führten in der Berliner Philharmonie meine Symphonie auf, du weißt. Man hatte damals soviel anderes im Kopf. Um das, was Heimat ist, konnte ich mich nicht recht kümmern, wollte es auch nicht aus begreiflichem Künstleregoismus heraus. Aber wir hätten es sehr nötig, diesen Faden mit der Heimat nicht zu verlieren. Wir untereinander, wir Frontleutnants und die Leute dazu, das ist ein festes Band, das steht zusammen gegen Tod und Teufel, gegen Franzmann und die Schreibfledderer oben, die immer nur mobil werden, wenn das Schießen aufhört. Aber wenn nun einmal Frieden ist, was wird dann? Dann haben die andern, auf die es nicht ankommt, endgültig Oberwasser."

"Darum brauchst du dir am wenigsten Sorge zu machen", entgegne ich. "Du nimmst deine Siebensachen und kehrst in dein Zivilleben zurück. Wir aber werden dann 'in Schule genommen', und die Leute, die heute bei den Stäben und in der Etappe sitzen, vielleicht auch Prinzen erziehen, während wir 'freudig' unser Blut verspritzen, werden sich anschicken, uns die Kriegskunst zu lehren. Das ist so sicher wie das Amen in der Kirche."

"Es ist die eine Seite", nickte Hesse. "Aber damit ist die Sache doch kaum erschöpft. Was wird überhaupt noch von euch wenigen jungen Aktiven übrig bleiben, wenn dieser Orlog erst vorbei ist! Und eure Sorge ist wohl die geringste. Ein ungeheurer Trupp von neuen Menschen aber, der plötzlich aus den grauen Heeren entlassen ist, gleichgültig, wie der Frieden aussieht, ob sie das dumme Belgien nehmen oder nicht, wird die uns jetzt schon so völlig fremd gewordene Heimat überschwemmen. Wer wird dann der Stärkere sein, wir oder die andern, für die wir kämpfen?"

Ich schlage mit der Faust auf den Tisch. "W i r, zweifelst du daran!"

"Sahst du eben nicht noch gefaßt der Möglichkeit ins Auge, wenn diese Zeit gekommen ist, von Etapplingen in die Schule genommen zu werden? Statt aufzuschreien: Dann packe ich lieber meinen Kram und gehe meiner Wege! Denn darauf, mein Lieber, wird es ankommen, daß sich auch Sprecher finden, und mehr als das, solche, die handeln. Denn schließlich ist's mit der einen Aufgabe, getreu den Buckel hinzuhalten, wie wir es heute aus Überzeugung tun, nicht gemacht gewesen. Diese Überzeugung wäre sogar ein Verbrechen, wenn wir nicht schon heute den Willen dazu in uns verspüren, wenn einmal alles vorbei ist, selbst aufzutreten und Umschau zu halten nach dem, was war und dem, was sein wird. Sonst haben wir sehr bald das Vergnügen, noch einmal mit der ganzen Welt anzubändeln, weil unsere verehrten Diplomaten, die der Teufel dreimal holen möge, ihre eigene Dummheit schamhaft mit dem liebenswürdigen Aufschrei verdecken: 'Das brave Heer wird's schon machen!' Damit wursteln wir uns nämlich schon seit drei Jahren durch die vertracktesten Gegenden dieses Affenlandes. Wenn wir es nun wirklich schaffen, erratest du, warum sie das nächste Mal klüger sein sollten?" In Erregung holt Hesse die Feldflasche vom Gurt, nimmt einen kräftigen Schluck und reicht sie mir weiter:

„Sauf diesen Schnaps darauf, wer weiß, wann wir wieder zusammen trinken!"

Den Trunk lasse ich mir nicht entgehen, aber dann breche ich doch wütend los:

„Nun wird's mir aber zu bunt, alter Freund. Du tust schon, als ob die Kugel für dich oder mich gegossen wäre..."

„Ist sie auch, ist sie auch", schmunzelt Hesse, „fragt sich bloß, ob sie trifft, und das hängt wieder von der Geschicklichkeit ab, von unserer oder von der der Schangels."

Mich hat ein Verdacht gepackt: „Sag mal, habt ihr etwa dem Hauptmann in den Ohren gelegen, daß er mir die Medizinschlange auf die Bude schickt? Ich bekam nämlich vorhin Meldung!"

„So, bekamst du, dann ist also alles in Ordnung", stellt Hesse vergnügt fest.

Plötzlich vor die Möglichkeit eines Urlaubs gerückt, der mich von der fürchterlichen Sorge befreien würde, trotz aller Anstrengungen schließlich doch schlapp zu machen, benimmt es mir den Atem.

Ich will aufbegehren, aber Hesses vergnügtes Lachen steht über mir und läßt keine Verstimmung zu. „Ja, mein Lieber, was willst du eigentlich?" tadelt der Freund. „Kriechst herum wie eine angedrückte Fliege, und wenn man dir auf die Beine helfen will, dann wirfst du dich in die Brust und spielst den Helden. Den Unsinn wollen wir lassen, vielleicht weil wir ein wenig mehr sind als die Helden, die sie in ihren Romanen beschreiben — pfui Deubel über das unverdauliche Tantengebräu! Schluß, aus, und wenn der Doktor dagewesen ist, dann werden wir ja sehen!"

Er lehnt sich behaglich zurück und plaudert weiter:

„Wenn du jetzt nach Deutschland gehst, halte die Augen offen, wenn es dem, der hier draußen im Dreck lag auch nicht gerade gut tut, daß sie allzuviel sehen. Aber man muß doch wenigstens wissen, woran man ist. Das mit dem Faden weißt du. Wenn ich so denke, daß ich einst den ganzen militärischen Schwindel verlacht habe, und daß heute aus dem Notenschreiber, den sie als Kriegsfreiwilligen nicht schlecht geschuriegelt haben, der alte Hesse geworden ist, Gardeleutnant, — Donnerwetter! Und nächstens werden sie mich noch mit dem Hohenzollern beehren. Wird alles dankend angenommen, aber meine Noten sind mir doch lieber, und das wird mir keiner übelnehmen. Aber es muß nun einmal Soldat gespielt werden, und den falschen Ton habe ich immer gehaßt. Sage einmal, kannst du mir klipp und klar sagen, warum das so ist, warum wir kämpfen, daß selbst die alten Kaffern oben den Helm lüften, wenn sie es uns auch nicht merken lassen, damit wir nicht übermütig werden?"

„Hm", sage ich, ein wenig überrascht, denn es ist das erstemal in diesem Kriege, daß mir eine solche Frage gestellt wird. Auch für mich selbst habe ich sie niemals getan, weil sie mir unnütz schien. „Das ist sehr einfach", entgegne ich zögernd, „wir kämpfen um Deutschland, wir sind Soldaten!"

Hesse lächelt still. „Immerhin ist es bemerkenswert, daß du mir nicht mit den schönen, aber sehr abgegriffenen Worten Vaterland, Ehre, Freiheit entgegenspringst, mit Redensarten aus Gedichten, deren Schreiber ich gern mal mit mir Patrouille gehen lassen möchte."

Seine Augen leuchten: „Um Deutschland, um die deutsche Nation, ja, deshalb begab ich mich meiner selbst, wenn es mir auch bitter schwer wurde — mit eurem Exerzieren und sonstigem Kram. Aber frag mal den Grenadier Meyer drüben, warum er kämpft, oder irgendeinen Beliebigen, er wird dir keine Antwort geben können. Dann wirst du ihn belehren und ihm sagen: „Für Deutschland!" Denn du glaubst, der Begriff sei feststehend und umschließe für jeden das gleiche. Und schon zwischen dir und mir klafft der Unterschied. Was dir Überlieferung, Soldatentradition, also eine selbstverständliche Pflicht war, das mußte ich mir erst erringen. Mit dem Augenblick, wo wir Führer werden und mit Recht solche genannt zu werden verdienen, leben wir unter Verantwortung, die uns jedem Zweifel enthebt. Deutschland, denn wer sollte es sonst sein, sieht auf uns, die wir für ein paar Hundert seiner Kinder zu sorgen haben. Aber diese Kinder selbst? Wollen sie nicht leben, schaffen, genießen? Und statt dessen sollen sie kämpfen, jahrelang, ohne daß ihnen dank der herrlichen politischen Führung klar werden kann, wofür! Sie wollen ein anderes Recht noch an Deutschland als nur das, für diesen Begriff, dessen Tiefe sie erst erfassen sollen, sterben zu dürfen. Jahrelang und ohne daß heute schon ein Absehen ist, geht dieses Morden. Jeder errechnet sich, wann er drankommt. Aber da faseln die einen vom Becken von Brie und von Belgien, wieder andere träumen von Eroberung des Ostens, amtliches Kriegsziel aber ist: Wir führen nur einen Verteidigungskrieg — für Deutschland! Was soll uns noch Deutschland, wenn sie uns alle totschießen, so denkt der einfache Mann. Wahllos stürmen die verschiedenen sogenannten Kriegsziele auf ihn ein, statt daß ihm ein klarer Begriff gegeben wurde, wobei es gleichgültig ist, ob in ihm auch die Eroberung enthalten ist. Denn es kämpft sich besser für Eroberung als für Bewahrung, die immer den Gedanken an das eigene Ich als das leidende Etwas heraufbeschwört. Aber Eroberung, Raum, gerechte Landverteilung unter den Völkern, das verheißt ihm Gewinn, neues Leben. Was man aber auch wähle, Klarheit muß sein, Entscheidung muß gefällt werden, denn D e u t s ch l a n d s o l l e r k a n n t s e i n !"

Es ist eine große Stille um uns her. Die Artillerien schweigen auf beiden Seiten. Leise spielt in den blühenden Obstbäumen, in deren Schatten wir sitzen, ein milder Wind.

Die lange Rede des Freundes hat einen Traum herbeigezaubert, mit dem Worte Deutschland ist er vor uns aufgestiegen, ein leuchtendes, seliges Bild.

Aber solche Stimmungen muß man abschütteln. Alles, was weich macht, muß weit fort von uns. Das ist nicht Flucht, sondern nur trotzige Abwehr. Das Träumen paßt schlecht zum Kriege, und für den Krieg sind wir da.

„Potztausend", lobe ich, „das war deine längste Ansprache, Alter. Soll ich sie in Verse gießen, und du machst die Musik dazu?"

Er versteht mich gut, denn er begehrt nicht auf, sondern lächelt verzeihend. „Du hast Recht, noch ist das alles nicht unsere Sache. Der Kreis, in dem wir uns bewegen, ist zu klein, und doch verlangt er den ganzen Kerl, der ihn ausfüllt. Schaffen wir so jeder sein winziges Stück Deutschland. Wenn wir aber heimgekommen sind", sein Leib strafft sich jäh, „dann wollen wir zusehen —, wenn..." Er blickt verloren in das satte Grün vor uns.

Von der Dorfstraße her rufen sie meinen Namen.

„Es ist Zeit", sage ich und drücke Hesse die Hand. Er hält sie lange. „Wenn nun die Medizinschlange etwas findet, kommst du noch einmal, ehe ich gehe?"

„Sofern der Schangel keinen Strich durch die Rechnung macht, das bißchen Nachtfeuer soll mich nicht hindern."

„Auf Wiedersehen denn!" Über Schotter und Steine, quer durch Gärten und leere Häuser nehme ich den Weg zu meinem Gefechtsstand.

Dort empfängt mich schon der Bataillonsarzt. Er wird nicht viel älter sein als ich, hat sich droben auf dem Winterberg bei uns die Sporen geholt, die Verwundeten können ihm dankbar sein. Nicht jeder achtet sein Leben so gering wie unser guter Aspirinhengst, an dem eigentlich ein Soldat verloren gegangen ist.

Jetzt betrachtet er mich angelegentlich durch seinen Zwicker. Ich entblöße die Brust, und er setzt seinen Hörer an.

„Sterben werden Sie heute noch nicht, soviel ist gewiß. Aber heraus müssen sie, und zwar sofort. In der alten Narbe hat sich's festgesetzt, kann eine prächtige Lungenentzündung werden, à la Anicy", scherzt er und fühlt meinen Puls. „Auch Fieber, alles programmgemäß."

Ich biete dem Arzt eine Zigarette, aber er lehnt ab. Als ich mir selbst eine anzünden will, wehrt er es mir energisch. „Keinen Selbstmord, Herr, wenigstens nicht, solange Sie unter meiner Aufsicht sind. Was machen wir also?"

Ich stelle meine Bedingungen. „Vier Wochen Urlaub, das ist das äußerste der Gefühle, und ich kenne mich gut genug, um zu wissen, daß damit die Sache erledigt ist. Der Wille hat auch ein Wort mitzusprechen. Das erprobte ich oft genug und wünsche einem jeden die Anwendung dieser Medizin."

„Hm", macht der Arzt, „die Truppe ist nur in der Lage, Ihnen vierzehn Tage zu geben. Ehe die Geschichte bis zur Division ist, liegen Sie im schönsten Lungenfieber. Dann nutzt Ihnen auch die Bewilligung der vier Wochen nichts mehr. Es gibt nur ein Mittel: wir überweisen Sie dem Feldlazarett. Das Weitere ist Ihre Sache!"

Ich blicke dem Sprecher forschend ins Auge. Ein gewisses Mißtrauen steigt in mir auf. Will man mir meinen Zustand auf diesem Wege verheimlichen? Sie denken gewiß, daß alles in Ordnung kommt, wenn mich erst das Lazarett in seinen Fängen hält.

Der Bataillonsarzt fragt plötzlich unvermittelt: „Wie lange sind Sie wieder draußen?"

„Achtzehn Monate rund mit zweimal Somme und Winterberg und ähnlichen Späßen. Als ich kam, war ich noch einer der jüngsten, heute zähle ich zu den Honoratioren. Das geht sehr rasch dank Franzmann und Tommy."

Der Doktor erhebt sich. „Ich mache also meine pflichtgemäße Meldung. Richten Sie sich darauf ein, daß Sie schon heute mit den Küchen zurückkommen. Ihre Nachfolge wurde übrigens schon geregelt. Leutnant F. ist vom Urlaub wieder zurück. Soweit ich gehört habe, kommt er heute abend schon heraus. Auf Wiedersehen!"

Ich spüre den freundschaftlichen Druck seiner Rechten. Seine Gestalt verschwindet im Gange.

Je mehr die Dunkelheit herannaht, desto elender fühle ich mich. Nachdem die Entscheidung gefallen ist, gibt der Körper nach. Ich schlucke Aspirin, das hilft etwas.

Dann meldet der Feldwebel die Küche. Es ist soweit.

Hildebrandt hat es sich nicht nehmen lassen, persönlich heraus zukommen. Er zählt zu den Etatsmäßigen, die ihre friedliche Stellung nicht ausnutzen, sondern freiwillig die Truppe auch im Kampfe aufsuchen. Leider ist er für die Kompaniegeschäfte, die er schon seit dem Vormarsch 1914 führt, unentbehrlich. Er würde einen tüchtigen Frontmann abgeben.

Der Feldwebel überreicht stumm den Befehl des Regiments und meine Überweisung zum xten Feldlazarett. Morgen vormittag soll es von Cessières losgehen.

Ich habe plötzlich eine Wut. Ist es nicht doch eine Falle? Wenn ich auch bald wieder draußen sein werde, die Kompagnie bin ich los, das ist sicher. Weiß der Kuckuck, wohin man mich dann stecken wird! Das hohe Regiment hat seine Absichten mit mir: Adjutant, oder was weiß ich! Mir ist die Truppe lieber. Aber nun ist das Wort gesprochen. Wie sagte doch der Doktor: „Das Weitere ist Ihre Sache."

Nun, meine Sache werde ich schon verfechten.

Es geht alles sehr schnell. Ich kann nicht mehr zu Hesse hinüber, der noch nichts von meinem plötzlichen Abmarsch ahnt. Die Küchen dürfen nicht warten und vielleicht um eines Freundesabschiedes willen in Gefahr kommen. So benutze ich die noch übriggebliebene Zeit, währenddessen die Kompagnie ihre Lebensmittel empfängt, um ein paar Zeilen auf eine Meldekarte zu kritzeln:

„Grüße Sellschop, Lücken, Schmeißer, alle Freunde, halt die Plautze weg, wenn sie danach schießen, in vier Wochen feiern wir wieder Einstand. Und das mit Deutschland, das will ich nicht vergessen!"

Neben mir Hildebrandt, hinter mir seine Ordonnanz, so wandere ich die breite Straße hinunter dem Ausgang des Dorfes zu. Die toten Pferde liegen noch an der gleichen Stelle. Aber sie sind nicht mehr ganz heil. Die Grenadiere holten sich die besten Stücke aus dem Braten. So dienen die braven Tiere noch bis über ihren Tod hinaus.

Als ob der Feind es mir so recht dartun möchte, daß ich in der Tat abkömmlich sei, fällt in dieser Nacht kein Schuß. Die ungeheure Stille in der völligen Dunkelheit hat fast etwas Lähmendes.

Da durchbricht sie plötzlich ein feierlicher Ton. Er schwingt weit über die Landschaft, füllt sie mit erhabenem Glanz.

Aus dem Ostteil von Anicy, von dort her, wo die zweite Kompanie liegt, braust die Stimme eines Harmoniums, von Meisterhand gerührt. Ich erkenne die Töne. Beethovens Eroica.

Es ist Hesses letzter Gruß für mich.

Erst in den frühen Morgenstunden gelangen wir nach Cessières. Hildebrandt hat mir ein Bett besorgt, ein lang entbehrter Genuß, der mir aber wenig bekommt. Denn ich schlafe schlecht, das ungesunde Blut ist rebellisch.

Andern Mittag um zwei geht das Lazarettauto. Es bildet die erste Staffage für eine Rolle, die mir schon jetzt verhaßt wird. Denn mit Verwundeten aller Art, Arm- und Beinschüssen, auch ein Schwerverwundeter ist dabei, muß ich die etwa zweistündige Reise zum Lazarett unternehmen.

Ich fühle mich auf der Stelle fast gesund, als ich die Leiden um mich her sehe, die mich lebhaft an meinen eigenen Lazarettgang Anno 15 erinnern. Ich würde mich nicht wundern, wenn die anderen aufbegehrten und mich entfernen wollten. Aber als ich in meinen Taschenspiegel sehe, da ist es doch ein sehr fahles, fast gespenstisches Gesicht, mein eigenes, das mir entgegenblickt. Dennoch, vier Wochen Urlaub, das wird genügen.

Das Etappenlazarett liegt in einer anmutigen, ruhigen Ortschaft, die mich fast an Anicy erinnert, so sehr blüht und grünt es in ihr. Nur daß die Häuser, aus denen hier und da das neugierige Gesicht eines Franzosen schaut, noch unversehrt sind. Ich bin an den Rand des Krieges gelangt.

Es ist ein seltsames Gefühl, mit einem Male von einer Last befreit zu sein, die man gar nicht mehr zu spüren geglaubt hat. So groß war die Gewohnheit, sie zu tragen. Jetzt aber, wo sie von der Seele genommen ist, fühlt sich das Ich unnennbar leicht beschwingt.

Es ist wie eine Wiedergeburt. Achtzehn Monate voller Grausen und Qualen sind wie in das Nichts versunken, als ob sie nie gewesen wären. Es mag doch wahr sein, daß aller irdischen Dinge oberstes der Mensch ist.

Man hat mich in ein behagliches Zimmer geführt. Das breite, französische Doppelbett, in dem man die bessere Hälfte vermißt, und das männlichen Träumen nicht immer gut ist, ladet freundlich ein. Ich werfe mich auf die bunten Kissen und sinne in die Luft. Irgendwann wird man sich ja wohl um mich kümmern.

Aber es müssen erst Stunden vergehen, die nur sehr langweilig verstreichen, bis die Tür sich endlich öffnet und ein sehr rundlicher und gemütvoller Herr, der Oberstabsarzt, begleitet von einer katholischen Schwester, mich Gefangenen begrüßt, der unterdessen längst seinen Fluchtplan entworfen hat.

„Also was fehlt Ihnen denn, mein junger Freund", erkundigt sich der alte Herr besorgt. „Sehr schlechtes Aussehen, mal Zunge zeigen, o Gott, o Gott! Da prophezeie ich jetzt schon, unter ein paar Monaten ist da nichts zu machen. Wo ist denn die Krankenüberweisung, was fehlt Ihnen denn?"

Er spricht es mehr zu sich, als daß er von mir eine Antwort verlangt.

Aber ich habe schon sehr bestimmt das Wort genommen:

„Mir fehlt nichts, Herr Oberstabsarzt, als vier Wochen Urlaub. Die sollen sie mir verschaffen, punktum!"

Dieses Punktum hätte den alten Herrn, der auf seine militärische Würde sorglich bedacht ist, gewißlich erregt, wenn er über diese Antwort eines Kranken nicht sehr erstaunt gewesen wäre. Er prallt förmlich zurück. Auf seinem guten und nicht gerade bedeutenden Gesicht malt sich eine offensichtliche Bestürzung.

„Ja, was wollen Sie dann bei mir? Ich kann Sie auskurieren," er steht wie ein Retter, „Sie werden in einem Genesungsheim, wenn Sie erst hier die nötige Beobachtungszeit hinter sich gebracht haben, die letzte Erholung finden, so daß man an Ihrer angegriffenen Lunge wieder seine helle Freude haben kann. Ich kann Sie heilen, jawohl, aber vier Wochen Urlaub, das soll ausreichen? Deshalb überweist man Sie nicht in ein Lazarett!" Er hat entschieden.

So leicht wird er aber nicht mit mir fertig werden. Der gute Alte hat sich außer seiner oberflächlichen Betrachtung im übrigen gar nicht mit mir abgegeben. Das verhilft mir zum Gegenangriff.

„Vielleicht untersuchen Sie mich einmal, Herr Oberstabsarzt," lächle ich siegessicher, „ich bin nämlich gesund!"

Fassungslos sinkt der Alte auf einen Stuhl. „Schwester, die Papiere und mein Hörrohr!" stammelt er keuchend.

Es ist kein Zweifel, von diesem Augenblick an hält er mich für geisteskrank. Auch gut, dann wird er mich um so eher loslassen.

Der Herr Feldlazarettgewaltige beklopft mich von oben bis unten, zieht die Falten auf seiner niedrigen Stirn immer wichtiger, stößt durch die Nase rasselnde: Hm! Hms! und hat sich auf diese Weise wieder zu sich selbst zurückgefunden.

„Ich kann den Befund meines Kollegen nur bestätigen. Hochgradige Erschöpfung, die sich auf die Bronchien gelegt hat. Bei den alten Narben in Ihrer Lunge ein bedenklicher Fall, sofern ihm nicht nachgegangen wird."

„Sehr richtig," bestätige ich freundlich, „darum komme ich

zu Ihnen. Der Herr Kollege, von dem Sie sprechen, unser Bataillonsarzt, riet mir der allgemeinen Beschleunigung wegen diesen Lazarettausflug, um mir die vier Wochen Urlaub am schnellsten zu verschaffen."

„Urlaub, Urlaub, mein junger Freund," der Oberstabsarzt schneuzt sich dabei umständlich, „den sollen Sie nachher haben, natürlich. Aber warum wollen Sie sich nicht vorerst hier ganz ausheilen? Unser Lazarett ist hübsch gelegen, Sie werden völlige Ruhe haben."

Ich werde ungeduldig, spüre, daß der Kampf, den ich hier zu bestehen habe, meine alten guten Geister wieder wach ruft. Solange habe ich von meiner Gesundheit geredet, daß ich sie bald wieder völlig beisammen haben werde.

„Welche Möglichkeiten besitzen Sie, mich für vier Wochen in die Heimat zu beurlauben?" schneide ich alles Weitere ab.

Der Arzt gibt es auf. Anscheinend ist es in seiner Praxis selten, was er hier erlebt.

„Das einzige, was ich tun kann, ist, daß ich Sie der Verwundeten-Sammelstelle überweise", verzichtet er auf jedes Verhandeln.

„Dann darf ich darum bitten!"

Seufzend füllt der Oberstabsarzt einen Zettel aus, reicht ihn mir. „Morgen früh geht das Auto!"

Erst morgen also. Das ist eine schwere Enttäuschung. Mir brennen die Sohlen unter den Füßen. Dennoch fasse ich mich in Geduld und verordne mir selbständig eine Kur. In die Falle hauen Tag und Nacht, bis der Kraftwagen vorfährt! Das wird dem Leib wieder auf den Damm helfen.

Der Schlaf ist schwer und matt. Aber dann siegt der Wille. Als ich mich andern Tags spät erhebe, fühle ich mich schon bedeutend gekräftigter. Das Thermometer zeigt kein Fieber mehr an.

Dann holt man mich auch zum Wagen.

Verwundetensammelstelle, furchtbare Bilder von Blut und Schmerzen. Ich bin mit heilen Knochen darunter und schäme mich, obwohl es dumm ist. Nur weiter, weiter!

Aber schnell gesagt und schwer befolgt. Der hiesige Arzt hat alle Hände voll zu tun.

Ich solle mich gedulden. Meine Erklärung, daß ich hier nur zur Last fiele, wehrt er ab. „Kann's nicht ändern. Die Lazarettzüge sollen übrigens gesperrt sein!"

Das wäre! Nach langem Suchen finde ich den richtigen Rat, den mir ein anderer Arzt erteilt. Ich solle zusehen, so schnell als möglich zum nächsten Kriegslazarett zu gelangen. Das befinde sich drei Kilometer von hier, in Marle. Vielleicht käme doch noch ein Lazarettzug, wer weiß. Der müßte mich im Heimatlazarett abliefern, das mich dann dem Ersatzbataillon in Charlottenburg überweisen könne. Das sei die einzige Stelle, die für die Bewilligung der vier Wochen Urlaub zuständig sei.

Das schöne Lied von diesem Feldzug, der kein Schnellzug ist, fällt mir ein. Wer das nur ausnutzen wollte! Ohne daß er auch nur in den Geruch eines Drückebergers zu gelangen brauchte, verstatteten ihm die Bestimmungen mit den langatmigen Etappen, die sie vorsehen, eine recht hübsche Zeit, ehe er nach Deutschland gelangen würde. Wochen, vielleicht Monate könnten ins Land gehen, niemand würde sich darum kümmern.

Ein Leutnant von unserm Divisionsregiment hat sich mir angeschlossen. Auch „nur" krank! Es macht ihn anscheinend zutraulich, zu wissen, daß ich auch nicht verwundet bin. Was er denn habe?

„Mein Ischiasnerv!" sagt er.

Der Mann ist überhaupt erst seit vierzehn Tagen wieder draußen, schon jetzt auf der Heimreise begriffen. Ich werde ein wenig mißtrauisch. Ischias, das ist etwas, was kein Arzt richtig feststellen kann.

Später sollte ich erfahren, daß mein Verdacht nicht ungerechtfertigt war.

Also zum Kriegslazarett. Meine spärliche Habe trage ich bei mir, omnia mea mecum porto. Der Kamerad mit dem Ischiasnerv hat sich angeschlossen. So schlendern wir auf der Dorfstraße umher, irgendeine Fahrgelegenheit nach Marle zu erspähen.

Feierlicher Gesang ertönt. Um die Biegung kommt ein Leichenzug. Ihn führt der Curé in prächtigem Ornat Wedelschwingende Knaben in weißen Gewändern folgen. Das ganze kleine Dorf scheint auf den Beinen, denn der Verstorbene hat ein zahlreiches Geleit.

Wir entblößen stumm die Häupter. Auch der Frieden hat seine Toten.

Der Konduft hat einen Sanitätswagen aufgehalten; unser Glück, denn sonst hätte der Fahrer unser Rufen wohl nicht gehört. Zwar ist kein rechter Platz in dem Auto vorhanden, aber auf den Trittbrettern finden wir notdürftig Unterkunft, die ich freudig begrüße. Denn der Wagen fährt nach Marle. Ob wir auch zwischen Himmel und Erde schweben, so kommen wir wenigstens ans Ziel.

"Was Sie für eine Eile haben!" tadelt der Divisionskamerad. Er sieht sehr geschniegelt und gebürstet aus, nicht so, als ob er aus dem Kriege käme. Die Schmutzfladen, die uns auf unserm Trittbrett anfliegen, passen ihm keineswegs.

"Wollen Sie etwa hier überwintern? In längstens einem Monat will ich wieder beim Regiment sein!"

Der andere sagt nichts. Schon tauchen die ersten Häuser der kleinen Stadt vor uns auf, die ich nicht eben lange zu besuchen gedenke.

Irgendwo an einer Straßenecke schiebt man uns ab. Wohin nun?

"Wir sollten eigentlich in ein Hotel gehen", sagt der andere gähnend. "Es ist gleich dunkel, wo sollen wir anders hin?"

"Ins Lazarett, und wenn's zu erreichen ist, dann morgen früh schleunigst weiter. Oder wollen Sie anders?"

"Man kommt in diesem Kriege immer zurecht", entgegnet der also Befragte vorsichtig.

Das ist eine Weisheit, die man mit dem besten Willen nicht widerlegen kann, aber sie hat kaum etwas mit unserm Fall zu tun.

Nach einigen Fragen finden wir uns auch zum Kriegslazarett durch. Aber es ist voll besetzt. Der Chemin des Dames sendet unentwegt seine Opfer.

Schließlich nimmt man uns aber doch noch auf. In einer Holzbaracke am Bahnhof, sonst voll belegt, sind zwei Betten frei geworden. Durch Tod, wer weiß. Die Dunkelheit ist langsam hereingebrochen, hat uns überrascht, noch ehe wir an sie dachten. Ein Arzt erscheint heute nicht mehr. Also ziehen wir uns in dem dunklen Raum aus, der von Schnarchen und Stöhnen erfüllt ist, und überlassen alles andere dem nächsten Morgen.

Er kommt mit hellem Sonnenlicht in dieses niedrige Gelaß der Schmerzen, in das wir nicht hineinpassen. Verwundete aller Art, zumeist Offiziere, alle Waffen, die es gibt, dazu auch Schwerkranke, Schwindsucht der kleine Magere dort mir gegenüber, dessen bellendes Husten die ganze Nacht schaurig ertönte und jetzt fast zum Geheul wird. Wir sind zwischen Tod und Leben, das sich in einer freiwilligen Krankenschwester vom Roten Kreuz, die den Kaffee bringt, besonders lieblich vor uns verneigt.

Gewaschen und gestärkt, soweit ein Kommisbrot mit Rübenmarmelade, die das Grausigste ist, was unsere tüchtige Ernährungswissenschaft hervorgebracht hat, Kraft zu leihen vermag, mache ich mich auf die Suche nach dem Doktor.

Die Leute hier haben eine wunderbare Ruhe. Gegen Mittag erst erscheint der Mann, hört sich mit gemütlicher, sächsischer Gelassenheit meinen Fall an, und als ich schon glaube, die Sache ist geregelt, erklärt er gemessen, daß infolge Munitionsnachschubes für die Aisneschlacht alle Verwundetentransporte gesperrt seien.

Nun, dann möge er mir ein D-Zugbillett nach Berlin ausschreiben und das Ersatzbataillon gleichzeitig von meinem Eintreffen benachrichtigen.

Der Herr Stabsarzt schlägt entsetzt die Hände ineinander.

„Das ist wider die Bestimmungen, unmöglich!"

„Also soll ich hier umhersitzen, bis ich schwarz werde? Das ist wider den Geist!" Was mir fehlt, davon ist überhaupt noch nicht die Rede gewesen.

Der andere hört schon nicht mehr hin. „Müssen sich eben

gedulden", sächselt er. „Möglich, daß Sie noch Glück haben."
Er denkt mit Anstrengung nach. „Soweit ich mich erinnere, ist der letzte Zug noch nicht durch. Sehen Sie halt zu!"

Ich folge sofort dem Rate und schließe Bündnisse mit den verschiedensten Männern. Dem Sanitäter und seinen Ablösungen wird aufs dringlichste eingeschärft, bei der kleinsten Nachricht, die vom Lazarettzug weiß, mir sofort Bescheid zu geben.

Mein Divisionskamerad nimmt meine Anordnungen mit Gleichmut auf. Zunächst haben wir ja auch ein gemeinsames Ziel. Im übrigen hält er mich im geheimen für einen Idioten, der immer noch nicht vom Kriege genug hat. Er gehört zu jenen unerfreulichen Erscheinungen, die für eine böswillige Propaganda wie geschaffen erscheinen. Früher gab es Kriegsgerichte. Was sie heute tun, habe ich selbst erfahren. Gegen Offiziere ist man verhältnismäßig noch am strengsten, wie sich's gehört. Im übrigen ist gegen den Ischiasnerv noch kein Paragraph geschrieben worden, und die sind die Hauptsache.

Gegen Mannschaften stellte ich schon vor Jahresfrist eine unverzeihliche Schwäche fest. Denn die Milde, die man Deserteuren gegenüber beweist, ist ein Verbrechen an der kämpfenden Gesamtheit, der man mit dieser Schwäche ihren sittlichen Halt nimmt, und den Wert ihres Tuns bewußt herabsetzt.

Das war an der Somme gewesen, als die Schlacht schon verebbte, vor Barleux. Ich führte damals unsere Sechste.

Wir lagen in einer Riegelstellung, dem sogenannten Halbmond. Wenn wir auch in diesen Tagen mit der Infanterieschlacht selbst nicht in inniger Berührung standen, so war unsere Lage vielleicht noch unangenehmer als im vordersten Graben, mit dessen Besatzung wir uns regelmäßig ablösten. Denn der ganze Artilleriesegen ging Tag und Nacht auf uns nieder. Nur unsere fleißige Minierarbeit konnte ihm einigermaßen begegnen.

Da nun geschah's. Redlich hieß der Mann, und er machte seinem Namen auch Ehre, denn allzu redlich verfocht er seine Sache. Nacht für Nacht hatte die Kompagnie, in Trägertrupps aufgelöst, denen vorne Minenmunition, Minierrahmen und was sonst noch dringend gebraucht wurde, heranzuschleppen. Es war ein böser Weg durch abgrundtiefen Dreck, über Höhen und durch Mulden. Jede hatte ihren Namen, und er sagte genug: „Schrapnellhöhe, Totenschlucht, Granatenmulde." Dazu stockdunkle Nacht, so daß gar mancher dutzende Male in wassergefüllte Trichter stürzte und unter der schweren Last, die er trug, ganz und gar begraben wurde, daß er nur mühsam noch aufkonnte. Wie dann aber den Artilleriesalven entgehen, die ihn plötzlich überfielen!

Da blieb nur das eine: den Kopf noch tiefer in den Schlamm drücken, ein Stoßgebet murmeln, aushalten, bis es vorüber war, so oder so.

Allnächtlich gab es Verluste, mehr, als die vorne sie davontrugen. Und wir atmeten jedesmal auf, wenn wir sie ablösen konnten, waren wir doch dann dem schwersten Artilleriefeuer entronnen. Den Kampf Mann gegen Mann, wie ihn die ausklingende Schlacht noch in ewigen Patrouillengefechten fortsetzte, fürchteten wir weniger.

Redlich hatte sich wohl eines Tages auf Kosten seiner Kameraden zu sehr über den Schnaps gemacht, der mit der Verpflegung herausgekommen war. Denn für keinen war so viel vorhanden, daß er das Maß nicht hätte vertragen können. In seinem Rausch faßte er Mut. Kurzerhand erklärte er dem Führer des Trägertrupps, er dächte nicht mehr daran, nach vorne zu gehen. Die Sache hinge ihm schon lange zum Halse heraus.

Mit der letzteren Feststellung stand er gewiß nicht allein, aber das andere, das trug ein schlimmes Gesicht. Dem Unteroffizier verschlugs auch den Atem, und er brachte den Mann zu mir.

Ich war gerade in meinem Unterstand damit beschäftigt, die Abendmeldung zusammenzustellen, um dann selbst mit den Trägern zum ersten Graben durchzupirschen. Es galt dort Abmachungen über ein Patrouillenunternehmen zu treffen.

Redlich erklärte mir das gleiche, wie vordem dem Führer des Trägertrupps. Die Angelegenheit stand für ihn um so schlimmer, als meine Schätzer, Bursche und was sonst so zur Garde des Kompaniestabes gehört, Zeugen der deutlichen Gehorsamsverweigerung wurden, die er hier offen und zum zweiten Male kundtat.

Trotzdem versuchte ich, das Rad rückwärts zu drehen. Ich machte den Mann darauf aufmerksam, was er sich zuschulden kommen lassen wollte. Aber alles sei nicht gewesen, wenn er jetzt vernünftig sei. Ich redete ihm lange zu wie einem kranken Kinde.

Es half nichts. Hier war ein Mensch offensichtlich zu einer Entscheidung gelangt. Das war seine Sache, die unserige aber, daß wir nun ebenfalls entschieden.

Ich erlebte in diesem langen Kriege das erste Mal einen solchen Fall. Er ist auch bei uns der einzige geblieben bis zum Schluß, trotz härterer Zeiten, die noch kommen sollten. Um so schwerer wurde mir der Entschluß. Aber was der anscheinend Betrunkene, er zeigte im übrigen durchaus ein klares Bewußtsein, wollte, das war Verbrechen an den anderen, Auflösung, Untergang und Triumph des Feindes. Gehorsamsverweigerung vor dem Feinde unter dem Gewehr vor versammelter Mannschaft — so hieß der Dolus, und ich kannte das Kompendium gut genug, um zu wissen, daß hierauf der Tod stand. Der Fall gehörte nicht mehr in meinen Bereich.

Das Schicksal spielt zuweilen sonderbar. Als ich Redlich durch zwei Melder, meine besten, nach hinten transportieren ließ, wo sie das weitere veranlassen sollten, geriet die kleine Abteilung bei Villers Carbonnel, einer gefürchteten Gegend, die aber nicht zu umgehen war, in einen heftigen Feuerüberfall hinein, der beide Begleitmannschaften verwundete. Redlich selbst kam mit dem Schrecken davon und meldete sich bleich und verstört erst am andern Tage bei den Küchen, ohne daß der Etatsmäßige mit seiner stammelnden Meldung etwas Rechtes anzufangen wußte. Erst ein zweites Schreiben von mir brachte die nötige Aufklärung.

Dann also sprach das Kriegsgericht.

Die Sache nahm ihren aktenmäßig vorgeschriebenen, also langwierigen Verlauf. Da im Orte, wo die Küchen und

Schreibstuben lagen, kein rechtes Gewahrsam aufzutreiben war, konnte der Angeklagte sich ruhig frei bewegen und führte zunächst ein sehr freundliches, angenehmes Leben, während wir vorne zu kämpfen hatten.

Das ging mindestens seine sechs Wochen so und die Fama behauptete, der Mann sei kugelrund vor Frische dabei geworden. Dann ereilte mich im ersten Graben der Befehl, ich hätte mich in Monchy einzufinden in Strafsache Redlich.

Man macht sehr ungern binnen kurzer Zeit den Weg durch die Feuersperren vor und zurück und wieder vor. Die Anmarschwege an der Somme hatten es in sich. Wir Frontleute unterscheiden das Gefahrenmoment auch sehr fein. Es gibt Dinge die sein müssen, und dann legt sich's wie ein Panzer um uns, der alles abschnürt, was nicht mehr zur Stunde gehört. Aber die Nase hinhalten, wo sie nicht hingehört, das geschieht allenfalls aus einer durch keine Sachkenntnis getrübten Unbefangenheit, und auf Anfänger sehen wir immer ein wenig herab. Denn just genau so taten sie's vor langen Zeiten auch mit uns.

Oder es geschieht aus Torheit, die unbelehrbar bleibt. Darum nimmt der Frontsoldat so herzlich geringen Anteil daran, wenn jemand beim Spazierengehen, beim Granatringesammeln, bei irgendeiner naseweisen Tätigkeit, die ihm keiner befohlen hat, vom Eisen erhascht wird.

Anders steht es schon mit dem Essenkrampfen, denn das gehört zum Beruf, ist sogar etwas sehr Wichtiges für ihn. Also setzen wir auch das Leben dafür ein. Und einen Beruf haben wir schon lange aus dem Ganzen gemacht, damit dieser Krieg wenigstens eine persönliche Form erhält. Beruf: Krieger. Man scherzt, um nicht weinen zu müssen.

Nun, ich erschien also als Zeuge vor dem feierlichen Gericht und hegte keinen Zweifel an dem Ausgang der Sache. Denn das Gesetz sprach klar genug. Was aber sonst nie bei Behörden zu geschehen pflegt, daß sie nämlich an den Buchstaben ihrer Paragraphen deuten, ja, sie völlig umkrempeln, mag der Geist einer Sache es noch so dringend verlangen, das trat hier ein. Und nur ein Ungeist konnte den Herren den Sinn lenken. Auch sie wußten nichts vom Fronttum.

Denn der Angeklagte erhielt — vierzehn Tage strengen Arrest. Es war eine Prämie für Kriegsdienstverweigerung.

Ich aber spürte damals ein Knistern im Gebälk. Und vergaß es, achte auf solche Anzeichen auch heute nicht mehr.

Auf die Kompanie machte der Fall Redlich keinen andern Eindruck, als daß sie, wo ich auch hinhören mochte, nur mit Verachtung und mit einer Gehässigkeit, die der alte Mann vielleicht nicht einmal verdient hatte, von dem „Schlappmacher" sprach. Das beste Zeugnis aber stellte sie sich durch ihre weitere Haltung aus.

Ich habe sehr bedauert, später das Kommando wieder abgeben zu müssen. Immerhin, es war ihr alter Leutnant, der schon seit dem Ausmarsch als einer der wenigen Überlebenden des alten Offizierkorps nur bei ihr gefochten hatte und mich ablöste. Die Romantik des Krieges — auch diese gibt es und stärker, als man glaubt — hatte aus ihm fast eine sagenhafte Persönlichkeit gemacht: mein Freund Hans Joachim v. Lücken. Unter ihm hat die Sechste sich auch wieder bei der letzten Affäre am Winterberg untadelig gehalten. Redlich war versunken wie so vieles Verdorrte, das der rasende Strudel dieses Krieges verschlingt.

Daß der Ischiasmann ihn mir wieder aus dem Abgrund des Vergessens hervorholte, macht meine schlechte Laune ihm gegenüber nur noch schlimmer. Der Redlich fand wenigstens den Mut, sich zu entscheiden. Jener sogenannte Kamerad aber spielt hinter seinem Ischiasnerv unwürdiges Verstecken. Was kann ich dagegen tun?

Nichts, denn ich habe nicht einmal Beweise.

Es kann eine Aussaat nicht in allen ihren Stücken gedeihen. Nur die besten Pflanzen tragen die Zucht weiter. Auf sie kommt es an — allein.

Mit einem Volke ist es nicht anders. Wie sagte doch Hesse? Deutschland soll erkannt sein! Das heißt nichts anderes, als sich zu entscheiden. Dafür oder dagegen, das ist reinliche Scheidung.

Ich zweifle nicht daran, wer die Palme zuletzt erringen wird. Warum zerspellt sich die Menschheit, dieses sagenhafte Etwas, das man zur Einheit stempeln möchte, die Köpfe untereinander? Damit die Völker bestehen. Wir haben einen weiteren Weg zu gehen als die anderen. Denn erst seitdem der erste Schuß die ungeheure Reihe der mordenden Eisen eröffnete, fühlen wir uns als ein Volk.

Aus dem Fühlen muß Form werden. Darum kämpfen wir.

Von meiner Krankheit ist nicht mehr übriggeblieben als bleierne Mattigkeit, gegen die nur Schlaf und Ruhe helfen. Beides ist in Marle nicht zu haben.

Der Schwindsüchtige hustet wieder die ganze Nacht. Auch herrscht in der Verwundetenbaracke eine entsetzlich stickige Luft, die den Atem nimmt, so daß man würgt, als ob knöcherne Hände am Halse rissen. Einen Augenblick lang habe ich sogar den abenteuerlichen Gedanken, kehrtzumachen, zur Truppe zurückzufahren. Aber man würde mich schön empfangen. Es wäre ein Rückschlag in der Krankheit unvermeidlich. Auch diese Station wird vorübergehen.

Und nach achtzehn Monaten Front hat das Wort „Mutter" einen besonderen Klang. Ja, nun verlange ich nach Deutschland — um wiederzusehen, Kraft zu holen.

Der ganze lange Tag geht noch vorüber, und der nächste scheint sich uns ebenfalls zu versagen, wenn er auch mit tausend Maiensonnen winkt, die meine Heimatsehnsucht nur um so ungebärdiger werden lassen.

Da plötzlich kommt die Nachricht, daß der Zug schon in Sicht ist, die nächste überholt sie: er hält schon auf dem Bahnhof. Wo aber ist unser verehrter Doktor, der uns die Überweisung zum Heimatslazarett schreiben muß, ohne die wir nicht aufgenommen werden?

Die Schwester, die ich befrage, rät das Richtige: Gewiß im Kasino, denn der Herr Oberstabsarzt pflegt nach dem Essen sein Billardqueue zu schwingen.

Bis zu dem Offiziersheim ist es gut zwanzig Minuten Weg, macht schon vierzig im ganzen, dazu die Verhandlungen. Wenn nur der Zug nicht bis dahin fort ist! Ich schicke den Sanitäter zum Bahnhof, er solle dem leitenden Arzt melden, daß noch zwei Kranke eingeliefert würden. Dann mache ich mich auf den Marsch.

Der schnelle Lauf füllt die Lunge mit Luft, daß sie schier zerspringt. Es ist gleichgültig. So lege ich den langen Weg in einer knappen Viertelstunde zurück und lasse den Doktor in das Vorzimmer bitten. Der Herr mit dem Ischiasnerv hat sich mir angeschlossen. So tragen wir denn beide unseren Wunsch vor.

Der Oberstabsarzt muß sich erst besinnen. Aber er ist ein gemütlicher Sachse und denkt nicht weiter nach. Sehr schnell bemalt er uns die kleinen Zettel, die an einem Bindfaden am zweiten Knopfloch der Uniform befestigt werden. Nun sind wir etikettiert, die Sache ist in Ordnung. Das je nach der Art des Heilbedürftigen —, ob schwer oder leicht verwundet, ob krank —, verschiedenfarbig umränderte weiße Blatt zeigt auch den Namen unseres Gebrechens. Ich sehe nicht weiter nach.

Endlich sind wir im Zug, erhalten unsere Koje. Dann setzt er sich langsam in Bewegung und hat wenig Aufenthalt unterwegs. Das Endziel ist noch unbekannt. Erst als wir die belgische Grenze längst überfahren haben, verrät uns der Zugführer das Geheimnis. Wir kommen nach Köln. Zwölf Schnellzugsstunden von dort bis nach Berlin, dann ist diese umständliche Urlaubsreise schon an ihrem Beginn angelangt, rechne ich aus.

Belgien zeigte mir noch niemals ein so schönes Antlitz. Zwischen Schluchten und blinkenden Wasserläufen, an lauschig in Talkesseln gebetteten Dörfern vorbei, Namur—Lüttich, so läuft der Schienenstrang.

Viele Menschen sind auf den Feldern. Aber sie kümmern sich wenig um uns. Sonst ist die Eisenbahn für diese Dörfler gewiß ein Ereignis.

Nur einmal gestikuliert ein Trupp Männer eifrig. Wir haben von der offenen Plattform, auf die wir unsern Liegestuhl gerückt haben, einen weiten Rundblick und erkennen sie schon gut, noch ehe wir recht heran sind. Aber als der Zug an den Feldarbeitern nahe vorbeikommt, daß wir jede Falte, jede Bartstoppel in den finsteren Gesichtern zählen können, da heben die Belgier die Arme, ballen sie zur Faust, rufen Drohworte.

Ich gebe meiner Verwunderung darüber Ausdruck, daß dieses Volk, das nachweislich vom deutschen Gouvernement mit Seidenhandschuhen angefaßt wird, noch immer seinen Haß nicht verbirgt. Nicht deshalb, weil sie ihn nicht spüren sollen, sondern aus Furcht. Wenn wir nun französische Offiziere wären, denen in dem von ihnen besetzten Deutschland ein ähnlicher Vorfall begegnete, was würde dann geschehen? So oft ich bei Gelegenheit auf einem Kommando oder auf Urlaub Belgien berührte, immer war dieser Haß um mich, diese Erhabenheit eines einigen Volkes, der wir „Barbaren" nur eine unverständliche Milde entgegensetzten, die es um so übermütiger zu machen schien.

Mein Begleiter zeigt sich uninteressiert. „Ich finde, das lohnt alles nicht das Nachdenken", entgegnet er. „Der gute Bissing hat sich anscheinend bei den Preußen, wo er als ein Scharfmacher erster Klasse galt, die Zähne ausgebrochen. Heute schwärmt ganz Belgien von dem „bon gouverneur"; die berühmte deutsche Gerechtigkeit tut immer nur den eigenen Leuten weh und tobt sich dafür bei den Fremden aus, so daß sie uns für weich und machtlos halten müssen. Das Letztere ist das Bedenkliche. Übrigens nennen wir das Ganze Politik."

Ich vermag wenig dagegen zu sagen. Es hat keinen Zweck, darüber nachzudenken, wie es einmal werden wird, wenn nach der Arbeit des Schwertes die Federfuchser das Wort erhalten. Statt schon jetzt die gemeinsame Linie festzulegen, ziehen sie mit großem Geschrei widereinander zu Felde und bereichern die Akten der feindlichen Propagandabüros mit wertvollem Material. Nein, nein, nicht denken, wo man nicht helfen kann.

Es hat jeder sein Amt. Und wir haben für das unsere den großen Glauben, daß, weil wir es recht erfüllen, auch der Sieg kommen wird.

Wir sind den menschlichen Dingen zu sehr entfremdet worden. Deshalb können wir uns nicht mehr vorstellen, wie unser Sieg aussehen wird. Die oben mögen sich gewiß im klaren darüber sein — wenn wir es auch nicht spüren.

In Herbesthal endlich deutsche Laute aus Frauenmund. Es ist so gleichgültig, ob er einem schönen oder häßlichen Gesicht gehört. Wir hören nur den Klang, der die Heimat kündet, lauschen ihm, wie man inniger keinem Gebet seine Andacht schenken kann.

In solchen Augenblicken fühlt man erst, was uns genommen ist und erwacht doppelt beglückt vor dem neuen Geschenk. Niemals wieder wird der Mensch so innig leben können wie im Kriege, der dieses Leben allstündlich bedroht. Man gewöhnt sich an die Qual des Genommenseins. Das Wiedergegebenwerden aber macht uns reicher, als je Menschen zu einer anderen Zeit geworden sind.

Nun sind es deutsche Felder, durch die wir fahren. An den Grenzen zeigt die Landschaft kaum ein verändertes Gesicht. Trotzdem spüren wir uns wie geborgen, und es ist doch nicht einmal unsere engere Heimat, die wir erleben.

Das Unfaßbare steigt aus unseren Herzen empor. Wer will es mit Zahlen belegen, durch Deduktionen beweisen. Es ist da und ist auch sichtbar. Denn das draußen ist Deutschland, so sehen wir, und der Herzschlag in unserer Brust geht freudiger, ruhiger. Wir sind glücklich, sind wieder Leben. Und haben es uns kämpfend errungen, wie es stets den Kampf verlangt, auch ohne Bataillone und Mordmaschinen.

Köln! Zum zweiten Male, aber diesmal heiler an Leib und Gliedern, betrete ich die heilige Stadt.

Als ich im Jahre 1915, zusammengedrückt auf meiner Tragbahre, schütternden Schmerz in der Brust, angesichts des Domes ausgeladen wurde, Kommandos, Schreien, Menschengewühl um mich her, da versuchte ich mich mühsam emporzurichten. Aber nur dem Kopf gelang es. Aus ihm aber saugten meine durstigen Augen die Heiligkeit des himmelan langenden deutschen Baues in mich auf, und als ich so sah, füllten sie sich mit Tränen.

Da wurde ich mit einem Male umfaßt, ein rauhes Umschlagetuch verdeckte mir fast die Sicht, und dann saß ein mütterlicher Kuß einen Augenblick lang fest auf meinen Lippen.

Als ich sehr erstaunt ob des unerwarteten Willkommens Umschau hielt, sah ich ein altes Weiblein vor mir stehen, das jetzt liebevoll meine unrasierte, schmutzige Wange strich und leise flüsterte: „Du Junge!" Das müde Gesicht mit seinen unzähligen Runzeln verriet die schwere Arbeit der Alten. Vielleicht war sie Waschfrau oder in einer Munitionsfabrik beschäftigt, wie so viele jetzt. Eine Frau des Volkes, das war gewiß.

Als mir jetzt auf dem gleichen Domplatz das Begebnis von damals, das ich lange vergaß, wieder in den Sinn kommt, da weiß ich, daß es mir größeren Lohn bedeutet als das schwarzweiße Band, das sie mir damals in das Knopfloch hefteten und heute schon in den Ersatzbataillonen, den Heimatsbehörden meistbietend versteigert wird, der Front zum Hohne.

Im Lazarett, über das ein bekannter Zivilarzt gebietet, werde ich von dem Ischiasmann getrennt. Ich bin auch gewiß, daß er seinen Weg jetzt allein findet. Mit dem meinen wird er kaum mehr zusammentreffen.

Ich erhalte ein Bett im Zimmer eines Schwerverwundeten, der seit Wochen schon im Streckverband liegt. Da es unmöglich ist, den Arzt heute noch zu sprechen, so muß ich mich auf eine bittere Nacht gefaßt machen. Das Leben hat mir wieder sein Antlitz siegreich zugewandt. Nun will das Ich nichts mehr vom Tode wissen, für eine kurze Zeitlang nichts.

Nicht immer vermögen wir das Lebensgefühl zu unterdrücken. Wenn wir aus dem Ring der Gesamtheit entlassen sind, meldet es sich stärker als zuvor, verlangt ein Recht, dem wir um so freudiger nachgehen, als es das größere nicht verletzt. In solchen spärlichen Stunden schießt der Übermut über alle Grenzen, schwemmt Grauen, Qual, Sterben mit sich fort. Wein fließt, und Frauen ranken ihre Arme um unseren Hals. Wenn der Spießer es sieht, schüttelt er den Kopf und verbreitet die Mär von der Unzucht der Front.

Wer vermag auch mit unseren Augen zu sehen, die nahe bis an das Letzte aller Erdendinge herankamen, bis zu jener Grenze, wo Menschsein aufhört und Ewigkeit beginnt.

Der Verwundete, ein Artillerieleutnant, dem ein Granatsplitter in einer sogenannten ruhigen Stellung nahe Coucy das Schienbein zerschmetterte, ähnelt dem Tod selbst, so gespenstisch ruht sein Leib mit dem in Gips langgestreckt gebundenen, hoch in die Luft geführten Bein auf weißem Lager.

Es scheint kein Leben mehr in dem Wunden zu sein. Aber als ich leise durch das Zimmer gehe, läuft ein Zittern über das fahle Antlitz, mühsam bricht ein Licht aus seinen Augen, die wie in kahlen Höhlen gebettet ruhen. Er versucht seine Hand zu recken. Es gelingt. Er streckt sie mir entgegen, von den Lippen bricht es wie ein leiser Jubelton:

„Kamerad!"

Da nehme ich die magere Hand, will irgend etwas sagen, das seiner Freude recht geben soll. Aber mich ergreift der Anblick des Leidenden so sehr, daß mir nichts anderes einfällt als die banale Frage: „Wie geht es?"

Der Schwerverwundete lächelt. „Gut", formt er das Wort. Er will noch weiter sprechen, aber die Kraft versagt sich ihm. Da verharre ich still an seinem Bett.

Es ist, als ob wir beide, die wir uns nie gesehen haben, schon lange miteinander vertraut sind. Es hat keiner Worte bedurft, keines Wissens vom andern. Mein Rock zeigt ihm auch ohne Erklärung, daß ich von draußen komme. Das genügt.

Die Männer des Krieges sind sich überall Freunde vom ersten Sehen an.

Behutsam öffnet sich die Tür. Die Schwester kommt. Unter der breiten, weißen Haube lächelt ihr liebes, altes Gesicht uns zu.

Schwester Canisia gehört einem katholischen Orden an, dessen Mitglieder in diesem Hause das Pflegeamt übernommen haben. Ihr ganzes Wesen ist von solcher Güte erfüllt, wie sie nur Menschen zu eigen ist, die für sich selbst nichts mehr begehren, um dafür anderen ganz helfen zu können. Zwischen diesen katholischen Schwestern und uns Soldaten besteht ein innigeres Verhältnis als der Oberflächliche es ermessen kann. Sie und wir haben alles hinter uns geworfen, um desto freier erfüllen zu können. Wir gehören zusammen, wie Vater und Mutter notwendig sind für das fort- und fortwirkende Leben. Wir sind der Kampf und schlagen Wunden, sie heilen und bringen Liebe, Urboden des Seins, aus ihrer Gemeinsamkeit erst entspringt der göttliche Sinn.

Ich habe schon einmal bei meinem ersten, schweren Lazarettgang vor zwei Jahren die Pflege katholischer Schwestern kennengelernt. Man wird keine Worte finden, um ausdrücken zu können, welcher Dank diesen Frauen gebührt. Andere Kameraden wußten mir später von den freiwilligen Krankenschwestern Gutes zu erzählen. Auch zarte und heiße Liebesabenteuer fanden in solchen Berichten zuweilen ihren gefeierten Platz.

Ich bin kein Duckmäuser. Mit der Luft in Deutschland ist auch die Sehnsucht nach unseren Frauen wieder mächtig in mir aufgestanden. Ich werde ihr nachgehen müssen. Aber um jene Schwestern habe ich die anderen nicht beneidet. Denn die meinen gaben mir etwas, das sich nicht vergessen läßt. Sie zeigten mir, daß die Entsagung nur für die, die sie nicht wahrhaben wollen, ein graues Gewand trägt. Wenn wir aber näher zusehen, dann ist ein ständiges Leuchten um solche Menschen, die mit der kleinsten Handreichung, mit Blick und Wort immer wieder kundtun, daß es eine Liebe gibt, die nichts anderes will, als sich für die anderen verströmen.

Der arme Verwundete scheint von neuer Kraft beseelt, als Schwester Canisia seine Kissen zurechtrückt, dann leise den Ärmel seines Nachthemdes zurückstreift und die Morphiumspritze in den dünnen Arm senkt, an dem das Fleisch nur noch wie schlappes Leder hängt. „Nun schlafen, Herr Leutnant, nicht mehr denken. Es wird alles einmal wieder anders sein!"

Auch ich suche mein Bett auf. Als ich die Decke an mich heranziehe, kommt aus dem Dunkel, wo der Verwundete ruht, seine Stimme zu mir her. Aber sie klingt jetzt anders, gefestigter. Das Morphium mochte seine Schuldigkeit tun.

Ich antworte vorerst nicht, denn eine Unterhaltung kann dem Armen nur schädlich sein. Doch ich mag ihm auch nicht das Wort verbieten. So liege ich still und lausche.

„Es ist schon sehr lange her, Kamerad, daß ich draußen war," spricht der Schwerverwundete und sein Atem weht mühsam dabei. „Denn ich kann die Tage nicht mehr zählen, die ich schon hier liege mit hochgerecktem Bein, so daß ich das Blut nicht mehr fühle. Mein Leib scheint vergangen zu sein, so unirdisch ist alles um mich her. Selbst das Denken ist zuweilen nicht mehr als ein wüstes Feuerrad, das vor meinen Augen tanzt, die wie gebannt darauf starren müssen, ohne noch etwas zu begreifen. Doch dann kommen die Schmerzen — daß es solche Schmerzen gibt, ohne daß es uns erdrückt! Erst ist ein leises kleines Bohren, das ich fast dankbar begrüße, zeigt es mir doch, daß mein Körper noch nicht unter der Erde ist. Aber das Nagen wird schärfer, verstärkt sich, als ob Maschinen an mich gelegt sind, die mir die Glieder abreißen sollen bei lebendigem Leibe. Am liebsten möchte ich selbst Hand anlegen, sie ihnen hinzugeben, damit ich nur Ruhe habe. Es ist ja doch bald vorbei. Aber da hält mich dieser Verband, ich bin eingeschnürt wie eine Mumie..."

Der Verwundete schweigt. Noch einmal scheint er von Schmerzen gepeinigt zu werden, ehe sie, geduckt wie feige Tiere, dem Morphium weichen. Denn ein furchtbares Stöhnen füllt das Gemach.

Dann fährt der Artillerist fort; seine Stimme hat einen Klang, als gehöre sie einem Gesunden, der in den Morgen hinausjubelt:

„Ich möchte wieder bei meiner Batterie sein. Das war ein Leben, so finden Sie's nirgends. Ich bin immer ein einfacher Mann gewesen, hatte von meiner Gutsherrschaft mich nicht eben viel der Liebenswürdigkeiten zu versehen, denn ich war nur ein Dorfschullehrer, den sie über die Achseln ansahen. Aber zum Einjährigen hatte es doch gelangt. Ich war 14 gerade bei der Übung, als der Krieg ausbrach. Erst waren wir bei Tannenberg dabei, Masurische Seen, dann Westen bei Arras, später Verdun. Dort machten sie mich zum Leutnant. Ich hatte mit meinem Zuge einen französischen Angriff zum Stehen gebracht, obwohl kaum Infanterie mehr vor uns war. Das waren Minuten, nein, Sekunden nur, an denen alles davon abhing, ob wir mit Laden fertig wurden oder nicht. Nun, es klappte, und grad wie in Ostpreußen oben hielten wir mit direktem Schuß in die Schangels hinein."

Sprunghaft ist der Zerschossene wieder bei andern Bildern. „Meine Braut ist hier, meine Mutter auch. Sie dürfen jeden Tag eine halbe Stunde zu mir, aber sie sollen nicht mit mir sprechen. Es schadet mir. Ich aber mag nicht ewig diese mitleidigen Augen, die sich schon daran gewöhnt zu haben scheinen, daß sie weinen müssen. Ich will leben, Kamerad, nicht wahr," seine Stimme wird befehlend, erheischt eine Antwort, „Sie glauben auch, daß alles mit mir gut wird? Denn wozu lassen sie mich denn sonst eine entsetzliche Zeit lang zwischen Himmel und Erde schweben, unbeweglich, ohne daß ich ein Glied rühren kann? Vielleicht bleibt das Bein steif, das ist nicht die Welt. Man kann es nicht einmal Krüppel nennen. Auch im Frieden hatte mancher solches Pech. Aber nur nicht umsonst hier leiden. Das nützte weder Deutschland noch mir, das ist eine Pferdekur, die schlimmer ist als Totsein. Nicht wahr, es wird alles werden?"

„Aber warum denn nicht," antworte ich jetzt, „das sagte doch auch die Schwester. Und der Arzt hier ist vorzüglich. In ein paar Wochen sind Sie schon in Wiesbaden, denken Sie an mich."

Wenn ich auch selbst nicht recht an meine Worte glaube, so haben sie doch zuversichtlich genug geklungen, denn der Verwundete scheint beruhigt.

„Ach ja, der Doktor," sagt er, „wie werde ich ihm nur meinen Dank abtragen können? Ohne ihn wäre mein Bein lange futsch, abgesäbelt, das geht rasch und schließt alle Weiterungen aus. Er aber gibt sich Mühe. Von der Schwester weiß ich auch, wie alle Mannschaften von ihm reden. Sie nennen ihn den guten Gott. Wer weiß, wer das aufgebracht hat!"

In der Ecke ist es still geworden. Ich wage kaum zu atmen, um den endlich Einschlafenden nicht zu stören. Lange liege ich wach und denke, bis der neue Tag anbricht.

Als mich der Chefarzt spricht und zur Untersuchung schreiten will, erkläre ich ihm meine Irrfahrt. Er lächelt verwundert. „Sie fühlen sich also so gesund, daß Sie den Weg zu Ihrem Ersatztruppenteil allein zu finden gedenken?"

„Sonst hätte ich meine Bitte nicht vorgebracht."

„Nun, das ist recht." Er gibt Anweisungen, mir den Fahrschein zu erteilen.

Am Abend steige ich froh, wie seit langem nicht mehr, in den D-Zug nach Berlin. Ohne mir weiter Ruhe zu gönnen, fahre ich vom Bahnhof sofort nach Charlottenburg hinaus, dem Ersatzbataillon Meldung zu erstatten, um nunmehr doch meinen Urlaub bestimmungsgemäß zu erhalten. Aber fast eine Woche hatte ich gebraucht, bis dahin zu gelangen.

Auf dem Kasernenhofe, als ich zur Stadt zurück will, wird man auf mich aufmerksam. Die berühmte Frage des Nichtkombattanten bestürmt auch mich: „Wie war es denn draußen?

Hat es einen Zweck aufzubegehren, dem andern die Faust in die Zähne zu schmettern als beste Antwort: „So — so war es!"

Ich lächle nur fremd und antworte: „Ausgezeichnet!"

Das Wiedersehen mit der Mutter, der Schwester war viel des Glückes. Sie leben bei einem Onkel im Lande Mecklenburg und ich bin bei ihnen in der Stille einer ebenen, blühenden und satten Landschaft, die nichts von Krieg weiß.

Vielleicht auch nichts von jener Heimat, um die sich Hesse bangt? Ich finde hier eine Stätte, die mir wie ein Daheim ist, stark, gläubig und voller Stolz auf uns, der zu künftiger, besserer Leistung verpflichtet.

Die zertretenen Nerven richten sich allmählich wieder auf,

schon nach der dritten Woche packt mich ein unbändiges Gefühl, das nach draußen drängt, wo Männer auf mich warten, die derweilen Wacht für uns halten. Auch Post erreicht mich vom Regiment. Sie schreiben alle: „Du versäumst nichts, denn unsere Stellung ist ein Paradies, und darum werden wir sie auch nicht lange behalten. Man raunt schon wieder vom Winterberg."

Auch Hesse schreibt, acht lange Seiten. Er hat neue Nachrichten: „Eine Horde Kavalleristen ist eingetroffen, alles ältere Patente. Ich kämpfe zur Zeit noch um meine Kompanie. Nette Leute, aber keinen Schimmer vom Orlog. Der ganze Gotha. Du kennst Dich darin ja besser aus. Na, und Deine Vierte ist auch weg. Ein Oberleutnant v. Braunschweig führt sie. Da kannst Du ohne Stern nichts machen. Scheint übrigens wenigstens etwas von Infanterie loszuhaben, während die andern, nachdem ihre russischen Attacken heute schon Sage geworden sind, bislang sich mit fetten Kommandos in Belgien oder Rumänien befassen durften. Nun, das war nicht ihre Schuld, sondern ihr Glück. Wenn sie's nicht nur zu teuer bezahlen müssen! Denn was ihnen an Erfahrung fehlt, das wollen sie durch Schneid ersetzen, den sie bei ihrer Unkenntnis der Dinge immer an falscher Stelle zeigen. Ich sehe schon so manchen auf der Verlustliste."

Für mich steht es fest, daß trotz des neuen Oberleutnants und der ganzen Reiterei auch kein Tag mehr versäumt werden darf, wenn auch der Adjutant des Ersatzbataillons zu jedem Nachurlaub bereit ist, wie er schreibt.

Meine Mutter versteht mich ganz, so sehr sie an jedem Tage hängt, den sie mich hat.

Sie lebt nicht leicht. Schon 14 erschossen sie ihr den einzigen Bruder. In meinem Regiment fielen die drei Söhne ihrer Schwester, mein Vater kämpft seit dem ersten Tage. Auch die Frauen tragen ihre Last.

In Charlottenburg, Kaserne Westend, warte ich im Vorzimmer auf den Kommandeur, mich an die Front abzumelden.

Als ich vorgelassen werde, klopft er mir auf die Schulter:

„Da wird noch nichts draus. Gestern kam ein Telegramm vom Regiment, das uns anweist, Sie, bis Gegenbefehl kommt, bei uns zu behalten und nutzbringend zu verwenden. Ich denke an einen M.=G.=Kursus in Wünsdorf. Wir haben gerade einen Offizier zu melden. Was meinen Sie?"

Ich höre seine Worte nur halb. Also ist das Regiment doch wieder am Winterberg eingesetzt? Ich bin Führerreserve, um nachher aufzurücken? Gut, aber ich gehöre zu meinen Gefährten, die man jetzt in wildestes Schlamassel jagt. M.=G.=Kursus, so sagte der Oberstleutnant. Was sie nur mit ihren Kursen wollen! Es gibt draußen mehr zu tun.

„Also abgemacht", sagt der Kommandeur und entläßt mich.

In heller Bestürzung, geistesabwesend verlasse ich das Zimmer, um vor der Tür mit einem heftig mir entgegenstürmenden Mann zusammenzuprallen.

Als wir jetzt aufsehen, entringt sich von vier Lippen ein Schrei: „Mensch!" Es ist Lücken, der auf Urlaub gekommen ist und dem Oberstleutnant noch Schriftliches von draußen überbringen soll.

Ich warte in fiebernder Ungeduld, bis der Freund das Dienstliche erledigt hat. Dann nehme ich ihn am Arm, denn nun geht es ans Erzählen.

Wir haben im Regimentshaus einen stillen Platz gefunden. Schales Kriegsbier in Münchener Bierseideln, die an bessere Zeiten erinnern, netzt die durstigen Kehlen.

„Ja, ja, es ist alles noch heil. Sellschopp wie immer unverwüstlich. Hesse komponiert wie ein Irrsinniger, als ob er keine Zeit mehr hätte. Schmeißer photographiert und hat nun wohl so viel Meisterschaft errungen, daß ihm auch die Aufnahme seines eigenen Heldentodes gelingen wird. Und du bleibst also noch hier? Nun ja, der Einsatz auf dem Winterberg steht unmittelbar bevor. Vielleicht ist das Regiment zur Zeit schon dort gelandet. Der Kommandeur ist weise, spart uns für die letzten Gelegenheiten auf, nachdem er die Kavalleristen bekommen hat. Sie können ja niemals die Schlamassel nachholen, die wir mit Gottes Hilfe schon hinter uns gebracht haben. Deshalb ließ er mich auch fort. Drei Wochen, in dieser Zeit haben wir den Winterberg wieder, den wir im April gegen dreimalige Angriffe hielten und den nun andere wieder verloren haben."

„Es ist mir aber unverständlich, warum man ausgerechnet uns zum zweiten Male in diese Hölle schickt, wo der Mann Weg und Steg kennt und schon vorher von Grausen gepackt ist, weil er die gefährlichen Stellen weiß, und die Phantasie schon im voraus arbeitet. Er erlebte es, einmal kam er durch, siegte sogar, was wollen die oben mehr! Nun soll er wiederum hier das Glück versuchen. Versuchen, das ist's. Man soll niemals versuchen, es geht immer schief."

„Du hast es eben selbst gesagt: wir kennen dort oben Weg und Steg. Da glaubt das Hirn des Generalstäblers an eine bis zum letzten richtige Rechnung, wenn er gerade uns holt. Wir sind ja dort sozusagen heimisch, Sturmregiment, Garde. Hat der Soldat sich den Luxus zu leisten, so etwas wie seelisches Empfinden zu haben?" Lücken lächelt höhnisch: „Das steht nicht im Reglement, das läuft wider die Strategie. Wenn unsere Leute überhaupt bisher so über alles Lob erhaben widerstanden haben, so geschah es nicht zuletzt deshalb, weil der Schauplatz der Handlung sich änderte, und wenn es oft auch nur um einige Kilometer war. Wir brauchen die Abwechslung, das Neue, weil wir jedesmal wieder die Unbefangenheit nötig haben. Man sollte den Oberkommandos und vor allem dem Hauptquartier einen nachweislich bewährten Frontmann als Psychologen zur Seite geben. Was die in der Heimat hier zu viel haben, das haben sie bei den Kriegsbefehlshaberstellen zu wenig. Unsere Kompanieführer: ich wünschte allen Regimentern solche Kerls! Und wie verbunden wir mit unseren Grenadieren sind! Aber als die Nachricht kam, das Regiment solle wieder auf den Winterberg, bedurfte es nicht einmal eines besonderen Feingefühls, um zu erkennen, welche trostlose Stimmung mit einem Male um sich griff. Da hieß es denn für uns, sich doppelt zusammennehmen, obwohl uns keineswegs danach zumute war. Hesse und Sellschopp, die sind unverwüstlich, wenn auch keiner in ihr Herz zu sehen vermag. „Also, Kinder", so predigte Hesse, und die ganze Kompanie lachte, „wir haben schon manche Sch.. ße bestanden, wir werden uns auch durch diese durchfressen. Dafür laßt mich nur sorgen!" Und damit war es gut." Lücken stiert nachdenklich ins Glas.

„Zunächst, Hans Joachim," sage ich und bin besser Stimmung, da ich mich nicht mehr allein fühle, „bist du auf Urlaub. S i e , nicht wahr, sie, die entzückende Frau mit den klugen Briefen, die damals an der Somme, als wir noch im gleichen Bataillon waren, immer die großartigen Kuchen schickte, wartet doch auf dich?"

Über sein rassiges, schönes Antlitz, dem Männlichkeit und Weichheit ein seltsames Gemisch geben, das gerade auf Frauen nie seine Wirkung verfehlte, geht ein frohes Lächeln.

„Du hast recht. Man kann nicht dafür, wenn zuweilen solche Gedanken aufsteigen wie Blasen, die alsobald wieder zergehen. Es kommt wohl deshalb, daß dieser Frieden, von dem man schon seit Jahren spricht, nicht werden will. Überall in der Welt stoßen unsere Truppen vor, und wenn es wieder einen Halt gibt, sind wir an anderer Stelle von neuem eingebrochen. So wird der Rahmen immer größer, und es benimmt mir fast den Atem, welche ungeheuren Linien wir halten, wie unermeßlich groß unsere Kraft ist. Ich habe immer an sie geglaubt, darum darf es mich nicht wundernehmen, wenn das Ergebnis länger auf sich warten läßt, wo die Aufgaben zahlreicher geworden sind." — — —

Ich sehe Lücken in diesen Tagen nur wenig. Da mein Kommando nach Wünsdorf noch immer auf sich warten läßt, fahre ich kurzer Hand nach Warnemünde, woher man mich telegraphisch abrufen soll.

Es sind kurze Tage, die hinreichen müssen, vielleicht für ein ganzes Jahr, wenn man mich nicht vorher abschießt.

Das Schicksal führt mir durch sie eine blonde Frau in den Weg, die bis zum Kriegsende mein guter Engel blieb, so sehr wurden wir in inniger Freundschaft einander zugetan.

Aber es hält mich nicht lange am Meere. Ich will Lücken noch einmal sehen, ehe sein Urlaub vorbei ist.

Etwas anderes ist auch da. Ich fühle es wie einen Fels jäh auf mein Herz sich herniedersenken. In der Nacht fahre ich manchmal hoch aus tiefstem Schlaf, bin hell wach und höre im Ohre das Rattern von Maschinengewehren, das heulende Ankommen schwerer Geschosse, Wimmern und Schreien. Ich schüttle den Traum ab. Aber es ist nicht Traum, ist vielmehr ein gewisses Gefühl, daß sie nun draußen im wildesten Kampfe sind, die Grenadiere, die Freunde, und irgendwer an mich denkt, mir die Kunde davon zu übermitteln. Eine gräßliche Ahnung schüttelt mich.

Wir haben solche Stimmung oft in diesem Kriege erfahren. Ich weiß auch, daß sie einmal sich deutlich kundtun wird, wenn mein eigenes Ende bevorsteht.

Noch habe ich nichts davon gespürt. Bislang erfuhr ich nur von anderen Ereignissen.

Ein Feldgottesdienst an der Somme kommt mir in die Erinnerung. Es war vor unserm Einsatz bei Maurepas. Fünfundzwanzig Offiziere, fünfzehnhundert Mann ließen wir dort. Darunter ein ganzes Bataillon mit Mann und Maus. Nur sehr wenige schrieben aus der Gefangenschaft.

Jener Feldgottesdienst nun im Angesicht der Schlacht, deren trommelndes Feuer unentwegt aus der Ferne herübergrummelte, in das wir uns noch am Abend hineinstürzen sollten, wird immer in meinem Gedächtnis bleiben.

Das zweite Bataillon war angetreten mit allen Mannschaften und Offizieren, die ausrücken sollten. Wir waren außer dem Hauptmann zwölf Leutnants. Nach der Schlacht versammelten sich noch vier. Als der Geistliche seine würdigen Worte sprach, — er gehörte zu denen, die auch in vorderster Linie zu finden waren, — da verlor sich plötzlich für mich der Sinn seiner Rede. Wie gebannt starrte ich auf die Reihe der Freunde. Eine kalte, innere Stimme sprach zu mir, und ich mußte ihr nachgeben, so sehr ich sie verachtete: „Sieh sie dir alle genau an, den da vor allem und den. Sie wird es treffen!"

Es handelte sich nicht etwa um ein zweites Gesicht, war vielleicht nur ein egoistisches An-sich-Denken. Die Gedankenkräfte spannten sich, das Unheil dem andern zuzuschieben, weit fort von sich selbst.

Aber dann wieder hätte ein Stück Furcht um das eigene Selbst dabei mitschwingen müssen. Sie aber spürte ich nicht einen Atemzug lang. So sicher war ich in dem Gedanken, daß ich heil davon kommen würde. Es war wohl nur das, daß ich für Augenblicke aus mir selbst wie ein Zuschauer heraustrat, der todgeweihte Menschen voll Spannung musterte.

Das Gefühl, das mich jetzt die Nächte beschleicht, ist anders. Das ist mehr als Vermutung, denn in jeder Fiber spüre ich ein nahendes Unheil. Ich eile nach Berlin.

Am Abend hat das Ersatzbataillon seine Angehörigen, die Heimkrieger, zu Ehren der anwesenden Frontler zu einem kleinen Essen versammelt. Außer Lücken und mir ist auch der kleine Leutnant v. Seebach da, der am ersten Winterberg verwundet wurde und nun wieder auf den Damm kam, gleich mir vom Regiment als Reserve zurückgehalten.

Lücken sitzt neben einem dicklichen Major vom Kriegsministerium, der bereits Ende 1914 verwundet war. Keiner mag ihn sonderlich leiden. Der Front ist er längst entwöhnt, denn die Zeiten des Vormarsches haben einer neuen, furchtbaren Gestalt des Krieges weichen müssen.

Ich vergesse das Bild nie.

Mit dem Lächeln der Front auf den Lippen ist Lücken mit dem andern im Gespräch begriffen, das der Major aus dem Kriegsministerium fast allein bestreitet. Ich höre erst hin, als seine belegte, aufdringliche Stimme mein Ohr berührt: „Nun ist wohl bald keiner von den Alten mehr draußen?"

Lücken zählt auf: „Einiges rettete sich noch durch, zum Beispiel die Zierde des Regiments, der sich schon an der Somme den Hohenzollern holte, für den der Pour le mérite schon unterwegs ist; wir zogen als Einjährige zusammen hinaus, Sie kennen ihn doch auch, Herr Major: Sellschopp!"

Der andere schüttelt den Kopf: „Der ist doch tot, vorhin kam das Telegramm." Er bemerkt erstaunt die geisterhafte Blässe, die Lückens eben noch frohes Antlitz füllt. „Ach so, ich dachte, Sie wüßten schon, ja, ja, der Krieg — —."

Jetzt sucht Lückens Blick verzweifelt mich. Seine Hand hält das Glas umspannt, so fest, daß es zerbrechen muß. Unsere Augen begegnen sich, tauchen ineinander.

Ich vermag kein Wort zu sagen, schütte statt aller Rede nur den kühlen Trank.

Da springt drüben das Glas, weit spritzen Scherben und Inhalt umher, daß die hohen Herren um den wie Erstarrten sich mißbilligend ansehen. Aber vor dem irr flackernden Blick des Leutnants wagen sie kein Wort.

„Die Front!" schreit Lücken plötzlich auf und hält schon das neue Glas, das die Ordonnanz ihm reichte, „die Front!" ruft er noch einmal und schwenkt es wild zu mir herüber. „Wenn Sellschopp fiel, dann wird die ganze Welt zusammenbrechen. Sei es drum!"

Da merkt auch Seebach in seiner Ecke auf, läßt die Herren der Ausbildung, vor denen er noch eben in guter Erziehung paradierte, und schließt sich an: „Die Front!" Der junge M.G.- Offizier gerät völlig außer Rand und Band.

Die andern wissen nicht, was sie mit uns anfangen sollen. Sind das noch Menschen, die hier bar jeder militärischen Diszi- plin ein Totenbegängnis feiern, als seien sie Indianer? Herr- gott, es fielen doch so viele. Fast das ganze aktive Offizierkorps ging hinüber. Man hat es genau verzeichnet, der Herr Kom- mandeur hat den Angehörigen, soweit sie in Berlin waren, seinen pflichtschuldigen Beileidsbesuch gemacht. Eine sehr un- angenehme Aufgabe, das kann er versichern. Vielleicht schwerer, als im Rausch der Siege seinen Tapferen voraufzueilen. Die Jugend wird zuchtlos. Das ist's.

Die Herren tragen sorgenvolle Mienen.

Da und dort aber wenigstens versucht einer, uns nahe zu kommen, begreifen zu lernen. So erfahren wir auch, daß Sell- schopp bereits beim Vorbereitungsfeuer zum Angriff durch den Splitter einer schweren Mine schwer verwundet wurde. Das war vorgestern. Gestern erlag er der schweren Verletzung. Der große Sturm auf den Winterberg aber ist heute, jetzt schon vorüber. Wir schreiben den 19. Juli 1917.

Dann sitzen wir drei zusammen, man überließ uns geschlagen das Feld.

„Nun nicht mehr reden," spricht Lücken zu mir, „nun ist es heraus, wir müssen alle dran. Es ist auch so gleich, nachdem er fort ist. Er schien wie gefeit zu sein. Was stellte er nicht alles auf die Beine vom ersten Tage an! Es ist wie ein Symbol. Erkennen wir's recht, handeln wir danach bis zum Schluß, — prost!"

Sein Glas schmettert gegen die Wand, die unseren folgen. Es ist ein Totenfest der Front.

Anderen Tags kam das zweite Telegramm des Regiments. Der Winterberg war im Sturm genommen, aber neun Kompanieführer von zwölfen gefallen, alle unsere Freunde, die letzten eines großen Geschlechts, Breitenstein, Schmeißer, Hesse.

Wir sind nun allein.

Noch am Abend fahren wir zur Front. Es hält uns nichts mehr. Man braucht uns dringend.

Als wir die Grenze hinter uns haben, hat das Leben sich jäh wieder gewandelt. Die Heimat ist schneller von uns abgefallen, jedes Erinnern daran, als wir uns vordem an sie gewöhnt haben, da wir sie sehnend suchten. Auch das ist Heimat, wohin wir jetzt streben. Jedes Rattern der Maschine bringt uns ihr näher.

Zwar schläft noch tief, tief im Herzen die Trauer um den schweren Verlust, der auf einen Schlag uns in den Mittelpunkt der „Alten" brachte. Jetzt sind wir letzte Triarier. Aber der alte Panzer, den wir recht zu gebrauchen wissen, wächst schon wieder über die Wunde. Kann sein, daß sie einmal wieder bluten wird, — — wenn der Friede kommt, daß sie unheilbarer ist, als wir jetzt es wahrhaben dürfen. Genug, daß wir nichts davon spüren. Unser ganzes Sein ist ein angespannter Wille, einzuspringen, weiterzuführen, dem, was nach uns kommt — und es ist noch genug da —, Vorbild zu sein, damit fort und fort sich der Mann weiterpflanze von Schlacht zu Schlacht bis zur letzten. Sie wird sein, ob wir auch nicht mehr sein mögen.

Das Regiment liegt in Sissonne. Dorthin zog man es zurück, um die schweren Verluste auszugleichen. Unter den vielen toten Offizieren stellten die Kavalleristen, so wie Hesse es prophezeit hatte, ein großes Kontingent. Aber es sind schon neue eingetroffen. Die Mannschaftsverluste sind im Vergleich zu denen des Offizierkorps gering. Auf jeden Toten von uns kommen fünf Mann.

„Laßt es nur meine Sorge sein", hat Hesse gesagt. So erzählte Lücken damals in Berlin. Beim Sturm war er ihnen weit voran. In die Stirn, hinter der die vielen Melodien klangen, traf die Kugel. Er soll sofort tot gewesen sein. In Deutschland klagt jetzt Humperdinck um seinen besten Schüler. Vorbei! Aus! Vorwärts!

Meine Vierte ist noch besetzt, die hat dieses Mal mehr Glück gehabt. Ich hoffe, in meinem alten zweiten Bataillon, in dem Lücken noch immer die Sechste führt, mit der Fünften oder Achten beliehen zu werden. Statt dessen ernennt man mich zum Ordonnanzoffizier beim Regimentsstab.

„Wirst ein feines Aas jetzt", gratulierte Lücken, „aber ich beneide dich nicht. Nun wirst du nicht mehr dein eigener Herr sein!"

Er hat sehr recht. Aber was hilft's. Und ewig wird das Kommando nicht dauern. Es kommt nur darauf an, daß der Kommandeur mich eher satt kriegt als ich ihn.

Das Letztere ist schon seit drei Tagen geschehen. Ich bin froh, daß es bald von Sissone weitergeht. Mit ein paar Mann werde ich nach der neuen Unterkunft vorausgeschickt, die ich zu Pferd über Laon erreiche. Man weiß auch schon, — ich bin ja jetzt beim hohen Stabe, — wo die Stellung liegen wird. Natürlich auf dem Chemin. Wir sollen von ihm völlig genug bekommen. Voriges Jahr zogen wir um die Kathedrale von Quentin herum, dieses Jahr ist's die von Laon. Wir haben nun einmal die Eignung für den West-Großkampf in unsern Papieren. Da ist nichts zu wollen. Vorbei die Zeiten in Rußland 1915, sie werden höchstens wiederkehren, wenn wir in Frankreich noch einmal offensiv werden sollten. Man kann sich nur nicht recht vorstellen, wie eine solche Offensive aussehen wird.

Leuilly heißt das Nest, in dem der Regimentsstab Quartier nehmen wird, eine winzige Ortschaft südlich Laon, an der höchstens ein kleines Château bemerkenswert ist. Das ist vorläufig von einem anderen Infanterie-Regiment besetzt, und ich muß für den Stab in einer mehr als miserablen, sogenannten Ferme belegen. Das gibt einen Anpfiff, denn natürlich bin ich an den Baulichkeiten schuld.

Ich mache noch einen Versuch, auszukundschaften, wann die im Schlosse räumen. So erfahre ich bei dieser Gelegenheit den Namen des Regiments. Es sind die 203er, das Deutschland-Regiment von Ypern, sein Kommandeur aber: mein Vater.

Wie lange haben wir uns nicht mehr gesehen! Nun wird es das Spiel des Krieges ergeben, daß wir die Seinen ablösen werden.

An einem der nächsten Tage auch erhalte ich Befehl, die neue Stellung, die sich vor Chavignon—Pargny auf dem Rücken des Chemin des Dames hinzieht, sorgfältig zu erkunden.

Ich nehme nur wenige Begleiter mit. Zwar ist für jeden Kompanie-Abschnitt ein besonderes Kommando zusammengestellt, aber ich habe den Überblick über das Ganze zu geben. Das ist nicht in so kurzer Zeit zu erledigen.

In der Nähe von Chavignon, unweit einem kleinen Gehöft, der Many-Ferme, an der eine Feldbatterie Aufstellung genommen hat, soll der Regimentsgefechtsstand des abzulösenden Regiments zu finden sein.

Als wir den Garten der Ferme durchschreiten, stehen die Geschütze einsam und verlassen. Da scheint irgend etwas nicht in der Ordnung. Wir halten im Vorübergehen sorgsam Umschau. Prall brütet die Augustsonne auf den drohenden Rohren, die von Baumgrün sorglich gegen Fliegersicht verdeckt sind. Haben die Artilleristen einen kleinen Jagdausflug unternommen? Alles ist wie ausgestorben.

Ich suche umher, die Unterstände zu entdecken, in denen die braven Bomber hausen werden. Da klingt dumpf aus der Erde eine Stimme an unser Ohr, macht: „Pst, Pst!" Ein Arm winkt. Doch ehe wir uns recht besinnen, ist es schon zu spät.

Über die Höhe hinweg, dicht über die Baumkronen des Abhangs, an dem der gesuchte Gefechtsstand sich irgendwo befinden muß, schlägt eine Gruppe Brisanzgranaten so plötzlich mitten in uns hinein, daß ein Ausweichen unmöglich ist. Mehr der Luftdruck als die Besinnung wirft uns platt auf die Erde. Splitter klatschen hallend auf das Eisen der Geschütze, Sand und Staub beißen uns mit pulvrigem Qualm die Augen, daß sie verschleimen und vorerst nichts zu erkennen vermögen. Aber kaum, daß das ohrenbetäubende Krachen der Einschläge, in denen wir uns wie zwischen Fontänen befinden, grollend verebbt, bin ich, sind wir alle schon auf.

Schnelle Feststellung: Alles heil! Handeln! denn die nächste Lage wird gewiß sofort folgen. Woher kam vorhin die Stimme? „Alles schnell hierher!" Da lugt schon wieder das verschmitzte Gesicht des Artilleristen, der einen langen Bart trägt, aus dem grauen Dunkel seines Unterschlupfes.

„Der Mittagssegen, gleich kommt der zweite Gruß. Nur fix, ihr Landsers. Wenn auch nicht viel Platz ist, wir machen ein bißchen Dörrgemüse, dann geht es."

Als letzter krieche ich in den niedrigen Schacht. Der Keller, zu dem er führt, ist auch nicht viel mehr als splittersicher. Die erste Schwere haut ihn glatt durch.

Ich erblicke noch den letzten Sonnenschein, da ist die zweite Salve auch schon heran. Donnerkrachen, acht Einschläge vermischen sich zu einem einzigen furchtbaren Gebrüll. Dann das feine Surren und Singen der einzelnen zerschmetterten Eisenteile, die gierig frisches Fleisch suchen. Uns finden sie hier nicht.

„Wo wollt ihr denn hin, Landsers?" fragt der Artillerist gemütlich. „„Um diese Zeit schlafen wir alle in den Stellungen und überlassen sie dem Franzmann zum Beharken. Nachher wechseln wir mit ihm ab. Aber für Spaziergänger, die nicht Bescheid wissen, ist das nichts."

Einer meiner Begleiter deutet auf mich.

Ich gebe Auskunft: "Wir suchen das Regiment 203."

"Na ja, da oben, wo die schwere Langrohrbatterie steht, die ihnen nicht schlecht in die Ohren knallen wird, sitzt ein Infanteriestab. Ein wenig am Waldrande entlang bis dort zu der großen zerschossenen Eiche", er klettert mit uns hinaus, denn mehr als zwei Gruppen schösse der Franzose nicht.

"Sehen Herr Leutnant, dort, da haute gestern ein Baumkrepierer hinein, grad als Essenholer der Infanterie unterwegs waren. Es muß auch noch Blut dort zu sehen sein. Ein schmaler Fußsteig mündet bei der Eiche. Wenn man ihn verfolgt, muß man geradeswegs direktemang auf die Infanterie stoßen."

Wir machen uns auf den Weg. Es ist schwüle Sommerstille, als ob nichts gewesen wäre. Nur frisch gebrochene Astfetzen sind überall verstreut. Am Wege hängt in der Mitte geknickt ein Obstbaum. Der leiseste Windhauch wird ihn völlig brechen.

An der Eiche schimmert ein großer, blutiger Fleck, so wie der Artillerist es gesagt hat. Die Purpurfarbe ist längst in ein schmutziges Braun übergegangen. Bald wird der Moosboden sie völlig überwuchert haben.

Mein Melder ruft laut hinter mir: "Dort, Herr Leutnant!"

Ich wende den Blick. Aus dem Gestrüpp, grad auf uns zu weisend, den Zeigefinger gereckt, sticht ein Arm.

Aber es ist nur ein Arm, nichts mehr, der seinem Besitzer weit vom Leibe gerissen sein muß.

Es bedarf keiner Verabredung oder gar eines Befehls. Wir scharren ein Loch, nehmen den traurigen menschlichen Überrest, senken ihn in die Erde.

Auch der Fußsteig, der zu den 203ern führt, zeigt deutliche Spuren dauernden Beschusses. In vielfachen Windungen schlängelt er sich den Abhang hinauf. Dann begegnen uns die ersten Infanteristen. Sie gehören zum Regimentsstabe. Der Artillerist hat uns gut Bescheid gegeben.

Plötzlich öffnet sich das Dickicht, das den Pfad umgibt, vor uns schimmert ein Bretterschuppen, in dem die Eingänge zu den Stollen sein mögen. Ich stoße einen Ruf aus, nenne den Namen meines Regiments. Da erhebt sich in der Bude eine große, dunkle Gestalt, tritt heraus, kommt mir erstaunt entgegen. Wenige Augenblicke später drücke ich meinem Vater die Hand.

Als wollte uns der Franzose dieses seltsame Wiedersehen nicht gönnen, saust es plötzlich wieder über die Höhe. Dieses Mal gilt's nicht der Artillerie, sondern uns selbst.

Meine Begleiter haben sich schon geholfen und schließen mit den 203ern im sicheren Stollen Freundschaft. Auch ich muß hinunter, den Segen abzuwarten. Ein Wunder nur, daß die Bretterbude heil bleibt!

„Wir haben schon Wetten abgeschlossen, mein Adjutant und ich", schmunzelt mein Vater. „Bisher habe ich recht behalten, sie steht noch."

Wir haben nicht lange Zeit, uns auf uns selbst zu besinnen. Das Daheimdenken fällt auch schwer, so sehr wir es möchten.

Die Stellung sei leidlich, berichtet mein Vater, nicht ruhig, aber auch nicht übel, wenn es so bleibt. Nach seiner Ansicht aber sei es nur eine Frage der Zeit, daß der Franzose angreift. Dann wäre die Lage weniger angenehm, da der Feind mit allen Mitteln den Einblick in das Ailettetal anstrebe, um bis nach Laon die Sicht frei zu haben. Unser Einsatz ließe vermuten, daß man das oben auch erkannte und nun rechtzeitig Vorsorge treffe. Nach seiner Kenntnis sei eine stattliche Anzahl von Divisionen zum Eingreifen bereitgestellt. Auch sie selbst würden nach Ablösung durch uns dazugehören.

„Wenn man nur nicht in den Fehler verfällt, die Reserven auf den Chemin zu packen. Sie würden unweigerlich, ehe sie überhaupt zum Eingreifen gelangen könnten, mit der vorderen Linie gemeinsam zusammenkartätscht. Vor einem übermächtigen Angriff, und einen anderen riskieren die Franzosen nach ihren Erfahrungen im Frühjahr nicht mehr, hilft nur ein Ausweichen auf den Bove-Rücken hinter uns, das nicht zu früh, aber auch nicht zu spät erfolgen darf. Das spart Menschen und Material und nimmt denen drüben jede Gelegenheit zum Siege."

Ich habe später noch an diese Worte denken müssen, die sich bis ins Letzte bewahrheiteten.

Dann kommt der Abschied. Aber es ist Hoffnung, daß wir uns nicht zum letzten Male gesehen haben werden, wenn sich nicht gerade eine Kugel mit uns näher befreundet. Nach der Ablösung wird der Regimentsstab nach Leuilly zurückkehren, wo unser Kommandeur vorläufig noch zu bleiben gedenkt. Sein Major beim Stabe wird als zweite Regiments-Befehls-stelle eingesetzt, mit der er sich ablösen will.

Ich persönlich hoffe auf das Einrücken nach vorn. Da kann ich mich besser aus der Sicht des hohen Herrn in den vorderen Graben flüchten. In Leuilly gibt er mir meist lang-weiligen Schreibkram, unter dem er mich erstickt.

Ich vermisse die alten Zeiten sehr. Soviel steht fest, es gibt kein Fronttum Soldat oder Offizier allein, sondern erst in der Gemeinsamkeit dieser beiden hat sich das Fundament heraus-gebildet, auf dem das Gebäude unserer bisherigen Erfolge stolz in den Äther ragt. Aber man muß auch darin klar sehen, daß nur dort, wo der Soldat aus eigener Anschauung weiß, daß der Offizier alles mit ihm teilt, diese Gemeinsamkeit vor-handen ist. Sein Blick reicht nur bis zu den Bataillonsstäben, die im Schlamassel mitten unter ihm sitzen. Schon das Regiment gilt als etwas Höheres, Fremdes. In ihm wittern die Kompanien, Mann wie Offiziere, den ihnen gemeinsamen, unangenehmen Inspizienten.

Es ist sehr gleichgültig, ob eine solche Stimmung ungerecht ist, sie ist jedenfalls vorhanden. Ohne eine Verabredung, das wäre auch wider die Disziplin, stehen darum Mann und Offi-zier als beste Freunde wie gegen den Feind, so auch gegen alle Widerwärtigkeiten, die von den Vorgesetzten kommen kön-nen. Wie der Leutnant die Mannschaften schützt, so diese den Leutnant, wenn es einmal nötig ist. „Achtung, der Oberst-leutnant!" schrillt der Ruf. Da nehmen die Posten eine be-sonders vorschriftsmäßige Haltung ein, dem Kompanieführer wird Bescheid gesagt, damit er sich einrichten kann. Mitten im Krieg wird ein Stück Friedenskulisse aufgebaut. Man hat sogar seinen Spaß daran, und wenn der hohe Besuch vorüber ist, freut sich alles noch stundenlang bis zum nächsten Mal. Droht's aber zu bunt zu werden, dann sorgt das Oberkommando schon für Abhilfe, indem es die Truppe nicht zu lange in einer solchen Papierkriegsstellung beläßt.

Im Schlamassel aber gibt es kein Theater, da kommt die Sache wieder ganz an uns. Deshalb werden die neuen Menschen, die dieser Krieg prägt, auch nur aus jenen Kampfeinheiten der verschiedenen Waffen hervorgehen. Was sich sonst alles Krieger nennt, auch das berühmte „Hirn des Heeres", der Generalstab, sie spüren von der allgemeinen inneren Veränderung, die wir seit den Tagen der Somme bewußt an uns selber fühlen, so gut wie nichts.

Sind sie aber in der Überzahl? Wer wird nachher genauestens feststellen, wer in der Tat Frontsoldat war! Auch in der Etappe machen sie ihre Gefechte mit, zahlreichere als wir, da kein Eisen sie bedroht. Denn alle Schlachthandlungen der kämpfenden Armee, zu der die betreffende Etappenformation gehört, werden sehr sorglich in den Stammrollen ihrer Angehörigen verzeichnet. Sie kriegen den ganzen Weltkrieg in ihre Papiere.

Im Aktenschreiben sind wir überhaupt Meister. Kann schon sein, daß nachher das Aktenlesen auch den Ausschlag gibt und die andern auf einmal die Frontler sind. Es ist nur gut, daß man das Gefühl für die Sinnlosigkeit hat, darüber nachzudenken. So sehr weit scheint ein Ende dieses Krieges noch hinausgerückt.

Wir müssen w i r bleiben — das ist unsere ständige Aufgabe.

Jetzt also stößt man auch vor mir den Warnungsruf aus: das Regiment! Das paßt mir wenig. Im übrigen habe ich mich umsonst gesorgt, denn die meisten kennen mich zu gut, als daß sie nicht wüßten, ich bin ihr Freund.

Als ich jetzt von vorne zurückkomme — zwei Tage war ich durch die Stellungen unterwegs und die Nacht verbrachte ich in einem halbzerfallenen und verlausten Stollen bei Fort Malmaison —, da bestürmt man mich im Waldlager bei den Kompanien von allen Seiten mit Fragen.

„Es gibt doch gewiß hier eine Schweinerei?"

„Wo sie uns schon einsetzen, prämierte Westkämpfer mit Eichenlaub!"

Ein anderer hat bei einem Besuch der Brigade gehört, daß die Franzosen schon Eisenbahngeschütze einbauen. Da ist doch also kein Zweifel mehr.

„Es wird meine erste Sch..ße", sagt der kleine Leutnant v. Vitztum mit leuchtenden Augen. Er dehnt das schöne Wort besonders breit und blickt dabei stolz umher.

Lücken, bei dem er Kompanie-Offizier ist, sieht den Jungen liebevoll an. Was er denkt, kann man nur erraten.

Der Leutnant v. d. Osten, Husar, der die Fünfte führt, ein kleiner, beweglicher Kerl mit lustigen Augen, hebt den Arm, daß das goldene Armband hochschnellt. „Ihr seid merkwürdige Gesellen! Nun kommt einer von vorn und könnte berichten. Statt dessen brüllt ihr alle durcheinander und laßt ihn nicht zu Worte kommen."

Da tritt Ruhe ein, und ich erzähle.

Es ist mehr eine militärische Geländebeschreibung als ein Bericht von der landschaftlichen Schönheit dieser Gegend, von der wir im Ernstfalle auch wenig haben werden.

„Man kann auch noch gar nichts Abschließendes sagen, denn soweit ich unterrichtet bin, übernehmen wir die Stellung nur vorläufig, um danach weiter ostwärts zu rücken, wenn sie eine neue Division zwischen uns schieben", erkläre ich.

„Da haben wir's ja", sagt Lücken, „man rechnet also oben mit dem Angriff. Wir haben bald September, bin gespannt wann der Zauber losgeht. Dieses Mal werden sie ihn ganz exquisit zusammenbrauen. Das habe ich schon im Gefühl."

Er hat sich über die Karte gebeugt und studiert eifrig. „Bei dem Fort geht die Stellung aber eklig zurück?"

„Dort ist sie auch am kitzlichsten. Zwischen einer Feuerpause der schweren Minenwerfer des Franzmannes schlüpfte ich gerabe hindurch. Aber mein einer Melder wurde von einem Nachzügler an der Hand verwundet, Daumen glatt ab. Die alten, schweren Pakete, Zentnerladungen."

Der Leutnant v. d. Osten hat einen schwermütigen Blick. „Ich habe mich nun schon so etwas an euren Infanteriekram gewöhnt, aber die schweren Minen sind eine ausgesuchte Gemeinheit. Das ist nicht mehr gentlemanlike, vielmehr eine Viecherei, die einen anständigen Reitersmann entrüstet. Auf den Tod sind wir ja alle gefaßt — —."

„Die Hälfte von uns ist wieder fällig, denn das hier wird gegebenenfalls kein Katzenzungenessen."

„Na ja", Osten schüttelt sich, „es braucht aber nicht gerade so zu sein."

Am Nachmittag unternehmen wir zu Dreien einen Ritt, Lücken, Osten, ich. Mein Fuchs, der sich übrigens seit 1914 beim Regimentsstab gehalten hat, ist ein Blender. Vortrefflich zugeritten, hält aber nichts aus. Früher diente er im Tattersall des Westens zu Berlin. Lücken hat sein Halbblut, das ich später als Erbe übernahm. Osten reitet einen Kosak, Beutestück aus den Tagen von Gorlice—Tarnow und Jaroslau.

Unsere Unterhaltung will nichts mehr vom Kriege wissen, wenn er auch zwischen den Worten fort und fort gräßlich mahnt.

Osten breitet mit einem Male sein ganzes Herz vor uns aus, das viel von Frauen und Schönheit weiß. Dann sprechen wir von den neuesten Büchern.

„Es gibt eigentlich nichts Vernünftiges mehr", stellt Lücken fest. „Das Übelste ist die sogenannte Kriegsliteratur von den feldgrauen Helden. Wenn die Schreiber wüßten, wie sie uns mit ihrem Gedudele herabsetzen. Man möchte sie in die Fresse schlagen, rechts und links. Mannhafte Heldenbrust, teures Heldenblut, froher Heldentod: was die sich so unter dem Sterben vorstellen! Keiner stirbt gern, es sei denn, er ist schon eine halbe Leiche und die Würmer nagen an ihm. Das kommt ja vor, wenn sich auch solche Brüder meistens für gänzlich unersetzlich halten. Ich wenigstens lebe so gern, und sei es auch nur deshalb, um mit eigenen Augen sehen zu können, was einmal aus dem allen geworden ist. Soviel Blut und soviel wahres Heldentum, das aus den deutschen Menschen emporstieg, die sich selbst überwanden um der Gesamtheit willen, soviel Führerwille, der keiner besonders befähigten Kaste allein, sondern allen Ständen, wie wir es bei uns sehen, entsprang und sich bewährte: das muß ein neues Deutschland geben, wenn die Untadeligen sich dessen bewußt sind."

„Ich glaube, ich werde bei euch ein neuer Mensch", versichert der Herr v. d. Osten. „Die Vormarschzeiten, die ich bei meiner richtigen Waffe erlebte, sind heute schon versunken, fast wie der Krieg siebenzig. Danach aber warf man mich überall umher. Kaum hatte man Gelegenheit, sich heimisch zu fühlen, da kam schon wieder ein neues Kommando. Ewig neue Menschen, neue Verhältnisse. Kamerad war ein leeres Wort. Nun entdecke ich es hier wieder. Wenn es jetzt auch mit jeder Lebensversicherung vorbei ist, dieses neue Wissen von einer Gemeinsamkeit untereinander, die ich bislang für Phrase hielt, wiegt Ehre, Sicherheit, alles auf, von dem man sich nicht trennen zu können schien. Ich glaube", sagt der Husar still und klopft einen Staubfleck vom Rock, während die Linke den Zügel hält und wir langsam einen Trab anschlagen, „ich werde mich sogar an die Läuse gewöhnen."

„Das wird allerdings notwendig sein, mein Lieber", lache ich laut los. „Ich holte mir sogar schon Krätze, vor einem Jahr bei Beuvraignes. Perubalsam hilft sofort. Schade nur, daß das Zeugs sehr rar ist. Wenn Sie durchaus oben in Stellung auf Waschen Wert legen — Gott, die vierzehn Tage, was schadet's schon! — dann rate ich ihnen, stets etwas vom Kaffee zu reservieren. Gurgeln besorgt ein Schnaps, möglichst auf nüchternen Magen, dann sind Sie wie im Himmel. Sie hören nämlich die Engel pfeifen."

Der Husar schüttelt sich. „Gehört das alles auch zum Heldentod?"

„Bei irgendwelchen orientalischen Völkern", entgegnet

Lücken, „auch die alten Slawen hielten es so, schmückte man die Opfer, die man zu Ehren einer großen Sache auserkor, mit schönen Gewändern, Kostbarkeiten und salbte ihre Glieder, umgab sie mit Wohlgerüchen, ehe es ans Sterben ging. Da England uns mit der Meeressperre beglückte, stehen uns solche Dinge nicht mehr zur Verfügung. Aber Würde muß sein. Nehmen wir unsere Läuse, unsere Krätze, den ganzen lieben Dreck, ohne den wir dort vorne nicht denkbar sind, als Ersatz dafür. Es kommt immer nur darauf an, was man in den Dingen sieht. Dann macht man auch das Rechte daraus."

„Igitt, igitt", sagt der Herr v. d. Osten, „ich werde noch viel lernen müssen."

„Das geht sehr schnell", bemerke ich.

Wir sind nahe der Waldlichtung, in der sich die Baracken des Bataillons befinden. Mein Weg führt nach Norden. Am andern Abend schon sollen die Kompanien vorne einrücken.

Beim Abschied hält Osten meine Hand. „Ich kriege doch den Minenabschnitt bei Malmaison, und Sie wissen so viel vom Westkriege, — — nicht wahr, Sie besuchen mich oft?"

„Das verspreche ich gern. Sobald der Alte mich losläßt, sitze ich nur vorn. Dort bin ich vor seinen Nörgeleien am besten aufgehoben. Malmaison, der wunde Punkt, interessiert mich auch besonders. Also auf Wiedersehen dort!"

„Auf Wiedersehen!"

Ich reite langsam, um den schmalen Steig zu finden, der quer durch den Wald den langen Weg bedeutend kürzt. Der scharfe Galopp der Freunde hallt lange in den Ohren nach.

Drei Tage danach wird Leutnant v. d. Osten bei einem Rundgang auf dem Fort durch eine schwere Mine zerrissen. Nun hat er sich an die Läuse nicht mehr zu gewöhnen brauchen.

Die Meldung der Kompanie besagt, daß die Leiche nirgends aufzufinden ist. Es mag ein Volltreffer gewesen sein. Da blieb von ihm nichts übrig als Atome. Es hat keinen Zweck, unnütz eine Anzahl Leute der Gefahr auszusetzen, um die Leiche zu suchen. Trotzdem tun sie es freiwillig, bis das Regiment den Befehl gibt, davon abzulassen.

Da kommt aber auch schon die Nachricht, daß sie ihren Leutnant fanden.

Ich reite in Stellung, soweit es geht, eile dann zu Fuß zum eben wieder unter Minenfeuer liegenden Fort hinauf, um das formlose Gemisch, das sie weit von der Einschlagstelle entfernt entdeckt haben, zu identifizieren.

Ein Kopf ist nicht mehr vorhanden. Das rassige, fast weibliche Gesicht des kleinen Husaren aber steht plötzlich über mir, als ich schaudernd die breiige Masse betrachte, aus irgendeinem Anzeichen zu erfahren, daß es wirklich die gesuchten Überreste sind. Eine Stimme schwingt geheimnisvoll:

„Das also ist der Heldentod!"

Dann weiß ich Bescheid. Um ein blutiges Gemisch aus Fleisch und Schmutz, das einmal ein Arm gewesen sein muß, schimmert etwas Glänzendes. Unschuldig lächelnd in völliger Unversehrtheit verrät der Tand seinen Herrn. Es ist das goldene Armband des Leutnants v. d. Osten.

Der Husarenoffizier blieb vorerst der einzige Tote. Aber sein Sterben steht wie ein dunkles Vorzeichen über uns allen. Es ist das Bild eines bewegten Stellungskrieges, das an uns vorüberzieht. Man erlebt seine Feuerüberfälle, die einer gewissen Regelmäßigkeit nicht entbehren, und wenn es die Pflicht nicht verlangt, meidet man zu gewissen Zeiten die Orte, die sie sich auszusuchen pflegen. Die Unterkünfte in den vordersten Gräben sind leidlich, aber auch noch stark ausbaubedürftig, wenn sie für den Großkampf geeignet sein sollen.

Unsere Grenadiere und Füsiliere sind tüchtige Minierer.

Wir alle wissen seit langem, was von dem Schnell-in-die-Erde-Kommen abhängt. Wald, Sumpf, Wasser, sie sind keine Freunde des Soldaten. Am übelsten ist uns der Wald gesonnen. Wehe denen, die ein Granatensegen inmitten dicht stehender Baumwipfel überrascht. Nur die wenigsten der Geschosse erreichen den Boden, um mit gewaltigem Donner zu zerspringen. Hoch oben in den Baumkronen — denn die leiseste

Berührung eines Astes genügt, um den empfindlichen Zünder die Geduld verlieren zu lassen — explodiert die Granate und schüttet aus den Lüften ihre mordgierigen Splitter über uns aus. Trifft einer, dann wirkt er meist tödlich oder zerschlägt Knochen und Gelenke.

Besser schon sind Sumpf und Wasser. Es ist ein Vergnügen, die Geschosse zu sehen, wie sie sich in die Fluten wühlen, aus denen danach ein springbrunnenartiger Strudel hochaufschlägt. Oder gar der Sumpf. Mit entsagungsvollem: „Papp!" bohren die Granaten sich in seine trügerische Decke, die jede Mordsprenggier unbarmherzig erstickt.

Aber wie oft auch wehrten uns Sumpf und Wasser den Weg, wenn wir auf schmalen Steigen zwischen ihnen dahinkeuchten, auf die das feindliche Feuer niederschmetterte, vor dem es kein Entrinnen gab!

Die Erde aber ist uns immer Freund. Sie, die uns Kraft gab für das Geborenwerden, nimmt uns auch wieder zärtlich in die Arme, wenn starke Männer wie Kinder, die vor Angst irr geworden sind, aufschreien vor dem Fürchterlichen, das nach ihnen mit grausamen Krallen langt, und mit lechzenden Lungen ihre Kühle erschüttert umarmen. Der Kopf scheint sich hineinbohren zu wollen in ihre unermeßliche Tiefe, aus der den ganzen Leib ein neuer Strom von Kraft unwiderstehlich überflutet. „Nun muß es doch vorübergehen", wagt eine innere Stimme den Trost, wenn auch das Krachen und Heulen und Bersten ringsum, das jammernde Schreien Getroffener, das ersterbende Winseln verhauchenden Atems noch immer das Ohr quälen.

Jetzt eben schneidet's wieder scharf an ihm vorbei. Lohende Hitze glüht neben dem Kopf, der sich tief im Moos birgt. Armlang noch ragt daraus der künstlerisch gezackte Eisensplitter, der um Haaresbreite sein Ziel verfehlte. O Erde, Erde! Warum öffnest du dich nicht, nimmst uns noch als Lebende in deinen Schoß, da uns vor des Todes Kälte graut!

Und die Spaten arbeiten fieberhaft, verzweifelt.

Die Erde, sie liegt unbewegt, unendlich. Wenn auch die Artilleriegeschosse in ihren Leib sich wühlen, die Sandfontänen meterhoch aufschleudern wie Gedärme, die aus einem Leibe quellen, sie weiß, daß die gleichen Menschen, die hier der sinnvollen Sinnlosigkeit ihres Daseins scheußliche Orgien feiern, einmal, bald schon, die häßlichen Wunden wieder schließen werden, weil sie ihrer nicht entraten können. So gibt sie ihnen Freistatt, wie sie nur mögen. Denn sie sind Söhne von ihr, die um ihres Wesens Sinn leiden, Söhne, die selbst zwiespältig verdammt sind.

Es ist so: seitdem ein unwiderstehlich scheinender Vormarsch durch diese und jene Schuld damals an der Marne zusammenbrach, haben wir mit der Erde, deren Staub wir einstmals nicht flüchtig genug hinter uns zurücklassen konnten, einen Pakt geschlossen. Nun sind wir zufrieden, wenn sie uns willig ihre Pforten öffnet, nicht zu leicht, damit den Granaten nicht ebenso annehmlich der Zugang zu unserem Leben gestattet sei.

Doch ehe wir uns mit Spitzhacken und Beilen langsam durch Kies und Felsen den Weg bohren, sind sie schon über uns, und unsere Leiber hängen zerfleischt über den kaum begonnenen Stollen.

Der Chemin des Dames besitzt einen Boden, der in dieser Beziehung freundlich gesonnen ist. Leider scheinen unsere Vorgänger säumig gewesen zu sein. Die ewigen Infanteriekämpfe hielten sie wohl von energischer Arbeit ab.

Im übrigen gibt es kein Regiment, das nach der Ablösung nicht klagt. Das beruht darauf, daß es auch bei aller Erdarbeit kein Ende gibt — wie bei diesem Kriege.

Das Regiment arbeitet schwer. Die Stäbe sind Tag und Nacht auf den Beinen, neue Widerstandslinien zu erkunden, festzulegen und den Ausbau zu befehlen. So wird allmählich ein vielfach verästeltes Verteidigungssystem geschaffen, das zu durchdringen dem Franzmann schwer fallen wird.

Es gibt allerdings ein Radikalmittel, gegen das kein Kraut gewachsen ist: man trommelt es zusammen. Wir können es uns wegen Munitionsmangels und bei der Beanspruchung unseres Materials auf den Riesenfronten nie ausgiebig genug leisten. Die andern leben von ihm. Die ganze Sommeschlacht war nichts anderes als ein gemütliches Niederkartätschen der Deutschen, an deren Stelle man sich niederließ, wenn man keinen Atem mehr in ihnen glaubte.

Aber so ganz und völlig ist auf das seelenlose Material nicht Verlaß. Dort und hier übersah es doch noch ein Maschinengewehrnest, ein paar Mann. Eben noch unter dem furchtbaren Eindruck eines tagelangen Vernichtungsfeuers, das Kamerad auf Kamerad neben ihnen in Blut und Brei verwandelte, erblickten sie jetzt vor sich in einer plötzlichen, lähmenden Stille unzählige Sturmkolonnen, die hundert gegen einen wider sie rannten. Da kam neues Leben in die müden Männer, ein unbändiger Haß strömte trotzigen Willen in das Blut: zu halten um jeden Preis. Die Maschinengewehr-Garben ratterten in die dichtgedrängten Leiber der Stürmer, daß sie jäh stockten und sich verwirrten. Unerbittlich blieben die Schützen, ob auch der Feind sich zu neuem Vordringen ordnete. Sie hielten. Franzosen und Briten aber gruben sich von neuem ein und befahlen ihrer Artillerie, dieses Mal besser zu vernichten.

Und wiederum durch Tage und Nächte heulten, schrien, brüllten Erde und Luft, warfen sich zuckende Menschenleiber einander entgegen. Die Franzosen — — siegten, denn die deutsche Stellung war nicht mehr.

Seit jenen Schlachten, die zuletzt sich zu unsern Gunsten neigten, hat man das Morden noch besser gelernt. Heute kündet keine plötzlich eintretende Stille den Infanteriesturm mehr an, daß ein jeder weiß, was die nächsten Minuten bringen werden. Heute geht der Stürmer dicht hinter der Feuerwalze her, die ihm bis zum Einbruch in die feindliche Stellung Schutz gewähren soll. Wir haben uns für den Krieg bis zur zirzensischen Gewandtheit gebildet. Denn wie ein Trapezkünstler jeden Augenblick den Sturz befürchten muß oder der Mann, der durch die Schwerter springt, daß ihre furchtbaren Schneiden seinen Leib zerschlitzen, so sind wir immer gewärtig, daß ein eigener Artillerieschuß in unsere Reihen fährt. Denn so dicht hinter der eisernen Wand, die sich, auf die Minute berechnet, fort und fort vorverlegen soll, keuchen die Stürmer dem Feinde an den Hals.

Es ist nicht Zufall, sondern stets damit zu rechnen, daß dort oder hier ein ausgeleiertes Rohr, das schon der hundertsten Schlacht den Salut gibt und noch nicht ausgewechselt werden konnte, die Entfernung nicht mehr richtig hält und seine Grüße nur uns erreichen. Da helfen auch keine Leuchtfeuerzeichen; denn wie sollen die Artilleristen hinten wissen, welches der unzähligen Geschütze zu kurz schoß! Sie bringen nur Verwirrung in ihre Reihen, die wiederum uns schadet.

Für dieses neue Angriffsverfahren sind tiefe Unterstände nicht gut. Denn ehe ihre Bewohner es recht bemerken, ist der Feind schon über ihnen, und Handgranaten kollern die steilen Treppen hinunter, um alles Leben darin mit ihren in dem engen Raum verheerenden Explosionen zu vernichten. Sind aber die Stollen wieder zu schwach, dann werden die Linien schon vernichtet sein, noch ehe der Feind zum Sturme antrat.

Hier fordert die Rücksicht auf den Erfolg von Menschen den schweren Entschluß, auf tiefe Deckung zu verzichten. Die tote Materie versagt. Der Geist allein bleibt Retter. Es kommt darauf an, fort und fort wach zu sein und die todesbange Niedergeschlagenheit, die allmählich in eine völlige Gleichgültigkeit übergeht, mit aller Willensanspannung zu überwinden. Denn Gleichgültigkeit ist auch schon Niederlage.

Der gemeine Mann wird ihr am ersten ausgeliefert sein. Denn er hat nur für sich selbst zu sorgen. Schon bei dem Posten ist es etwas anderes, obwohl ihm der übelste Teil zugedacht wurde: mitten im tobenden Feuer auszuhalten, bis es ihn trifft und der nächste einrückt. Denn er spürt schon ein Stück Verantwortung, die ihn aus der Masse heraushebt.

Solche höchste Verantwortung aber und damit stärkste Nervenbeanspruchung haben Offiziere und Unteroffiziere zu tragen, jede Persönlichkeit überhaupt, die sich hier bewährt, mag sie Gefreiter, selbst Mann nur sein. Sie sind das Rückgrat jeder Kampftruppe, eine Elite, wie sie kein Befehl allein, keine überkommene Form auswählte. Aus freien Stücken, aus einer inneren Berufung heraus, die sie nicht einmal mit Namen nennen können, wachen, sorgen, sterben sie für die anderen.

Man mag es Landsknechtstum nennen oder Kameradschaft, auch Brüderlichkeit. Es ist von jedem etwas, aber zugleich auch noch etwas anderes, ein Zwang, stärker als jeder, der fühlbar ausgeübt wird. Denn hier in dem Brüllen der Materialschlacht ist außer uns selbst nichts mehr zu erblicken, das uns mit Peitschen antreiben könnte, vor dem wir noch menschliche Furcht hätten. Die irdischen Gewalten sind weit, die himmlischen aber, die kein Bibelwort, kein Kirchenmann uns nennen kann, weil sie dem gewöhnlichen Begreifen sich entziehen, heben uns über uns selbst hinaus und lassen uns mehr tun als nur die Pflicht, wie man es nennt.

Man munkelt, daß ich demnächst wieder zur Truppe soll, in der ich mich, seitdem das Regiment seinen Gefechtsstand bei der Ferme bezog, schon mehr als genug herumtreibe. Ich wage es kaum zu hoffen. Wenn man mir nur eine Aufgabe geben würde, die sich lohnt!

Unterdessen ist die erwartete Verschiebung nach links eingetreten. Das Malmaison-Fort übernimmt eine neue Division, die gerade siegeserfüllt von der Eroberung Rigas zurückkam.

Wir haben ein berechtigtes Mißtrauen gegen alle Ostkämpfer. Nicht, daß sie nicht ebensolche guten Kameraden wären! Aber der Krieg dort ist, wenn's hochkommt, ein friderizianisches Kriegsspiel gegen die westliche Schlachterei, in der das Heldentum ein so ganz anderes Gesicht trägt. Man gewöhnt sich schwer daran, wenn man ein besseres kennengelernt hat.

Die neue Nachbardivision hat einen tadellosen Ersatz, den wir mit Neid betrachten. Ob er sich bewähren wird, so wie bei Riga, muß die Zeit lehren. Wir haben uns daran gewöhnt, uns nur auf uns selbst zu verlassen, denn wir sind seit dem Oktober 1915, wo man uns aus Rußland auf die Lorettohöhe warf und wir blutiges Lehrgeld zahlten, aus Frankreich nicht mehr fortgekommen. Wir fahren gut damit, auch wenn sich dafür andere auf uns verlassen.

Heute kommt der ersehnte Befehl. Ich werde Adjutant beim Kampftruppenkommandeur. Das Regiment hat außer den drei Bataillonen noch eine vierte K. T. K.-Stelle zu Ablösungszwecken eingerichtet. Ein Rittmeister der Gardekavallerie, Herr v. B., übernimmt sie. Er kennt den Westkrieg noch nicht und zeigt darum einen bewundernswerten Feuereifer, ihn zu lernen. Für mich ist die Aufgabe nun gegeben.

Man vermag sehr viel als Adjutant, wenn man Rückgrat hat, vor allem, wenn der Kommandeur den Verhältnissen fremd ist. Selbstverständlich gedenkt er alle seine früheren Kenntnisse auf die neuen Zustände anzuwenden. So nimmt er für wichtig, was gern zu entbehren ist und in seinen letzten Ausmaßen nur Unwillen unter den Mannschaften erregen muß, weil sie die wahre Ursache nicht kennen und gar leicht auf eine Schikane schließen möchten, die gerade unserem guten B. fern liegt. Denn es gibt keinen vornehmeren, tapferen und auch gütigeren Vorgesetzten als ihn.

Diese Güte macht es mir auch oft schwer, einen frommen Betrug auszuüben, der, bemerkt, mir sein ganzes Vertrauen nehmen muß, das ich der Truppe halber und um des Kommenden willen, das sich schon in diesen letzten Septembertagen immer mehr ankündigt, ganz brauche. Wichtiger als die Sauberkeit eines Grabenstückes, das der nächste Regen schon wieder verschlammt und das für den Ernstfall, der es einebnet, doch zwecklos ist, bleibt nach wie vor das In-die-Erde-Kommen. Von einem einzigen Unterstand kann unser Schicksal, das Schicksal des ganzen Abschnittes, ja vielleicht die Schlacht abhängen. Das begreifen die Grenadiere auch; über solche Arbeit murren sie niemals. Denn sie geht um ihr Leben, nicht um eine Musterschulterwehr, die eine einzige Granate in tausend Stücke reißt und an der sich das Herz eines hohen Inspizienten erfreuen soll.

Wenn die Grenadiere manchmal wüßten, welche Widerwärtigkeiten wir nebenbei für sie bestehen, wie zuweilen um den blödesten Quark ein Kampf ausgefochten werden muß, der sinnlos erscheint um solcher Winzigkeit willen. Aber wird er nicht unternommen aus Unverstand oder Bequemlichkeit, dann ist der Schaden, den diese Kleinigkeit anrichten kann, oft ungeheuer, untergräbt Vertrauen und schafft Mißstimmungen, die zwar unter der Decke glimmen, aber unmerklich den Kampfwert der Truppe herabsetzen.

Unser Rittmeister gewöhnt sich allmählich ein. Er ist der eifrigsten einer im Graben. Es gibt keinen Winkel, den er nicht aufspürt. Jeder Befehl des Regiments ist ihm ein Heiligtum. Neue Grabenstücke sollen am liebsten durch Zauberspruch im Handumdrehen ausgehoben sein.

Als kein Einsehen helfen will, empfehle ich, selbst den Spaten zu rühren. Er tut es. Das belehrt, mehr als Worte es vermögen, und hat der Rittmeister sich erst einmal überzeugt, dann steht er auch gerade.

Wenn ich Zeit habe, pirsche ich am liebsten mit ihm mit. Denn von Gefahren weiß er nichts. Schußzeiten sind ihm kein Hindernis. Man kann gewiß sein, daß er sich gerade sie aussucht, um in die betreffende Gegend zu marschieren. Das wäre an sich ein Privatvergnügen, das man ihm gönnen soll. Man lernt im Kriege, just so wie sonst auch, nur aus den Erfahrungen am eigenen Leibe.

Es ist richtig, sie können den Tod bringen. Aber da der Kommandant für alle Fälle, — denn man kann unterwegs getroffen werden und am Wege verrecken, weil keine Hilfe da ist, — stets in Begleitung auf Erkundungen geht, die ich ihm aufdrängen mußte, so handelt sich's nicht nur um ihn.

Schließlich aber bringt ihm der Franzmann doch den guten Ton bei. Wenn seine Klatschbatterie die Weißbachschlucht hinuntersetzt und die Dinger dicht neben dem geduckten Kopf auf die Berme schlagen, dann ist das eine eindringliche Sprache. B. hat mehrfach solche Lehren empfangen müssen, die durch die gottlob nur leichte Verwundung seines Melders, der sich vergnügt mit Heimatschuß bei mir abmeldete, so sehr unterstrichen wurden, daß er in Zukunft vorsichtiger wurde. Nicht für seine Person — sondern für die anderen.

Wir liegen nun seit Wochen schon vierhundert Meter hinter der vordersten Postenlinie, die bei einem Großangriff befehlsgemäß geräumt werden soll, um ihn in der Hauptwiderstandslinie, dem sogenannten K 1-Graben, dem ersten Kampfgraben, abzufangen. Stollen sind nicht vorhanden, dafür eine geräumige Höhle mit einigen Ausgängen feindwärts, anderen wieder, die nach dem Boverücken in das Ailettetal hinter uns zeigen. Kein erdgewachsener Bau, das stellt man sofort an der Art des Gesteins fest, das die künstliche Behauung deutlich verrät.

Die Umgegend hat viele solcher Höhlen, die auf beiden Seiten als granatensicherer Unterschlupf dienen, große und kleine. Man erzählt, aus ihnen sei vor langen Zeiten das Gestein für die Kathedrale von Laon und alle ähnlichen Bauten der Umgegend, so die Kirche von Notre Dame de Liesse, gebrochen worden.

Der Platz führt einen verheißungsvollen Namen. Es ist die Höhle von Beauregard.

Wir machen uns nichts daraus, daß das Regiment uns vom Befehlsstand anscheinend abzulösen vergaß. So gehen allmählich alle Bataillone durch unser Kommando. Ich kann die durch die letzten schweren Verluste zerrissenen Bande neu und fester knüpfen. Alles neue Gesichter, man muß sie kennenlernen, denn man wird gemeinsam mit ihnen in die neue Schlacht blicken.

In einer dieser vielen Nächte hält es mich nicht mehr, und ich schließe mich einer Patrouille an, die von uns ausgesandt ist, festzustellen, ob der Franzose drüben noch an seiner Stellung arbeitet oder schon feiert, weil sein naher Angriff den Grabenbau unnötig macht.

Die Oktobernacht, die im ersten Neumond steht, reißt bei dem stundenlangen Still-auf-der-Erde-Liegen schmerzhaft an allen Gliedern. Da die Stellungen nicht eben weit auseins anander sind, ist der Gang um so schwieriger. Daß wir notwendigerweise ins feindliche Feuer geraten müssen, ist uns klar. Es handelt sich nur um die Frage, wann und wo es uns überfällt.

So langsam, daß wir selbst kaum eine Vorwärtsbewegung spüren, schieben wir uns voraus. Trotzdem es sich nicht vermeiden läßt, daß dann und wann der Draht an den spanischen Reitern leise klirrt, macht sich dort dreißig Meter vor uns, wo die feindlichen Drahtreihen beginnen, nichts Verräterisches bemerkbar. Wenn die drüben an der Arbeit wären, müßten sie uns längst gehört haben. Denn ohne Sicherung werden sie keinen Draht ziehen.

Aber vielleicht sind sie im Graben selbst beschäftigt? Wir müssen näher heran.

Wir haben den unbedeutenden Geländeabschnitt, der zwischen den gegenseitigen Befestigungsreihen liegt, — das Niemandsland, wie es genannt wird, — fast hinter uns gebracht. Eine Stunde und mehr mag vergangen sein, seitdem wir die eigene Stellung verließen, als plötzlich vor uns ein dumpfer Abschuß ertönt, daß wir sofort die Köpfe tiefer neigen. Ein zweiter folgt, und über uns hinweg geht ein leises Rauschen durch die Luft.

Ah, sie schießen mit Gewehrgranaten auf unseren Horchposten, haben also keine Ahnung, daß wir ihnen schon so nahe sind.

Aber das Feuer läßt auch darauf schließen, daß der feindliche Vorpostengraben zur Zeit stärker besetzt sein muß als gewöhnlich. Sollen wir uns in das Gewirr der feindlichen Drahtsperren stürzen, drei Mann stark, mit nur einer Drahtschere ausgerüstet? Es ist eine Unmöglichkeit. Nur schweres Minenvorbereitungsfeuer kann hier eine notdürftige Gasse schaffen. Wir sind auch nicht ausgezogen, um Gefangene zu machen. Aber wenn irgendwo sich die kleinste Gelegenheit zu einem Handstreich bietet, keimt Abenteuerlust empor und verleitet zu Unbedachtsamkeiten.

Meine Begleiter jedenfalls — der eine kam als Achtzehnjähriger vor zwei Jahren ins Feld und ist heute einer der ältesten Frontler seiner Kompanie — verspüren darauf eine brennende Lust. Das stellt man an den winkenden Bewegungen fest, die sie zu mir herübermachen, denn jedes Wort, auch das leiseste, kann die Hölle loslassen. Vorläufig aber können wir nichts tun als weiter beobachten, sehr sorgfältig, damit man wenigstens einen Feind zu Gesicht bekommt.

Die Drahtsperre, wir haben Glück gehabt, ist hier verhältnismäßig dünn, fünf bis sechs Reihen spanischer Reiter, soweit man bei diesem Halbdunkel zählen kann. Auch Gassen haben die Burschen schon zu schneiden begonnen. Dort hinten aber müssen die Gewehrgranatenschützen stehen. Eben wieder platscht es trudelnd über unsere Köpfe weg, wir vermögen die kleine, schwarze Wurst gut zu erkennen, die sich jetzt drüben, wo unsere Gräben schimmern, dumpf hallend niederläßt, gewiß ohne Schaden anzurichten. Denn die Sicherung, die für unsern Patrouillengang in einer Sappe postiert ist, beobachtet aus der entgegengesetzten Richtung.

Allmählich hat sich das Auge völlig an das Nachtblicken gewöhnt. Angespannt lauschen wir dorthin, woher eben noch die welschen Laute erklungen sind.

Da — wieder, ein unterdrücktes Lachen, ein beschwichtigendes Wort aus anderem Munde. Jetzt — ich glaube, dunkle Gestalten an der Grabenwand zu entdecken; auch meine Begleiter richten sich langsam auf, den Leib auf den Ellenbogen gestützt. Die Hände umklammern das Gewehr und halten es über dem Boden, damit das Schloß nicht verschlammt. Kein Zweifel, das sind zwei Köpfe, die nach unseren Stellungen spähen, wohl um die Wirkung ihrer Schüsse zu beobachten.

Wartet!

Ich habe das Gewehr langsam nach vorn gebracht, die beiden Gefreiten verstehen meine Absicht und richten ihre Knarre ebenfalls. Ein Zielen ist unmöglich. Aber es kommt mir in erster Linie auf den Schreck an, und auch so ist ein Treffer nicht unwahrscheinlich.

Die beiden anderen sind auf alle Zufälligkeiten, die solche

nächtlichen Pirschen mit sich bringen, eingespielt, so daß es keiner Verabredung bedarf, die uns nur um die Überraschung bringen muß. Auf der Stelle würde der Jäger zum Wild.

Um unsere Sicherung im Graben habe ich keine Angst. Denn sie weiß, daß wir nicht nur erkunden, sondern auch einen Schuß anbringen wollen. Der Rückweg ist ihr genauestens bekannt. Sie wird uns also bemerken müssen und mit dem Maschinengewehr die Straßen frei halten.

Ich lege an.

Mein Schuß kracht zuerst, die beiden anderen folgen kurz danach. Deutlich reißt drüben ein Schrei durch die Luft. Trafen wir oder ist es nur der Schreck, der dem Franzmann in die Knochen fuhr? Wir haben auch nicht eine Sekunde Zeit, bald wird drüben alles in Bewegung sein.

Nun ist es zwecklos, wollen wir nicht in das Sperrfeuer geraten, noch irgendwelche Vorsicht walten zu lassen. Schnelligkeit gibt den Ausschlag. Im Franzosengraben steigen schon allenthalben weiße Leuchtkugeln empor, überfluten die öde, narbenzerrissene Landschaft mit taghellem, silbernem Licht, in dessen Glanz wir den kurzen Weg, der unser letzter sein kann, von Trichter zu Trichter keuchen. Wir sehen nichts mehr voneinander, jeder hat für sich selbst zu sorgen.

Ich stürze in einen Trichter, Draht hält mich fest. Mag die Hose reißen, wenn ich nur frei komme. Der rostige Dorn dringt bis ins Fleisch hinein. Ein M.-G. takt rasend in der Flanke, aber seine Garbe liegt zu hoch, bienensummend geht es über unser Köpfe dahin.

Wir sind mitten im eigenen Draht, da setzt das französische Artilleriefeuer ein, riegelt uns von unserer eigenen Stellung ab. Hölle heult um uns her.

Neben mir findet sich der junge Kriegsfreiwillige ein, duckt den Leib dicht neben dem meinen. So liegen wir in einem Trichter eng bei eng, und eiskaltes Wasser dringt von unten an den Leib.

„Wo ist Schulze?" Das wäre, wenn uns der Streich etwas kosten sollte!

„Nebenan in dem Minenloch", gibt Jahnke zurück. „Er fiel noch vor mir ein."

„Verwundet?"

„Glaube ich nicht. Eben jedenfalls war er noch ganz heil. Verdammt!"

Der laute Ausruf, der uns in dem Sausen und Krachen nicht mehr verraten kann, gilt der Verstärkung des heulenden Konzertes. Denn jetzt setzt auch unsere Artillerie ein.

„Im Nachbarabschnitt werden sie fickrig geworden sein", stellt Jahnke empört fest.

Jetzt zanken sich die Kanonen hüben wie drüben um unser armseliges Leben. Eine schwere Sperrfeuerbatterie unseres Abschnittes hält mitten in den feindlichen Vorpostengraben hinein, daß die Splitter uns wie Fliegen umsurren.

„Na, die werden auch Augen machen", sagt Jahnke schadenfroh. „Ich bin bloß gespannt, wie wir hier herauskommen."

Wir machen unseren Schlachtplan. Jahnke springt hinüber, um Schulze Bescheid zu sagen. Er soll nur drüben bleiben, denn jedes Verlassen des Loches heißt sich unnütz in Gefahr bringen.

Da haut ein Kurzschuß unserer Schweren dicht neben meinem Trichter ein, daß aufgeworfener Lehm und Kalk mich halb verschütten.

Während ich mich noch auszugraben suche, ist schon helle Besorgnis in mir, ob das Unglücksding nicht gerade meine Begleiter zusammenhaute. Wie der Blitz bin ich drüben im Minentrichter, stolpere, falle auf zwei warme Körper, mit dem Kopf zuerst mitten zwischen sie.

Aber da packen mich auch schon Arme, Schulze lacht herzlich:

„Gut abgegangen, Herr Leutnant, aber unsere Bomber halten verdammt genau."

Der ganze Chemin steht jetzt in Brand. Der ungeheure Feuerkampf auf beiden Seiten, der durch ein geringfügiges Ereignis entfesselt wurde, verrät die große Erregung, die hüben wie drüben sich angesammelt hat und den kommenden Großkampf ankündigt.

Ein prächtiges Flammenspiel in allen Farben, grün, rot und

weiß, zuweilen mit sich verspritzenden Sternen, so säumen die Leuchtkugeln den Horizont und beleuchten den lang sich hinziehenden Bergrücken. Im Osten lassen sie strahlend seine höchste Erhebung erglänzen. Es ist der Winterberg, wo Hesse fiel und die anderen alle. Schon wieder werden wir um den Chemin des Dames uns anfallen müssen wie die Bestien.

Das Feuer unserer Schweren ist verstummt, dafür hat sich das der französischen Klatschbatterie auf unseren ersten Graben verstärkt.

„Soviel Geld wird für uns später kein Mensch mehr aufwenden", sagt Jahnke tiefsinnig.

Nun hilft es nichts mehr, wir müssen zurück. Die drüben sitzen sowieso schon an ihrem Maschinengewehr und lauern auf uns.

„Los!" schreie ich und bin auf. Richtig das Maschinengewehr von vorhin und dieses Mal haarscharf auf den Trichter, den wir eben verlassen haben.

Zusammen mit der letzten Lage der französischen Artillerie, vom Luftdruck kopfüber in ihn hineingeworfen daß wir alle Glieder spüren, kollern wir in unseren Horchposten, vor die Füße des Führers der Sicherung, die uns schon aufgegeben hatte.

Der Kommandeur schilt mich wegen des unbefohlenen Abenteuers.

„Melde gehorsamst, daß der Franzose nicht mehr am Drahtverhau arbeitet. Dagegen sind deutlich Gassen darin erkennbar, die vordem nicht festgestellt wurden. Vor unserem Abschnitt wenigstens ist eine Angriffsabsicht unverkennbar."

„Ich danke."

Die Meldung geht durch Lichtspruch zur Division. Kurze Zeit danach hat sie das A. O. K. in Händen. Der Generalstabsoffizier legt sie zu den übrigen.

„Alle Anzeichen sprechen dafür," so meldet er dem Chef, „daß der Angriff der Franzosen in den nächsten vierzehn Tagen erwartet werden muß. Der Artillerieaufmarsch, soweit wir ihn erkennen konnten, zeigt Vorbereitungen, wie sie auf einem engen Raume in solcher Stärke nicht einmal an der Somme oder in den Frühjahrsschlachten getroffen wurden. Es liegt der Antrag einiger Regimenter vor, der auch an einer Stelle von der Division unterstützt wird, eine Räumung des Höhenrückens bis hinter die Ailette ins Auge zu fassen."

Der Generalstabschef hat Zornesröte im Gesicht: „Kampflos? Damit die drüben übermütig werden? Wir haben genügend Reserven, die Kampfdivisionen verteidigen einen mäßig großen Abschnitt. Für jede stehen eine, zuweilen zwei Eingreifdivisionen bereit. Wir werden ein übriges tun und einen Teil von ihnen schon jetzt den vorderen Regimentern zur Verfügung stellen. Sind genügend Unterkünfte vorhanden?" Er betrachtet die Karte: „An jedem Hange befinden sich Dutzende von Höhlen. Damit die Leute nicht untätig sind, mögen sie im Stellungsbau verwandt werden. Der Chemin muß gehalten werden, muß! — Hören Sie!"

„Ich verweise auf die Meinung der Obersten Heeresleitung, Herr General! Sie wünscht keinen Durchbruch, und damit braucht auch niemals gerechnet zu werden, aber ein Haushalten mit den Kräften. Die Reserven, die man an den Hang packt, sind mit den vorderen Regimentern nutzlos aufgerieben, ohne zur Aktion gekommen zu sein."

„Wer sagt Ihnen das?" gibt der Generalstabschef schroff zurück. „Wie war es im Frühjahr? Hielten wir etwa nicht?"

„Damals schafften die Franzosen keine solche artilleristische Übermacht zur Stelle. Selbst aus Flandern holen sie jetzt die schweren Schiffsgeschütze herbei, wie unsere Flieger meldeten. Die größte Materialschlacht dieses Krieges steht auf engem Raum bevor. Wir aber sind gezwungen, unsere Geschütze zumeist im Ailettegrund zu belassen, wo sie uns bei dem geringsten Erfolg des Feindes verloren sind. Ich gebe zu bedenken . . ."

Die Faust des Generalstabschefs schlägt auf die Karte: „Wir haben unsere Infanterie!"

Für drei Tage beruft der Regimentsbefehl unseren Stab nach Etouvelles, einem schmutzigen, dürftigen Nest an der Straße Laon—Chavignon, in dem für die Ruhekompanien leidliche Unterkünfte geschaffen worden sind. Man ist kaum in der Lage, den Dreck von sechs Wochen Stellung notdürftig von der Haut zu schaben, da ist die Zeit auch schon wieder vorbei.

Da wir als vierte Bataillonsbefehlsstelle, die eigens für diese Stellung geschaffen wurde, mit den sonstigen Verwaltungsgeschäften nichts zu tun haben, genießen wir dieses Hintensein in angenehmer Langeweile, die nur von den Dingen des Kampfes getrübt ist. Denn das Denken an ihn läßt uns nicht mehr los.

Was alles vorne noch getan werden könnte, beschäftigt vor allem mich, da ich den bei einer Unbefangenheit gegenüber der Sachlage entsprungenen Optimismus des Rittmeisters nicht teilen kann. Das Gelände redet eine deutliche Sprache. Hinter uns der gut drei Kilometer breite Talgrund zwischen dem Bovorücken und dem Chemin, den ein Kanal, dessen wenige Übergänge schon jetzt unter dauerndem Störungsfeuer liegen, absperrt, sumpfiger Wald, der nur schwierig gangbar gemacht werden kann: sie bereiten eine Mausefalle für uns, wie sie sich der Franzmann nicht besser wünschen konnte. Unsere leichte Artillerie steht überall darin verstreut, längst vom Gegner erkannt, wie sein vorsichtiges Einschießen bald auf diese, bald auf jene Batterie beweist. In dem Tal ließen sich kaum gute Unterkünfte für die Geschützbedienung herstellen, da jede Arbeit bald auf Grundwasser stieß. Man kann sich ausrechnen, daß unsere Artillerie nach einem ernsthaften Vorbereitungsfeuer kaum mehr zur Wirkung gelangen wird. Wenn wir nicht halten, sind die Geschütze obendrein verloren, denn wer soll sie im Angesicht des Feindes über die rückwärtige Höhe in Sicherheit bringen!

Es hat aber keinen Zweck, solche Gedanken auszusprechen und in den Geruch eines Miesmachers zu gelangen, da hier doch nichts mehr zu ändern ist. Man kann nur das Seine tun, um das Schlimmste abzuwenden. Nirgends auch ist so etwas wie schlechte Stimmung bei den Mannschaften festzustellen.

Unser Stab wird auf dem linken Flügel des Regimentsabschnittes eingesetzt, dessen Angelpunkt, nur fünfhundert Meter hinter der Front, wieder eine Höhle bildet, die sich Malespartushöhle nennt. Sie wird unser neuer Gefechtsstand. Damit lernen wir nun den ganzen Regimentsgefechtsstreifen genauestens kennen, in dem vier Kompanien in vorderster Linie liegen. Im Abschnitt Beauregard zwei, im Abschnitt Malespartus wiederum zwei Kompanien, die übrigen je zwei werden als Reserve und zu Nahtaufgaben verwandt. Das letzte Bataillon liegt weiter rückwärts zum Gegenstoß bereit.

Die Division befiehlt dringend, Gefangene einzubringen, um die neuen Truppenbewegungen beim Gegner festzustellen. Unser Abschnitt mit dem Füsilierbataillon wird damit beauftragt. Sellschopps Kompanie, die jetzt in seinem Geiste ein Leutnant H. führt, wird das Unternehmen ausführen.

Nach sorgfältigen Beratungen ist der Schlachtplan fertig. Wir werden auf jede überlange Artillerietrommelei verzichten und uns nur mit so viel begnügen, daß die notwendigen Gassen in dem feindlichen Draht geschaffen werden. Sonst aber sollen Schnelligkeit und dreistes Zufassen den Erfolg bringen. Wir kennen die Zehnte gut genug, um zu wissen, daß nach menschlicher Berechnung alles nach Verabredung verlaufen muß.

Die bewußte Nacht bricht an, an deren Ende, wenn der neue Morgen sich noch lichtschwach ankündigt, der kleine Angriff unternommen werden soll.

Die Angehörigen der beiden Stoßtrupps sowie die Rückendeckungsabteilung haben den ganzen Tag über ruhen dürfen, um für ihre Aufgabe frisch an Kräften zu sein. Sie schlafen auch diese Nacht noch wie die Ratzen, nur die beiden Führer, zwei Vizefeldwebel, haben die Pfeife im Mund und besprechen noch einmal das Ganze.

„Mensch," sagt der Vizefeldwebel B., ein Kriegsfreiwilliger von 1916, „die ganze Sache wird eine Schiet, wenn die Bomber sie nicht richtig anpacken. Vor den Kurzschüssen habe ich den meisten Dampf. Dann will keen Aas mehr mit, und recht haben sie, denn da hört die Gemütlichkeit auf."

„Ach, Quatsch", sagt der andere, „blind werden sie ja gerade nicht sein. Wenn wir rauskriechen, schießen sie ja schon nach hinten. Das ist ja der Witz, daß der Schangel so gar nicht recht merken soll, was wir im Sinne haben. Die Reserven halten uns die Bomber dann schon vom Leibe. Was noch vorne im Graben rumkraucht, haben wir bald bei die Hammelbeine, hoffentlich lohnt es den Spaziergang. So gut wie ihre Ratscher sind — aber die französische Infanterie!" Er macht eine wegwerfende Handbewegung. „Wenn's nicht gerade Alpenjäger sind, mit die Preußen kommen sie doch allemal nicht mit. Die können mich —— kreuzweise und recht tief!"

Nach diesem Bekenntnis holt der Feldwebel tief Atem und spuckt im hohen Bogen den Tabak fort, der ihm in den Mund geriet. „Haben forsche Kerls mit uns, kein Schlappier mittenmang, schaffen wir! Wetten?"

Um fünf Uhr fünfzehn in der Frühe setzt das erste deutsche Artilleriefeuer ein. Es besitzt keine übermäßige Stärke, aber reicht doch hin, drüben im feindlichen zweiten Graben alles die Köpfe einziehen zu lassen, die kein Verlangen nach einer Verwundung tragen. Eine Viertelstunde später verlegt es sich in die Gegend der feindlichen zweiten und dritten Gräben. Wenn wir selbst nicht wüßten, was sich ereignen soll, würden wir nichts Auffälliges daran feststellen können.

Neben mir hat Leutnant H., Führer der Zehnten, die Uhr in der Hand. Am liebsten hätte er als alter Stoßtruppführer, dem schon manches Unternehmen gelang, selbst eine der Abteilungen übernommen. Aber sein jetziges Amt als Führer des Ganzen verbietet das. Er kann sich auch auf seine Leute verlassen, wie sie auf seine Maschinengewehre, die ihren Rückzug decken sollen.

Weitere fünf Minuten.

Wir halten in der Mitte der beiden Angriffsgruppen, die jetzt lautlos, wie anschleichende Raubtiere, über die Grabenwand pirschen und in der Dämmerung verschwinden.

Sechs Punkte rechts, sechs Punkte links, so ruht es eng an die Erde geschmiegt vor dem französischen Horchposten.

Das deutsche Artilleriefeuer springt noch weiter in die feindlichen Stellungen hinein, verstärkt sich jetzt, zwei Minuten lang, die sein donnerndes Gebrüll triumphierend erfüllt, zum Orkan.

Fieberhaft arbeiten die Pioniere der beiden Stoßtrupps, um schon jetzt mit ihren Drahtscheren die durch die deutschen Treffer angebrochenen Gassen in dem gegnerischen Hindernisse zu erweitern.

Das deutsche Feuer verstummt, nur ein paar Schüsse noch rauschen wie große Vögel über den Köpfen der Stürmer, beißen krachend in die französischen hinteren Gräben hinein und scheuchen dort die Besatzung in ihre Unterstände.

„Vorwärts", raunt Feldwebel B. und ist der erste, der jetzt mit großen Sprüngen den andern vorauseilt, die wie eine wilde Meute auf den feindlichen Horchposten losbrechen, den sie von ihrem Ausgangspunkt im Rücken fassen, während der östliche Trupp ihn von der Front anspringt. Mit keuchenden Lungen, — einer bleibt fluchend im Draht hängen, — haben sie das schlammige Postenloch erreicht, aber das Nest ist leer. Der Franzmann hat sich davon gemacht.

Nur nicht besinnen!

„Daß sie der Henker hole," schreit Feldwebel B. in Wut, „nach, Kinder, die Beine in die Hand!"

Und die wilde Jagd geht weiter, geradewegs auf den feindlichen ersten Kampfgraben zu, in den alles in wilder Kampfgier hineinstürzt.

„Schweine!" keucht einer, denn die Sohle ist völlig mit Schlamm bedeckt, der den hastenden Fuß festzuhalten droht. „Ist das Ordnung?"

Feldwebel B. geht voraus. Nach Osten nimmt der Trupp den Weg. Der erste Unterstand. Die deutschen Handgranaten springen lustig hinein. Aus der Erde schallt donnerndes Getöse.

Weiter!

Da poltern den Eindringlingen eilende Schritte entgegen, Stimmen werden laut. Die Fäuste der Männer packen die Waffe fester. Vorwärts!

Um die nächste Schulterwehr biegen ein paar Franzosen, bleiben entsetzt stehen, nur einen Augenblick lang, um dann schreiend kehrtzumachen.

Ihnen auf die Hacken!

„Die andern!" Ein Pionier hat den Freudenruf ausgestoßen.

Auf die Schulterwehr. Ein kurzer Blick, genügt! Der zweite Stoßtrupp ist vor ihnen ebenfalls in den ersten französischen Graben eingedrungen. Jetzt hat man die Schangels zwischen sich.

„Handgranaten frei!" brüllt Feldwebel B. und schon kracht die erste, mit geschicktem Wurf genau fünfzig Meter vor die aufrollende Stoßtruppe geschleudert, auf die Sohle des französischen Grabens. So treibt der Trupp B. die Fliehenden den Freunden direkt in die Arme. Es heißt nur, mit dem Handgranatenwerfen rechtzeitig aufhören, damit nicht die zweite Stoßtruppe gefährdet wird.

„Sie sind aneinander", lauscht Leutnant H., den Daumen am Sicherungsflügel des Maschinengewehrs. „Wo nur das französische Sperrfeuer bleibt? Die Franzmänner schlafen!"

Der zweite Trupp hat die Absicht der Gruppe B. erkannt und rollt nun ebenfalls den feindlichen Graben ihm entgegen auf. Die Franzosen wissen nicht mehr, wohin vor den Einschlägen, und beschließen den Durchbruch in der Richtung ihrer Flucht.

Da prallen sie schon aufeinander.

Für einen Augenblick stiert der Führer des zweiten deutschen Trupps nahe in ein weitaufgerissenes, angstvolles Auge. Dann hat er den Gegner bei der Brust gepackt, umschlingt ihn und stößt ihn mit heftigem Ruck den ihm Folgenden entgegen.

Da ist der zweite bereits an ihm. Aber ehe der Feldwebel, der sein Messer schon erhoben hat, zustechen kann, hat der Franzose sich mit verzweifelter Anstrengung über die Schulterwehr geschwungen und will über die Deckung davon.

Eine Pistole kracht. Der Fliehende taumelt, stürzt. Aber dann ist er wieder hoch, und die Dämmerung verschlingt ihn.

Der Feldwebel hat schon den dritten beim Kragen, der sich ebenfalls verzweifelt wehrt.

Tapfere Burschen, denkt der Deutsche grimmig, die haben uns ihre besten hierhergeschickt. Das stinkt doch nach Großkampf!

Da springt ihm der vierte an die Gurgel, daß ihm der Atem vergehen will. Wütend kratzt und beißt der Franzose um sich, sein Messer blitzt, fährt dem Feldwebel nahe am Herzen vorbei durch das graue Tuch. Erst der Kolbenschlag eines Pioniers schafft Luft. Lautlos sinkt der Franzose zusammen.

Jetzt rauscht das französische Sperrfeuer über das Niemandsland hinweg auf die deutschen Gräben, wo der Leutnant erwartungsvoll dem Kampflärm lauscht.

Um die gleiche Zeit befiehlt der Führer des zweiten Trupps, der sich mit den Angreifern unter Feldwebel B. vereinigt hat, den Rückzug mit der Beute. Sie ist lohnend genug. Ein feindliches Gewehr, das mit einem aufgesetzten Schießbecher für Gewehrgranaten versehen ist, wird mitgenommen.

Noch immer zeigt sich in der französischen Stellung keine besondere Bewegung. Das deutsche Unternehmen kam völlig überraschend. Nun heißt es nur noch, ungefährdet mit den beiden Gefangenen die eigenen Linien zu erreichen.

Denn im feindlichen Nachbarabschnitt ist man jetzt aufmerksam geworden. Ein französisches Maschinengewehr bestreicht aus der Flanke das Vorfeld, über das sie zurück müssen.

Die Gefangenen setzen sich erneut zur Wehr. Man muß sie bändigen. Auch ist jetzt ein Teil der französischen Grabenbesatzung in das vorhin verlassene Horchpostenloch gestoßen und wirft Handgranaten, ein Signal für Leutnant H., der sofort den Kampf annimmt und damit die Aufmerksamkeit des Feindes von dem Wege der Patrouille ablenkt. Von beiden Seiten zucken die Feuerstrahlen der belfernden Maschinen gewehre, und die Granaten reißen lodernden Schein aus der armen Erde.

Feldwebel B. hat dem zweiten Trupp, der die Gefangenen führt, den Rückzug gedeckt. Er hält im feindlichen Graben aus, solange es möglich ist. Aber nun drängt der Franzose unter wütendem Geschrei mit großer Übermacht aus seinen Reservegräben vor. Die ersten Handgranaten wirbeln. Es wird Zeit zum Rückzug, wenn man nicht selber Haare lassen will.

Auch der erste Trupp verläßt die Einbruchstelle.

So lange schon währte der Kampf, daß die Dämmerung dem hellen Licht Platz machen mußte, das den Rückweg der Stürmer erschwert.

Dicht vor dem Sprung in die eigene Stellung ereilt den Führer des zweiten Trupps eine M.-G.-Kugel, daß er verwundet in die auffangenden Arme der Grabenbesatzung taumelt. Weiter hinten trifft es einen Pionier am Kopfe. Er bricht zusammen und versinkt mitten im Drahtverhau in schwarze Nacht der Betäubung.

Auch die erste Abteilung ist wieder in den deutschen Linien und ohne Verluste. Aber der Pionier muß gerettet werden, darüber herrscht kein Zweifel.

Kurz entschließt sich Leutnant H., den feindlichen Vorposten erneut mit Handgranaten und Maschinengewehr anzugreifen, um die Aufmerksamkeit des Feindes, dem der Fall des Deutschen entgangen sein kann, abzulenken.

Noch einmal flammt das Gefecht auf. Die Franzosen scheinen rasend vor Zorn und Rachelust. Sie erwidern das Feuer heftig, ohne daß sie bis jetzt Erfolge davontragen können.

Vorsichtig kriechen die Deutschen trotz der leuchtenden Tageshelle über die Deckung, in das Drahtgewirr hinein.

Da — sie haben den Pionier. Er hat die Augen schon wieder offen, lächelt ihnen froh entgegen.

„Nicht schlimm, Kamerad, ich weiß!" sagt der Feldwebel B. und gebietet seinem Begleiter, mitanzupacken. Nicht weit von ihnen, zittert, gröhlt der Lärm des Gefechtes, das die anderen um die Rettung des Wunden führen.

Gebückt schleppen die beiden Deutschen den stöhnenden Mann, den schon wieder das Bewußtsein verlassen hat. Sie wagen nicht, an die nächste Sekunde zu denken, in der die M. G.-Garbe sie erfassen wird. Aber noch immer sind drüben die Augen des Franzmanns, zur deutschen Sappe hinübergewandt, aus der Leutnant H. Handgranate auf Handgranate sendet und wie durch ein Wunder selber unverletzt bleibt.

Sie sind mit dem Verwundeten vor der deutschen Linie. Unendlich liebevoll heben die beiden Männer die Zeltbahn mit dem bewußtlosen Pionier den hilfreichen Händen entgegen, die sich ihnen entgegenstrecken. Erst dann springen sie in den schützenden Graben.

Leutnant H. wirft die letzte Handgranate und nimmt dann die Meldung der Stoßgruppen entgegen.

Die Gefangenen haben sich in ihr Schicksal gefügt. Man reicht ihnen gutmütig Kaffee und Zigaretten und versieht sie mit Brot, ehe sie den Marsch nach hinten zur Division antreten. La guerre est finie!

Es sind Angehörige des 19. Infanterie-Regiments der 21. Division. Frankreich hat uns eines seiner besten Sturmregimenter entgegengestellt.

Wir wissen uns nicht zu retten vor Truppen. Die ganze Eingreifdivision, die für unseren Divisionsabschnitt zur Verfügung stand, wird nach vorn geworfen. Die Liegnitzer Grenadiere kommen zu uns.

Wohin auf dem schmalen Hang mit den Menschen? Was an kleinen Höhlen und Unterständen vorhanden ist, nimmt sie jetzt auf. Aber gepfercht wie das liebe Vieh hausen wir allerorten. Die Reserve hindert die Front und ist dabei der gleichen Vernichtung ausgesetzt. Denn die Granaten werden nicht fragen, wer für die vordere Kampflinie bestimmt ist, wer erst später sie entsetzen soll.

Zwar gibt das Menschengewirr jedem, der mitten drin steckt, eine gewisse Beruhigung. So den Grenadieren, die nicht weiter denken, als daß nun genügend Männer versammelt sind, den Franzmann nicht durchzulassen. Dafür rechne ich, daß also die Verlustlisten ums doppelte steigen werden, ohne daß etwas dadurch erreicht wird. Aber ich kann auch irren.

Die vermehrte Arbeitsleistung allerdings kommt dem Stellungsbau zugute. Sie hätte sich auch durchführen lassen, wenn man den Standort der Liegnitzer um fünf Kilometer rückwärts verlegte.

Immerhin, die Schwierigkeiten für die obere Führung sind nicht zu verkennen. Es ist wie im Manöver: stets die nicht vorgebrachte Lösung kann die einzig richtige sein, aber jede Lage hat immer zum mindesten drei richtige Lösungen. Ultima ratio allewege: wir müssen kämpfen!

Von Tag zu Tag wird es ungemütlicher. Es ist ein Glück, daß wir bei Dunkelheit am Hange den Kaffee kochen können. Denn die Zufuhr von hinten wird, ob bei Tageshelle oder während der Nachtstunden, immer schwieriger. Die einzige Straße über Urcel und die Kanalbrücke liegt unter dauerndem Beschuß. Die Kolonnen melden die ersten größeren Verluste.

Die feindliche Fliegertätigkeit nimmt immer mehr zu. Auch die Unsern sind nicht faul. Kurz vor Einbruch der Dämmerung, fast auf die Minute pünktlich, erscheint der deutsche Infanterieflieger kaum zwanzig Meter über den Gräben, von dem wütenden Maschinengewehrfeuer der Franzosen empfangen. Es schreckt ihn nicht ab.

Solche Besuche haben kaum einen fliegerischen Wert. Aber sie sind deshalb von höchster Wichtigkeit, weil sie die moralische Haltung der Infanterie stärken. Es ist jedesmal ein Jubel in den Gräben, wenn das Surren unseres Propellers ertönt. Man stürzt zu den Fliegertüchern, legt die Zeichen, damit der oben in der Luft erkennt: „Hier eigene deutsche Stellung!" Nun rattert auch sein Maschinengewehr die französischen Linien entlang, daß sie die Köpfe einziehen mögen.

In einer Woche wird das Schicksal schon entschieden haben, so rechne ich aus. Man kann es nicht auf den Tag vorhersagen, aber die ungefähre Zeit des Angriffs bestimmt der erfahrene Kämpfer sicher voraus. Es gibt nun wohl keine Batterie, kein noch so kleines Grabenstückchen mehr, auf das die drüben sich nicht genau eingeschossen hätten. Seit einem Tage auch versäumt das französische Feuer keine Stunde, um unsere leichten Geschütze im Talgrund niederzuhalten. Sperrfeueranforderungen unsererseits, die kleine Plänkeleien, verbunden mit der verständlichen Erregung, hervorriefen, werden nur dünn von ihnen beantwortet. Und wir stehen erst in der ersten Phase des Großkampfes.

Der Franzose greift mit seinem Feuer schon ins Hinterland. Der Bahnhof von Laon, der gut über fünfzehn Kilometer vom Chemin noch entfernt ist, ist kein Aufenthalt für die Etappe mehr. Schwere Eisenbahngeschütze rollen von weit, weit her, unaufhaltsam, 22 Zentimeter-Granaten, dicke Pakete, wie wir sagen, über uns hinweg. Immer weiter entfernt sich das unheimliche Geräusch, bis es völlig entschwindet. Ein Einschlag ist nicht mehr hörbar, so weit reisen die Geschosse.

Der Landser im Graben nickt dem Posten zu: „Hörst du, nun kriegen die hinten Kattun!" Es liegt etwas von Schadenfreude in seinen Worten.

Unserm Stab paßt es wenig, daß er noch einmal für drei Tage abgelöst werden soll. Aber schließlich kennen wir den Abschnitt der Beauregardhöhle, in den wir danach einrücken werden, noch besser. Nur der verdammte An- und Abmarsch! Er verlohnt die sogenannte Ruhe nicht, die uns bis nahe Laon nach Leuilly ruft. Denn Etouvelles ist für kein Lebewesen mehr bewohnbar. Die französische Artillerie bemüht sich, das eben noch heile Dorf um und um zu stürzen. Es hat keinen Sinn, sich passiv beteiligen zu wollen, indem man seinen Kopf hinhält.

Um die Vormittagsstunden schon rückt das zweite Bataillon in den Abschnitt Malepartus ein. Lücken ist dabei mit seiner

Sechsten. Sie wird in einer üblen Gegend bestehen müssen, dem sogenannten Abschnitt Gotha, linkem Flügel des Regiments, hinter dem sich eine Schlucht quer zu den Stellungen zieht, die das gegebene Einfallstor für den Franzmann ist. Seine schweren Minenwerfer hausen jetzt darin, so daß der Zugang zum vorderen Graben, der in ruhigen Zeiten fünf Minuten Weg verlangte, oft eine Stunde und mehr des Wartens erfordert, soll die Kompanie nicht erledigt werden.

Truppweise, zwischen den schweren Einschlägen hindurch, arbeitet sie sich nach vorn. Lücken nimmt die Spitze.

So kann ich ihm nur kurz die Hand drücken. Sein altes Lächeln ist es, das zurückgrüßt.

„Ohren steif halten!" sage ich.

Wenn das helfen würde! In rasendem Lauf gewinnt schon der Kompaniestab die verqualmte Schlucht, in die kurz hinter ihm wieder vier schwere Schüsse schlagen. Es ist ein ohrenbetäubender Lärm.

Und so ringen die Männer dem Tode fort und fort den Weg ab.

Für uns selbst wird es auch Zeit. Der neue Führer des Abschnittes, ein Hauptmann Geest, der erst kürzlich ins Regiment kam, stellt uns in eiserner Ruhe seine Fragen. Dann ist er befriedigt.

„Sie werden mit mir gemeinsam bataillieren", prophezeit er, „denn ein paar Tage dauert es noch, bis die drüben sich ein Herz fassen. Solange noch eine Kanone von uns schießt, lassen sie mit ihrem Feuer nicht nach. Das hier wird toller als bei Verdun."

Wir sind schon auf dem Hange. Die hohe Gestalt des Hauptmanns füllt den niedrigen Höhleneingang ganz, in dem er breitbeinig steht und noch einmal grüßt.

„Halten Sie mir nur beim Plateau von Beauregard die Flanke frei, denn daß sie links die Weißbachschlucht hinabkommen, ist sicher wie irgend etwas."

Der Gedanke an Lücken befällt mich jäh.

„Das nehme ich zwar auf mich, aber sie dürfen mir nicht doppelt in den Rücken kommen", ruft Geest uns noch nach.

Wir salutieren zurück. Es ist etwas in dem Wesen des Offiziers, das eine unendliche Sicherheit ausströmt, die sich alsobald auch uns übermittelt.

„Solange wir leben, können Sie sich darauf verlassen."

Wir kommen nicht weit. Denn ein Feuerüberfall aller Kaliber sperrt den Hang vom Talgrund. Dort unten rennen Leute, es schlug mitten in sie hinein. Aber dann sieht man nichts mehr. Sie mögen notdürftige Deckung gefunden haben.

Wir selbst kauern eng an die Berglehne geschmiegt, krümmen die Leiber, um das Ziel so klein wie möglich zu gestalten.

Aber wir können nicht ewig verharren. Fünfzehn Kilometer lang werden sie uns jagen, also heißt es mittun und Glück haben.

Wir machen den Sprung durch die krachenden Einschläge hindurch und vergönnen uns keine Zeit zum Veratmen mehr, sondern jagen weiter. Wie ein aufgelöster Hundeschwarm strebt der Stab durch die brennende Landschaft hindurch. Wir geben die Richtung, der alles blindlings folgt.

Jetzt ist der Feuerarm hinter uns, aber ein zweiter schneidet den Weg ab, auf dem wir über den Kanal müssen. Zum Überfluß befinden wir uns nahe einer Batteriestellung, die gerade unter Feuer genommen wird, als wir sie erreicht haben. Das treibt den totmatten Körper noch einmal zu schnellem Lauf an. Aber kaum haben wir das Schlimmste überwunden, da versagt sich der Wille. Wir wandern wie Spaziergänger, die das alles nichts mehr angeht, was rings im Umkreise geschieht.

Die Frage brennt: Sollen wir den Übergang über die Brücke wagen oder den Umweg versuchen, der uns durch die Sümpfe führt, aber eine Stunde mehr Zeit verschlingen muß? Eben ist er unbeschossen, denn die wenigen Streuschüsse, die die moorige Landschaft abtasten, zählen wir nicht. Das kann sich jedoch jede Sekunde ändern.

Auch in der Überlegung halten wir im Lauf nicht still. Mir ist der Umweg zuwider, der Rittmeister äußert sich nicht. Das Sicherste wäre eine Teilung des Trupps.

Wir sind schon zweihundert Meter vor die Brücke gelangt,

deren eines Geländer sich jetzt klagend zur Seite neigt, in das Wasser rauscht. Bis zu uns herüber fliegen die kantigen Splitter der Geschosse.

Sollen wir, sollen wir nicht? Ein Blick zur Sumpfgegend belehrt, daß dort die Streuschüsse häufiger werden. Das entscheidet.

Plötzlich läßt das Feuer auf den Kanalweg nach. Ein letzter Schuß, den wir lang auf die Erde gestreckt abwarten, schließt den Zugang. Dann ist Stille.

Sie kann trügerisch sein. Vielleicht rennen wir mitten in den Untergang hinein. Es hilft nichts, wir müssen!

Ich halte den Stock hoch empor, daß alle das Zeichen verstehen, deute voraus und setze mich selbst in schnellste Gangart, soweit die Lungen noch etwas herzugeben vermögen. Hinter mir stolpert, rafft sich wieder auf, keucht, rast eine wilde Jagd. Die Brücke!

Zwei ungeheure Trichter wollen den Zugang verwehren, lassen unseren Schnellauf abbrechen. Langsam steigt aus ihnen beißender Qualm, versengt Augen und Atem. Denn wir müssen mitten hinein, kriechen jetzt zur andern Seite wieder empor und betreten den Stein der Brücke, der noch unversehrt scheint. Am jenseitigen Ufer aber dräut ein neues Hindernis.

Eine stämmige Eiche samt allem Astgewirr, das vielfältig sich jetzt am Boden dahinrankt und mit dem zerschossenen Geländer ein natürliches Verhau geschaffen hat, liegt, von einer Granate aus der Wurzel gerissen, quer über unserm Weg.

Schießen sie noch immer nicht? Der Wind, der in den Löchern des Stahlhelms saust, täuscht das Anheulen neuer Geschosse vor, die uns hier unwiderruflich zerschmettern müssen.

Die Seitengewehre fliegen heraus. Sie hacken wütend in das eben noch lebendige Grün, reißen gewaltsam einen Pfad. Einer nach dem anderen steigt fluchend über die Sperre.

Tiefaufatmend und ohne Übereilung streben wir am jenseitigen Ufer die Straße weiter, die gen Urcel führt, das über unsere Köpfe hinweg eine schwere Langrohrbatterie des Franzmanns in Trümmer schießt.

Da, jetzt ist auch die unverständliche Feuerpause beendet, die uns für wenige Augenblicke die Kanalbrücke frei gab. Schuß auf Schuß martert wieder die Ufer.

Wir müssen Urcel umgehen. Es ist keine andere Möglichkeit, wollen wir nicht nutzlos ins Verderben rennen.

Ich fluche mörderisch. Man kann sich schon ausrechnen, welcher Marsch uns in drei Tagen droht, wenn wir wieder nach vorn müssen. Es ist nur ein Glück, daß die Kompanien, die schon voraus waren, als uns noch die Übergabe des Kommandos beschäftigte, längst über Urcel hinaus sein müssen.

Wir biegen nach Osten aus. Es war recht gehandelt. Zwischen zwei Batterien hindurch, deren Besatzung sich vor dem schweren Feuer in ihre Unterstände flüchtete, — nur der Leuchtfeuerposten wartet seiner Pflicht, — gehen wir sicher unsere Straße. Dann wird es allmählich ruhiger.

Außer Atem, fünf Stunden Marsch hinter uns, treffen wir in Leuilly ein.

Die drei Tage hier sind nichts wie banges Warten. Der Ausmarsch aus der Stellung hat keine Verluste gebracht. Werden wir ihnen morgen entgehen?

Es ist die letzte Nacht vor diesem Morgen, an dem wir die Ablösung bei der Beauregardhöhle vollziehen sollen. Die elfte Kompagnie wird den rechten, die zwölfte den linken Abschnitt zu halten haben.

Der Kompanieführer der Elften ist der kleine Leutnant Reif. Ich glaube, er zählt nicht mehr als zwanzig Jahre, wenn er sie schon erreicht hat. An der Somme holte er sich das Eiserne Erster Klasse.

Reif ist noch ein rechter Bub. Eine kleine Nase sticht keck aus dem stets zufrieden lächelnden, fast mädchenhaft rosigen Gesicht in die Luft. Er ist nicht nur unser Liebling, auch seine Mannschaften hängen mit rührender Treue an dem Jungen. Denn er weilt immer unter ihnen, verschmäht auch eine Skatrunde nicht, wenn das Leben in der Stellung es so mit sich bringt.

Im übrigen kennt Reif keine Langeweile. Er ist Soldat aus Leidenschaft. Er tut nicht nur das, was das Amt ihm vorschreibt, sondern auf eigene Faust unternimmt er Streifzüge, die nicht allein der Befriedigung einer Abenteuerlust dienen sollen, sondern stets ein praktisches Ergebnis haben. So entdeckt er neue Sappen, neue Hindernisse, ruht nicht, ehe der Granatwerfer erkannt ist, mit dem der Franzmann seinen nächtlichen Schießvergnügen huldigt. Und es dauert nicht lange, und Reif selbst nimmt die Vergeltung in die Hand. Dann stellen die drüben schleunigst das Schießen ein, so sehr ernst nahm es der kleine Leutnant mit seiner Antwort.

Wenn wir in Leuilly alle ein wenig still sind vor dem Kommenden, Reif hat sich seine gute Laune nicht nehmen lassen. Dabei wird auf ihn ein großes Stück Arbeit kommen. Der rechte Abschnitt Danzig, zugleich rechter Flügelabschnitt des Regiments, der an die Nachbardivision bei Malmaison stößt, ist unser Sorgenkind.

„Es ist nur eines, wovor ich Dampf habe", sagt Reif, „daß nämlich die neben uns abhauen und mich der Schangel unversehens auch im Rücken packt, während ich ihn vorne abhalte. Dagegen ist kein Kraut gewachsen. Aber haben wir nicht immer Schwein gehabt?"

Das Feuer hat sich immer mehr verstärkt. Hier, wo der Lärm des ganzen Chemin zusammenklingt, ist das Unheimliche der Schlacht noch gestiegen. Man möchte schreien, um gegen das donnernde, niemals verstummende Getöse anzugehen, daß es endlich die gequälten Nerven verschonen möge. Es ist fürchterlich, als Opfer untätig bereitstehen zu müssen, zu wissen: in diese Hölle mußt du in wenigen Stunden hinein.

Die ersten Alarmnachrichten greifen um sich. Jeder Transport nach den Stellungen sei schon jetzt zur Unmöglichkeit geworden, die Straße Etouvelles—Urcel übersät von gefallenen Pferden, umgestürzten Fahrzeugen.

Kann sein, was hilft es! Der Stein ist ins Rollen gekommen, nun müssen wir seinen Fall abwarten.

In unserm Abschnitt, den wir übernehmen werden, ist ein

neuer Unterstand trotz fünf Meter Erddeckung glatt durchschlagen. Alles, was drin war, tot. Das bedeutet den Ausfall eines Viertels der betreffenden Kompanie. Unsere Zwölfte wird sie ablösen.

Die Beauregard-Höhle wankt in ihren Grundfesten. Man kann weder in sie hinein noch aus ihr heraus, so sehr liegt Feuer aller Kaliber auf ihrer Steindecke, auf allen Zugängen und im weiten Umkreise.

Diese letzte Nacht vor dem Einsatz ist furchtbar. Man vergißt sie nicht wieder. Keiner wird sie vergessen haben, der sie überlebte.

Nicht die Stellung selbst, vor allem nicht der Infanteriekampf ist es, den wir fürchten. Wenn es nur soweit wäre, wenn die Entscheidung nur fallen würde! Aber der Weg, bis wir vorn sind, das ist der Alp, der auf uns lastet. Denn kaum über den ersten Umkreis von Leuilly hinaus, wird es losgehen. Wie gehetzte Tiere werden wir kämpfen müssen, aber einen andern Kampf als den Mann gegen Mann. Gegen unsichtbare Mächte werden wir nichts anderes vermögen als zu laufen, zu jagen, uns zu ducken, zu beten, daß es uns verschont.

Ich zwinge mich zum Schlaf. Und es gelingt. Der Wille, noch Kraft zu schöpfen, die Ungeheures nicht nur für mich, sondern auch für die andern bedeuten kann, ringt die erregten Nerven nieder. Denn die Erschöpfung der letzten Wochen tut ihr übriges dazu. Für ein paar Stunden versinkt mein Sein in traumlos tiefen Schlaf.

Da fahre ich schreiend hoch, denn ein ungeheurer Donner füllt das Gemach. In mehreren Stücken fällt das Fensterglas zerbrochen auf die Diele. Am Waldrand flammt eine Feuerlohe und übergießt die Bauernstube mit taghellem Schein.

Ich springe vom Lager auf, es ist wenige Minuten vor vier Uhr. Die Zeit ist da. Ich kleide mich schnell an.

Auf der Dorfstraße läuft ein Gemurmel umher. Die Kompanien empfangen Verpflegung und Munition. Wir werden nicht genug davon haben können.

Ein Kommando ertönt. An der Stimme erkenne ich Reif.

Die anderen Kompanien sind also schon voraus, denn er soll den langen Zug beschließen.

An der Ferme sammelt sich der Stab. Der Rittmeister, ein Ordonnanzoffizier, acht Melder mit einem Unteroffizier und ich. Wir marschieren zunächst geschlossen.

Der Rittmeister sagt kein Wort. So viel weiß er jetzt, daß die Zeiten der Kavallerieattacken, der frisch-fröhliche Krieg — oh, wie ich das leichtsinnige Wort hasse! — hier nichts zu suchen haben.

Leuilly selbst liegt wie eine Oase inmitten der Wüstenei der Schlacht. Weit über seine wenigen Häuser hinweg, über Laon noch hinaus, rollen unaufhörlich die schweren Geschosse. Jedes Wegkreuz in der nahen und fernen Umgebung ist von ihnen abgesperrt.

Aber das Nest bleibt ruhig. Ob der frühere Besitzer des Châteaus von seinen Landsleuten solche Rücksichtnahme erfahren soll? Aber das kleine Schlößchen befindet sich gut dreihundert Meter von Ferme und Ort entfernt, die jedoch ebenfalls verschont bleiben. Vielleicht gehören sie auch dem Schloßbesitzer. Es ist eines der vielen Mirakel des Krieges, für die alle dankbar sein sollen, die ihnen begegnen. Wir aber müssen die friedliche Zone verlassen.

Wir sind erst wenige hundert Meter von Leuilly entfernt, als unsere Nasen einen widerlichen Geruch wittern.

„Gas!" schreit der Führer der Meldegänger und nestelt an seiner Maske. Aber wir können uns nicht schon hier, noch fünfzehn Kilometer von dem vordersten Graben entfernt, kampfunfähig machen. Denn es ist unmöglich, mit den Gasmasken einen längeren Marsch zu unternehmen.

„Das ist Schneeberger", sage ich ruhig und ziehe noch einmal prüfend die Luft ein. „Füllt uns die Nase und macht uns husten, aber weiter ist es nichts. Das Zeug kommt vom Waldstück zur Rechten, wo sie wahrscheinlich eine Batterie bedacht haben. Beine in die Hand, damit wir weiterkommen!"

Es ist so. Der Geruch bleibt hinter uns, der prophezeite Husten aber macht vorschriftsmäßig seinen Rundgang. Da kehrt auch der Humor wieder.

„Das ist wie bei die Lungenpfeifers", kichert ein Melder, „denn auch spucken muß man."

„Wie ein Lama", ergänzt ein Berliner, der sich seiner Kenntnisse aus dem Zoo erinnert. Er zieht sehr hörbar den Speichel zusammen und gibt ihn im hohen Bogen von sich.

Vor uns schimmert die Chaussee nach Etouvelles—Urcel. Dort, wo unsere Straße in sie hineinbiegt, krachen Einschläge.

„Das fängt früh an", höre ich wieder von hinten, „langsame Steigerung zum Abgewöhnen, — Saustall!"

Am Feuerschein, der durch die Nacht zuckt, wenn die Granaten sich in die Erde wühlen, erkenne ich die ungefähre Lage des Beschusses. Ohne innezuhalten oder durch ein Zeichen die kleine Marschkolonne zu erregen, biege ich vom Wege ab aufs freie Feld etwas nach Süden aus, und wir entgehen dem Feuerriegel, um dicht vor Etouvelles gänzlich in die Falle zu geraten.

Ein weiteres geschlossenes Marschieren hieße Selbstmord oder Mord, wie man es nehmen will. Der Augenblick ist da, wo ein jeder auch ohne Vorbild auf sich selbst gestellt ist. Hinter Urcel, in dem schmalen Grabenstück, das allen bekannt ist, werden wir wieder zusammentreffen.

Ich rechne nicht, wieviel Zeit wir gebrauchen, — bis wir durch stürzende Häusertrümmer hindurch, unter denen wir immer wieder unversehrt emportauchen, nach langem Harren, das uns eine Ewigkeit dünkt, wenn wir so zwischen den Feuern gehetzt verweilen müssen, — endlich wieder hinter Urcel zusammenfinden.

Wenige nur fehlen noch. Der Rittmeister ist schon weiter. Darum säume ich nicht länger und folge mit dem Ordonnanzoffizier.

Er ist ein gewandter Bursche und schneller bei der Hand als ich selbst, da ich bei solchen Gelegenheiten noch immer meine Lunge spüre. Er hat ein Lieblingswort, das er bei jeder Gelegenheit anwendet. Wenn die Einschläge uns umkreisen und wir nicht mehr wissen, wohin wenden, daß sie uns nicht fassen, springt es lakonisch von seinen Lippen: „Prachtvoll!"

Die Straße von Urcel feindwärts ist als solche nicht mehr zu erkennen. Riesentreffer reihen sich aneinander. Aus dem einen ragt ein schweres Lastauto hervor, nur der breite Kühler wird über dem Rand des Trichters sichtbar. Ob die Fahrer des Wagens unter seinen Trümmern begraben liegen, vermögen wir nicht festzustellen.

Wir sehen alles nur im Fluge. Dort eine Reihe von Pferden, die Hufe starr gen Himmel gereckt; ein Mann liegt über das eine gebeugt, hält den blutbespritzten Hals des toten Gauls fest umklammert. Die Gruppe sperrt uns den Weg, wir müssen darüber steigen und befürchten jeden Augenblick, in dem glitschigen Blut, das sie im weiten Umkreise umgibt, auszugleiten und zwischen die Kadaver zu fallen.

Da bricht aus dem Heulen und Krachen umher ein donnernder Ton heraus, hält geradewegs auf uns zu. Dicht neben uns bohrt sich die Schwere in das Gras des Wegrains. Nun packt uns der Luftdruck, schlägt uns neben die noch warmen Pferdeleiber, hinter denen wir vor den surrenden Splittern des Geschosses notdürftig Deckung finden.

„Prachtvoll!" sagt der Ordonnanzoffizier. Er schüttelt sich. Beim Weiterschreiten ringelt's sich wie Ketten um seine Füße. Es sind die Gedärme des toten Tieres, auf das er fiel.

Bei jeder menschlichen Leiche, die wir auf diesem Todesgang antreffen, wagen wir einen kurzen, angstvollen Blick, ob sie die Uniform unseres Regiments trägt. Denn die Kompanien gingen vor uns hier durch.

Das Feuer nimmt von Minute zu Minute, die den Tag näher bringt, gewaltig zu. Die Kanalübergänge sind geschlossen. Es hat keinen Zweck, den Weg über die Brücke bei Chavignon zu suchen. Wir müssen versuchen, östlich hinüberzukommen. Mitten in dem Lärm dieses Weltuntergangs brülle ich mit vollen Lungen dem andern zu: „Nach links halten!" Er versteht.

Wir brechen in den Wald zur Linken der Straße ein. Wenn auch die feindliche Artillerie überall aus Hunderten von Geschützen in ihn hält, so können wir doch Glück haben. Wir sind ganz still geworden, schonen unsere Kräfte. Es ist alles gleichgültig. Wir müssen nach vorn und wir werden auch dorthin gelangen, wie alle andern, wenn sie uns nicht abschießen.

So wandern wir ruhig, setzen gelassen Schritt vor Schritt, ducken uns nicht mehr, so nahe es auch um uns heult und kracht. Inmitten der steilen Feuerlohen, die sich gebärden, als wollten sie die ganze Welt in Brand setzen, über Trümmer, noch warme Leichen, Pferdekadaver, durch Trichter, die so tief sich gruben, daß das Grundwasser emporstieg und unsere Stiefel netzt, marschieren wir in eiserner Gelassenheit, als gelte es eine Promenade durch lachende Landschaft.

Da stockt der Fuß jäh vor einer Gruppe Gefallener. Denn wir erkennen die Achselklappen unseres Regiments, das rote „E", die Gardelitzen. Neun Leichen, eine ganze Gruppe und ihr Führer.

Ich kenne ihn wieder, wenn auch die Augen starr, wie erblindet vor Entsetzen, aus dem noch lebenswarmen Gesicht quellen. Die elfte Kompanie ist's, die es traf. So haust nur ein Volltreffer, der mitten in das Leben hineinfährt.

Wir werfen einen kurzen Blick auf die Stätte des Unheils. Zu helfen ist nichts mehr. Sie liegen alle die kreuz und quer. Der dort hat die Hände vor das Gesicht geworfen, als hätten sie das Gräßliche abwehren sollen. Ein anderer hat sie tief in das Erdreich gegraben, als könnten sie aus ihm Rettung holen. Wieder zwei liegen dicht aneinandergeschmiegt wie ein Liebespaar im friedvollen Schlaf. Man kann ihre Gesichter nicht erkennen, denn die Köpfe sind einander zugekehrt, hängen über den Schultern des Kameraden. In Nähe und Weite donnert das Höllenkonzert dem Frieden des Todes ein hohnvolles Siegeslied.

Der Ordonnanzoffizier rüttelt mich, zieht mich weiter. „Die Stelle ist oberfaul", sagt er, „prachtvoll sozusagen!"

Wie um seine Warnung zu bekräftigen, krepiert ein Geschoß in den hohen Baumkronen über unsern Köpfen und schüttet sein Eisen auf uns und die Toten. Mit hellem Ton fährt es an meine Gasmaske, die vor der Brust hängt, durchschlägt die metallene Umhüllung, fährt zum andern Ende weiter und bohrt sich in die Erde.

Während ich den Schaden untersuche, hat mein Begleiter der Leiche schon eine Gasmaske abgenommen, die ihm am nächsten liegt und reicht sie mir. Da trifft es schon wieder, daß wir halb betäubt zur Seite taumeln.

Mit Anstrengung raffen wir uns empor. Mein letzter Blick streift noch die Reihe der Toten, die unbeweglich liegen. Aber an Stelle des Führers, der so, wie er ihnen voraufging, an der Spitze seiner Gruppe gefallen ist, klebt ein blutschwammiger Brei widerlich auf dem Waldboden. Die Granate hat die Leiche zerschmettert.

Von jetzt an erreicht die Jagd kein Ende mehr. Wir sind die beweglichen Scheiben, die eine unzählbare Masse von Geschossen endlich zu verschlingen sucht. Vor den Schüssen und brennenden Bäumen und Sträuchern sieht man auch kein anderes Lebewesen mehr in dieser Hölle als den einen Begleiter, der bald vor, bald zurück ist. Einsam ist man den Elementen ausgeliefert, die das Hirn des Menschen erdachte und die nun über ihn selbst hinauswachsen, daß er sich zitternd verkriecht.

Aber wir bergen uns nur für Minuten, solange, um den notwendigen Atem wieder zu erlangen, der uns die nächste Strecke vorwärtsjagen soll, als ob es dort vorne etwa Rettung geben würde.

Wir überqueren den Grund der Ailette, den die feindliche leichte Artillerie mit ihren Kalibern übersät. Nun macht es sich belohnt, daß wir hier jeden Fußbreit kennen und die notwendigen Haltestationen vorausbestimmen können. Unermüdlich streben wir in rasender Fahrt dem jenseitigen Hang zu, der als ein einziges Rauch- und Feuermeer sich vor den entsetzten Augen breitet.

Vom Luftdruck der rauschenden Eisenfontänen wie ein Paket befördert, taumeln wir in einen Stollen, der in die Berglehne getrieben ist und von Menschen wimmelt. Es sind zumeist Königsgrenadiere, die hier gemeinsam mit unserer Neunten hausen, die als Flankenschutz gegen das Fort Malmaison sichert.

Sie wird von Leutnant Pieske geführt, der es schon auf die fünfte Verwundung gebracht hat. Es geht von ihm die Sage, daß er mit Sicherheit sich in jedem ersten Gefecht, das er wieder erlebt, seinen Schuß holt. Er übt das vom Vormarsch 1914 an und hat das Glück, daß es sich dabei stets um „Kavalierschüsse", wie wir es nennen, gehandelt hat. Nicht zu leicht und nicht zu schwer, ein gutes Mittelding, das seine Monate Lazarett und Heimat verlangt. Kaum ist Pieske wieder draußen, — und er läßt sich keine überflüssige Zeit, — dann hascht es ihn sofort wieder. Da hat er denn für den Spott nicht zu sorgen. „Preisrätsel, Kinder: wann ist unser teurer Pieske wieder verschwunden?" Antwort: „Wenn die erste Kugel fliegt, denn sie sucht geradeswegs nur ihn!"

Auch jetzt ist Pieske erst wieder ein paar Wochen bei uns seit seiner fünften Verwundung auf dem Winterberg im April.

In dem Stollen, in dem wir uns verschnaufen, während schwere Minen und Granaten dicht vor dem Eingang des Unterschlupfes vorbei in die Schlucht fahren, die wir eben glücklich überwunden haben, ist Pieske nicht zu finden. Wahrscheinlich liegt er weiter rechts. Aber soviel erfahre ich, die Kompanie ist ohne Verluste eingetroffen. Das beruhigt sehr. Wir hoffen, daß die Toten der Elften die einzigen Opfer dieser Ablösung sind.

Nun wird es Zeit. Wir müssen den nur noch wenige hundert Meter weiten Weg bis zum Beauregard-Plateau hinauf. Man hört das ewige Hämmern, das seinen Sand und Kalk martert, bis in unsere Tiefen, in denen es schüttert und schwingt.

Die bleichen Gesichter der Liegnitzer sagen genug: „Da ist schwer durchkommen!"

Uns kann eine Warnung nichts nützen. Wir drücken den Helm fester in den Nacken, prüfen noch einmal Gamasche und Gurt, daß uns nichts in diesen Minuten zum Hindernis werden kann, lachen uns an: „Also los!"

Es ist nur die Gewöhnung an den Luftdruck, der uns herabzuwerfen trachtet, die wir schnell lernen müssen. Denn nur selten haut eine der schweren Brocken, weil schlecht gerichtet, auf den Bergrand, den wir erreichen sollen. Sie schlieddern vielmehr dicht an unseren aufwärts klimmenden Leibern vorbei noch immer in den Grund unter uns, daß die letzten Erdklöße des aufgewirbelten und vor Schmerz laut brüllenden Erdreichs auf unsere Rücken klatschen und scharfe Eisenzacken zischend sich neben, vor, hinter uns in den Lehm bohren.

Dann sind wir auf der Höhe, erkennen die Höhle von Beauregard, die an allen Ecken und Kanten flammt und raucht. Denn Schuß auf Schuß der schwersten Kaliber hat den Kampf mit ihrer Sicherheit aufgenommen, sucht sich wütend durch das Gestein Einlaß, die zitternden Menschen zu erlangen, die sich darunter in Furcht bergen. Dazwischen sendet der Franzmann aus seinen Feldbatterien unaufhörlich Salven, die die Eingänge im weiten Umkreise sperren, daß niemand sie verlasse, noch Meldung den unten Verharrenden zu bringen vermöge. Zahlreiche Flieger gleiten in niedriger Höhe über dem Plateau und leiten das Feuer.

Nun heißt es, ohne Rücksicht auf sie oder auf Deckung die hundert Meter zu überwinden, die uns noch von dem Befehlsstand trennen. Da vor uns aus einem Trichter heben sich Köpfe, jetzt werden Gestalten sichtbar, die sich zum Sprunge raffen: der Rittmeister mit zwei Meldern.

„Hinterher", brülle ich dem Ordonnanzoffizier zu, „wollen sehen, wer den besseren Atem besitzt!"

Durch das Krachen, Heulen und Bersten, im Stolpern, Stürzen und Aufraffen, ohne Blick für das Geschehen ringsum und nur das Ziel vor Augen, das der Tod in hundert Gestalten umdräut, so hetzen wir durch Feuer, Nebel und Gas, halten nicht eher inne trotz verletzender Lungen, bis es dunkel aus der Erde schimmert, wo eben ein Einschlag Stein und Sand hochaufwirbeln läßt: der Eingang, den wir suchen, in den wir jetzt hineinstürzen, in haltende Arme fallen, — uns wieder aufrichten und melden: „Zur Stelle!"

Wir sind in der Höhle.

Der Kommandeur des I. Bataillons, Hauptmann v. Reichenau, orientiert uns über die Lage:

„Im linken Abschnitt Essen, den jetzt die zwölfte Kompanie hält, sind im ersten Graben sämtliche Unterstände durchschossen, so daß er geräumt werden mußte. Lediglich schwache Postierungen blieben zurück."

„An einem andern Stollen im Steinbruch verschüttete eine Mine fünfundzwanzig Mann. Einen Vizefeldwebel von der dritten Kompanie dazu samt einem schweren Maschinengewehr. Die verzweifelten Versuche, die Unglücklichen freizubekommen, blieben ohne Ergebnis. Sie werden fortgesetzt, und Ihre Zwölfte wird unterdessen weiter an der Arbeit sein. Aber es sind mehr als zwölf Stunden seitdem vergangen", der Hauptmann zuckt die Achseln, „und bei jedem Hackenstreich stürzt die Steinwand weiter nach. Wir erlitten schon Verluste bei dem Rettungswerk, da der Gegner genau beobachtet."

„Und der rechte Abschnitt Danzig?" frage ich. Es ist das Gebiet des Leutnants Reif.

„Dort scheint bislang noch alles in Ordnung zu sein. Nur mit dem Anschluß nach rechts hapert es fortwährend. Alle Vorstellungen bei unserem Nachbar-Kampf-Truppen-Kommandeur zeitigten zwar ein schriftliches: „Ja, ja, es soll alles geschehen!", aber die zuverlässige Verbindung vorne kommt dadurch nicht wieder. Ich hege die ernstesten Befürchtungen."

Der Rittmeister und ich blicken uns ernst an. Wir denken an Reifs Worte. Wenn sie rechts Malmaison nicht halten, fällt auch der Würfel gegen Danzig, und wir hier sind das letzte Bollwerk, mit dem auch der Abschnitt des II. Bataillons umgangen werden muß.

„Und die Verbindung mit dem Regimentsgefechtsstand?" Es sind nur Bestätigungen, die wir erwarten, denn im großen und ganzen ist alles von uns richtig vorausgesehen.

„Zuverlässig nur noch durch die Blinker möglich. Die Befehlsstelle hätte hinter uns an den Astahang gehört. Aber der sitzt heute voll Reserven, die nichts anderes zu tun haben als auf das Eindrücken ihrer Stollen zu warten. Nun haust das

Regiment noch rechts von dem Gefechtsstand unserer Nachbarn; das ist natürlich ein Unding. Alles, was zu machen ist, liegt daher auf unseren Schultern."

"Und die Artillerie?"

"Weiß der Teufel, was mit ihr los ist! Seit vierundzwanzig Stunden schon fordern wir auf die verdammten französischen schweren Minenwerfer, die auch die fünfundzwanzig Mann im Steinbruch auf dem Gewissen haben, Vernichtungsfeuer an. Aber kein Schuß fällt. Das hebt die Stimmung keineswegs. Alles schimpft auf die Bomber und wirft ihnen Feigheit vor. Daran mag ich nicht denken, vielmehr ...", er zuckt wieder die Achseln, vollendet nicht.

"Die Artillerie ist erledigt", sage ich ruhig.

"Das kann doch nicht sein", fährt der Rittmeister entgegen.

"Dann würde sie schießen", behaupte ich. "Wir sind doch selbst kaum durch das Feuer bis hierher gelangt. Die elfte Kompanie hatte allein fünfundzwanzig Mann Verluste bei der Ablösung. Die Meldung der Zwölften steht noch aus. Wir haben dabei die meisten Batteriestellungen noch vermeiden können, in denen eine Hölle rast, die kaum ein Atmen mehr gestattet, wenigstens nicht lange. Wir müssen klar sehen."

"In der Nacht bis zu den Morgenstunden sind der Ailettegrund und die Bovehöhe bei Monampteuil hinter uns völlig vergast. Die Reservekompanie rechts, die ihre Neunte ablöste, hatte beim Materialtragen nicht weniger als dreißig Gaskranke. Es ist kein gefährliches Gas, natürlicherweise, denn die drüben wollen sich ja selbst in kürzester Zeit hier wohnlich einrichten. Das Gas aber hält sich in dem tiefen Talgrund, in den Büschen und Dickichten tagelang und würde so ihnen selber zum Verhängnis werden. Aber für den Augenblick fallen die Leute aus, daran ist nichts zu ändern."

Der Hauptmann v. Reichenau zündet sich eine Zigarette an. nimmt hastig ein paar Züge. Er ruft den Adjutanten. "Das wäre wohl alles? Wir müssen gehen."

Vor die Höhleneingänge krachen unentwegt die schweren und leichten Kaliber.

„Wir werden dort hinten keine Ruhe haben. Zunächst sollen wir bis Leuilly zurück. Das wird nur ein unnützer Weg sein. Jedenfalls, wenn nichts dazwischen kommt, sehen wir uns bald wieder."

Er drückt uns flüchtig die Hand. Festen Schrittes bewegt sich die hohe Gestalt des Feldjägers, der sich seinerzeit freiwillig an die Front meldete, obwohl er genügend Protektionen besaß, die seinen Fähigkeiten geneigt waren, dem Ausgang der Höhle zu, der noch am wenigsten Spuren der Beschädigung aufweist. Zwischen zwei Einschlägen verschwindet er ins Freie.

Im Steinbruch bei der Zwölften sind die Füsiliere beschäftigt, den verschütteten Stollen freizulegen. Schon wieder traf es einen Gefreiten dabei in den Bauch. Er schrie wie ein wildes Tier, bis dann der gräßliche Ton in ein Ächzen überging, das allmählich verhallte. Der Mann ist tot.

Sie haben eine Zeltbahn über die Leiche geworfen, arbeiten erbittert weiter. „Es muß doch gehen!"

Aber der Kalk bröckelt immer wieder nach, verschüttet das erst armbreite Loch, das sie endlich gebohrt haben, hoffnungslos.

„Es ist umsonst!" lassen sie ab. Zwölf Stunden Arbeit und Verluste blieben vergeblich.

Dort drinnen in dem zusammengestürzten Gestein ist auch alles stumm. Es liegt aufeinandergewälzt, zusammengedrückt, ein einziger menschlicher Brei, den die herabbrechenden Steinmassen schon wieder bedeckten.

Aber klingt da nicht ein Laut aus der scheußlichen Masse, die einst Leben war? Aus einem Munde kommt er, dem noch Atem entströmt. Ganz hinten, wo der Stollen am tiefsten war, ragt noch ein Kopf unversehrt aus den Trümmern von Leibern und totem Fels, die den Körper des Mannes völlig umstricken. Er fühlt sie wie tausend Ketten auf den zerschmetterten Gliedern, in denen Schmerzen sich jagen wie wilde Stiere, die das Gras zerstampfen. Brennender Durst sengt den ausgedörrten Gaumen, und die Nacht, die gräßliche Nacht, die um ihn her schläft, treibt ihn zum Wahnsinn.

Da hört er ein Hacken, ein Pochen, von weither kam der Ton.

Ach ja, er entsinnt sich. So plötzlich kam es. Sie saßen alle zusammen, und der Feldwebel erzählte von der Somme; dort sei es noch wilder hergegangen, denn niemand hätte ein Dach über dem Kopf gehabt. Schutzlos, wehrlos sei man in den Granattrichtern dem rasenden Trommeln preisgegeben gewesen.

Dann hatte jemand Witze gerissen. Der kleine Schlesier, der immer so vergnügt war. Was sagte er doch? Wie er's mit den Mädchen getrieben habe in der Garnison vor dem Zapfenstreich, wo man sich doch eben mit dem Freien habe begnügen müssen.

So hatten sie sich die Zeit nicht lang werden lassen, ob auch das Feuer immer wilder wütete, daß der ganze Unterstand wackelte und dröhnte. Die verdammten Kerzen machten schon lange nicht mehr mit. Da hatten sie sich schließlich mit den Lichtpünktchen der Zigaretten begnügt, von denen es beim letzten Empfang eine ganze Masse gegeben hatte. Offensivware, besonders fein.

Wieder jagt rasender Schmerz durch die zerschmetterten Glieder des vom Wundfieber fast Besinnungslosen. Jäh steht es mit einem Male vor seinem Auge. So plötzlich war es gekommen. Ein unerhörter Schlag auf den Kopf und ein Stürzen, Poltern, Schreien, schrilles Jammern umher, und dann die Nacht, schwarze Nacht.

Nun weiß der Sterbende: ich bin verschüttet. Und draußen hämmern die Kameraden, um mich frei zu machen. Aber wo sind die anderen?

Er versucht mühsam den Hals zu drehen, der aus Steinzacken, die ihn würgend umschließen, hervorragt. Nur eine geringe Drehung gelingt. Aber was nützt es, denn das Dunkel verwehrt jeden Blick. Es ist so totenstill umher, nicht einmal ein Atemzug mehr. Und sie waren doch so viele. Wo mögen sie jetzt sein — haben sie ihn allein gelassen?

Den Fiebernden packt wahnsinnige Furcht. Allein hier in

dieser dunklen Höhle, die jeden Augenblick ganz über ihm zusammenbrechen wird! Was nutzt das Hämmern draußen, wenn sie ihn hier vergessen haben. Gewiß gilt das den anderen, nicht ihm, von dem sie vielleicht gar nicht mehr wissen. Die Kameraden haben ihn im Stich gelassen, der Feldwebel, der kleine Schlesier, die beiden Pommern, der Ostpreuße, der die komische Sprache hatte, über die sie immer lachten, bis er einmal breit dazwischen fuhr, worauf es eine große Versöhnung gab.

Die Sinne des Verschütteten werden klarer, grausames Begreifen schnürt ihm das Herz ab. Würden sie denn an dem Stollen graben und hacken, wenn sie nicht mehr von ihm wüßten? — Da — es ist wieder da, deutlich hört man den klirrenden Ton des schlagenden Eisens, das den Weg zu ihm öffnen will.

Aber dann folgt ein lautes Poltern nach, sekundenlang kollert's und prasselt's, daß die letzten Klumpen bis zu seinem gefangenen Kopf rollen. Dann ist alles stumm.

Mit wahnsinniger Anstrengung versucht der Mann den Arm zu lösen, über dem ein Kalkblock wuchtet. Es gelingt. Der Arm schmerzt. Jetzt sucht er umher, betastet Felsen, jetzt weiche Masse — was ist's —, es liegt glitschig zwischen seinen Fingern, die er nahe an die Augen führt. Aber es ist ja Nacht, nur die Finger selbst können es erraten. Er dreht, er fühlt — ein Schrei quält sich schaurig empor. Das ist ein Auge, das er hier hält, nicht sein Auge, vielleicht das des Feldwebels, des Schlesiers, des groben Ostpreußen auch. Ah, sie sind alle mit hier, sind alle stumm — tot.

Der Kopf des Verschütteten sinkt vornüber. Er bleibt unbeweglich. Den letzten Schmerz spürt er nicht mehr. Das Blut, das unter den Felsen ihm unaufhörlich verströmt, versickert langsam.

Durch das schaurige Grab rollt der Donner. Von neuem trafen sie's mit sicherem Schuß. Da drängen neue Steinmassen nach, daß kein Luftraum mehr zurückbleibt.

Der Führer der Zwölften, Leutnant v. Boetticher, hat den Steinbruch verlassen. In dem verschütteten Stollen kann kein Leben mehr sein. Er pirscht, nur von einem Melder begleitet, durch seine verwüstete Stellung. Wo einstmals Gräben waren, deuten jetzt Trichter, große und kleine, die ehemaligen Linien an, so sauber richten sie sich nebeneinander aus.

Der frühere erste Graben ist eine Wüste. Verloren ragen hier und dort graue Stahlhelme auf. Es sind die Posten, die zwischen den krachenden Fontänen unbewegt und die Stimme des Herzens tief dorthin zurückscheuchend, woher sie stieg, Wache halten für die Brüder.

In der Tiefe des Trichters ruht das Maschinengewehr, damit es möglichst vor Splittern geschützt sei, die es kampfunfähig machen können. Warme Leiber decken die Waffe. Sie ist jetzt wichtiger als ein Menschenleben. Ihr Wort kann den Mordsprung von Hunderten gebieterisch aufhalten. Sie bleibt das Letzte, was verloren werden darf. Das weiß jeder und hegt darum das tote Eisen wie eine Kostbarkeit.

Der Leutnant v. Boetticher hetzt von Posten zu Posten. Wenn er tiefaufatmend vor den Füsilieren verhält, ist ein Scherzwort das Erste, was sie von ihm zu hören bekommen. „Auch diese Scheiße wird sich verlaufen..."

„Zum Kotzen, Herr Leutnant, aber wir haben das Gefühl, daß das Schlimmste bald vorüber ist. Wenn sie nur erst kämen! Dann hat die Schießerei wenigstens ein Ende. Dann sprechen wir ein Wort, das nicht von Pappe sein soll."

Der Leutnant ist schon weiter. An seinem rechten Flügelposten trifft er eine Patrouille der Nachbarkompanie. „Leutnant Reif läßt melden, daß alles in Ordnung ist." Die Ordonnanz lacht, druckst noch herum, als wolle sie weiterreden.

„Na?" ermuntert der Kompanieführer der Zwölften. „Was gibt es noch?"

„Der Herr Leutnant Reif hat auch gesagt, der Herr Leutnant sollten sich keinen Fleck ins Hemd machen. Wir hielten schon, solange wir noch da wären. Der Herr Leutnant Reif habe nicht umsonst sich beim letzten Offizier-M.-G.-Schießen den ersten Preis geholt."

In den Satz des Sprechers schlägt ein ohrenbetäubender Donnerschlag. Sie ducken sich hastig.

„Das ging zu kurz und muß denen im eigenen Graben sitzen", stellt der Führer der Zwölften mit Befriedigung fest, als sie jetzt, da die letzten Eisensplitter schon über ihren Köpfen hinweg sind, wieder sorgsam voraus spähen, die Köpfe über den Trichterrand gereckt.

„Dort, zehn Meter vor uns! Es kommt gerade auf uns zu! Der helle, blaue Fleck!" schreit ein Füsilier erregt.

Nun haben sie es alle gesehen. Das dort ist ein Franzose, den der eigene Kurzschuß aufscheucht. Wahrscheinlich hat er in seiner begreiflichen Aufregung die Richtung verloren. Das nimmt in diesem Trümmerfeld, in dem es keinen Anhaltspunkt mehr gibt, kaum Wunder.

Leutnant v. Boetticher gibt schnell seine Anweisungen. Was Feuer jetzt und Splitterregen!

Von beiden Seiten durch die wild anspringenden Deutschen umfaßt, muß sich der Franzose, der die Lage noch kaum begreift, widerstandslos ergeben. Es ist ein Angehöriger des 64. Alpenjäger-Bataillons.

„Bringt ihn zum K. T. K.!" befiehlt der Kompagnieführer. „Der Mann weiß sicher gute Aufschlüsse zu geben, kennt vielleicht gar den Zeitpunkt des Angriffs." Er weist nach rückwärts, wo das Plateau von Beauregard an allen Ecken flammt und lodert. „Ihr kennt doch den Weg?"

„Das weiß der Teufel", sagt die Ordonnanz und kratzt sich am Kopfe. „Es wird ein schweres Hineinkommen sein. Der Bataillonsstab sitzt wie in einer Mausefalle."

„Hilft nichts, wir werden den Weg noch öfters zu gehen haben. Dafür helfen uns die, wenn hier Holland in Not kommt. Abmarsch!"

Die Ordonnanz packt den Franzosen am Kragen, der entsetzensbleich auf den Feuerweg sieht, den er hinab soll.

„Ja, Jungeken, das ist nun nicht anders. Nun kannst du

dir euer Feuerwerk mal aus der Nähe besehen. Kiek dir nur schön um, so etwas wird dir nicht alle Tage geboten. Und hinterm Drahtzaun wirst du's auch so gut haben wie wir und Kohldampf schieben, das ist sicher. Dafür bedanke dir bei deinen Landsleuten. Es gibt noch eine Gerechtigkeit."

Nach diesen weisen Worten zieht der Berliner den Gefangenen mit sich, stolpert durch die Trichter und Feuerlohen hindurch der Höhle zu.

Der Alpenjäger folgt ohne Widerstreben. Noch mag ihm der Sinn durch den Mineneinschlag, der ihn um ein Haar zerschmetterte, verwirrt sein. Auch dort, wohin er fliehen könnte, rast das Eisen. Hier ist wenigstens ein Mensch bei ihm. Er trottet wie benommen dem Deutschen nach, schmiegt sich mit ihm gemeinsam vor der aufsprudelnden Feuerwand in den weichen Lehm, springt auf, rast weiter.

Es sind zwei Kameraden, die endlich nach hartem Kampf um das Leben die Höhle betreten, um den Adjutanten zu suchen.

Der Berliner schiebt den Gefangenen in das Licht der ängstlich flackernden Kerze, die alle Sekunden vor dem Luftdruck der donnernden Einschläge erlischt und jedesmal wieder neu entzündet werden muß. "Hier haben wir Einen erwischt", sagt er stolz. "Nur munter, mein Freund, stell' dich dem Leutnant vor!

Ich reiche den beiden die gefüllte Feldflasche. Der Berliner trinkt zuerst.

"Das schmeckt besser als ein Patzenhofer", meint er dankbar.

Auch der Franzose genießt in vollen Zügen. Jetzt ist er vernehmungsfähiger.

Mein Französisch reicht so weit, um das Wichtigste aus ihm herauszubekommen. Ja, sie seien seit gestern eingesetzt und sollten angreifen.

"Wann?"

Soviel er gehört habe, am 22. oder 23. Also morgen oder übermorgen.

Das stimmt auch gut mit unseren artilleristischen Beobachtungen überein. Denn das feindliche Feuer vermag sich kaum mehr zu steigern. Es hat den Höhepunkt schon erreicht.

Ob sie denn Viele seien?

Der Alpenjäger lächelt. „Sehr, sehr viele . . .!"

„Der Mann muß nach hinten!" befiehlt der Rittmeister. „Sehr schnell sogar, damit seine Aussagen noch von Nutzen werden."

„Deshalb erlaubte ich mir schon, sie zu Papier zu nehmen", entgegne ich lächelnd. „Das Resultat geht noch in dieser Minute an das Regiment."

Der schon herbeigerufene Lichtsignalist nimmt den Meldebogen, auf dem ich in Kürze das Ergebnis meiner Vorvernehmung verzeichnet habe, eilfertig entgegen.

„Werden Sie noch durchkommen?"

„Es ist die Frage, ob die Empfangsstation noch sieht. Eben war noch Verbindung da. Wir geben schon von der sechsten Stelle aus. Die drüben beim Regiment wechselten auch, es wird eine nach der anderen eingeschossen."

Der Rittmeister bleibt stumm. Vielleicht ist er verärgert.

Allerdings ist eine Bestimmung vorhanden, die befiehlt, daß alle Gefangenenvernehmungen nicht von der Truppe zu veranlassen seien, sondern Aufgabe des Oberkommandos wären. Ich will ihm die Arbeit nicht vorenthalten. Aber kein Mensch weiß, ob der Franzose bei diesem Feuer heil nach hinten gelangt. Wenn es hochkommt, sind dreißig Prozent Wahrscheinlichkeit dafür vorhanden. Auch muß der ganze Tag darüber hingehen. Was wir wissen, wissen wir. Es ist noch keine Schlacht durch Paragraphen gewonnen worden.

Das Feuer auf die Höhle verstärkt sich immer mehr. Jetzt schießen sie mit Verzögerung. Ein gewaltiges Schwingen bebt jedesmal durch den Kalkbau, wenn das zentnerschwere Geschoß, sich erst tief zu uns niederbohrt und dann mitten im Gestein seine Sprengarbeit verrichtet.

Ein widerliches Gefühl lähmt Nerven und Sinne. Wann werden sie sich zu uns durchgefressen haben?

Auch der Hang an der Many-Ferme ist in ein schwarzes Rauch-meer getaucht. Die Bretterbude vor den Eingängen zu den Stollen des Regimentskommandos ging längst in Trümmer. So weit spritzten die Holzteilchen auseinander, daß kein Atom mehr von ihr vorhanden ist.

Mit knapper Not ist der Regimentsadjutant noch dem Verhängnis entgangen. Eben hatte er den Hörer des Telephons, dessen Draht zum hundertsten Male unter größten Gefahren geflickt wurde, in der Hand. Aber das Krachen und Heulen umher machte die antwortende Stimme drüben auf dem Brigadegefechtsstand unverständlich. Da befahl der Oberleutnant, die Strippe in den Stollen zu leiten, kroch, den Telephonisten auf dem Fuße folgend, die lange Gestalt vor der Niedrigkeit des Ganges geduckt, in die Tiefe, als oben die Granate einfuhr, wo sie eben noch gestanden und gesprochen hatten.

Das war gestern gewesen.

Heute ist auch keine Telephonverbindung mehr möglich. Es wäre sinnloses Menschendahinschlachten, wenn man die Telephonisten hinausjagen wollte, um die Leitung wiederherzustellen, die auf der kilometerlangen Strecke alle paar Schritte weit zerschossen ist. Jetzt müssen die Lichtsignalisten heran, die oberhalb des Gefechtsstandes, dicht am Rande des Berges, aus einem kleinen Loch — wie lange, und sie werden auch hier wieder herausgeschossen! — zum jenseitigen Hang nach Beauregard und Malepartus hinüberblinken.

„Abschnitt Beauregard meldet einen gefangenen Alpenjäger", berichtet der Regimentsadjutant dem vor ihm sitzenden Kommandeur. „Ich gab den Spruch vollinhaltlich an die Brigade weiter. Der Mann selbst ist schon unterwegs. Ob er nach hinten kommt," er weist nach oben, wo der Höllenlärm tobt, „bleibt sehr fraglich. Aber das Wichtigste hat er schon ausgesagt. Ich ließ Malepartus ebenfalls Nachricht zugehen. Das II. Bataillon dort meldet übrigens Ansammlungen bei dem Panthéon. Vernichtungsfeuer ist angefordert, aber die Artillerie schweigt nach wie vor."

„Sollen Leichen aus zerschossenen Rohren schießen?"

fährt der Kommandeur hoch. „Die neuen Batterien rollen schon heran. Wenn sie durchkommen, werden wir's erfahren. Bis dahin heißt es Geduld üben."

„Dann empfehle ich, der Truppe den wahren Grund mitzuteilen. So glaubt sie, die Artillerie tue ihre Pflicht nicht und ließe uns im Stich."

„Das werden sie sich vorn wohl selber denken können, daß keine Maus hier piepen kann", grollt der Kommandeur und schlägt aufgeregt mit der Karte nach den Fliegen, die um die Karbidleuchte summen. „So deutlich von uns mitgeteilt, kann die Wirkung aber nur verheerend sein. Man glaubt dann auch nicht mehr an Ersatz. Daß der aber reichlich vorhanden ist, wissen wir. Alle Straßen, die nach und von Laon kommen, sind von Kolonnen bedeckt. So meldete der Minenwerfer-Offizier, den's bald danach dort unten an der Ferme haschte. Ist er eigentlich nach hinten gebracht?"

„Es war zu spät", entgegnet der Oberleutnant leise. „Noch während des Verbindens starb er dem Arzt unter den Händen weg."

„Hier wird alles draufgehen", murrt der Kommandeur düster. „Trotz aller unserer Vorstellungen bauten sie dem Franzosen den ganzen Hang voll Menschen. Als ob die hinter dem zweiten Bergrücken nicht viel besser aufgehoben wären. Nun, noch weiß man ja nicht, wer recht behalten wird. Ich gäbe was drum, wenn wir uns irrten." Er nestelt erregt an dem blauen Orden an seinem Halse. Es ist der Pour le mérite, den ihm das Regiment am Winterberg erkämpfte.

Ein Melder schlittert mit polterndem Schwunge die enge Stollentreppe hinab. Der Schweiß läuft dem Grenadier über das braune Gesicht. Er steht in Haltung, die Rechte reicht den Zettel: „Meldung von Malepartus."

Der Oberleutnant liest vor: „Es gelang der Kompanie v. Lücken, unterstützt durch drei Maschinengewehre unter Leutnant Freiherr v. Wangenheim, die feindliche Truppenansammlung bei Panthéon zu zerstreuen. Gegner hat starke Verluste und macht zunächst keine Anstalten zu einem neuen Vorstoß.

Vordere Stellungen unwegsam, Hälfte der Unterstände durch Durchschuß vernichtet. Verluste steigen. Achtzehn Tote, dreißig Verwundete seit letzter Meldung. Gesamtgefechtsstärke des Bataillons hundert Gewehre, zehn Maschinengewehre. M. G.= Nest an der Schleife durch Volltreffer vernichtet, Ersatz unter= wegs. Führer Leutnant v. Vitzum. Gezeichnet Hauptmann Geest."

„Hundert Gewehre, also schon die Hälfte des Bataillons ausgefallen, noch ehe der Angriff richtig begonnen hat", mur= melt der Kommandeur.

Dann richtet er sich straff empor. „Meldung an Brigade," diktiert er, „Regiment hält alle Stellungen. Auch der bei An= griff zu räumende K1=Graben noch durch Posten gesichert. Anschluß links an 3. Garderegiment vorhanden, nach rechts dauernd Störungen trotz laufender Versuche. Vernichtungs= feuer auf vordere feindliche Gräben und besonders Minen= werferstellungen Lebensfrage."

Während der Adjutant den Meldezettel zusammenfaltet, stürzt eine Ordonnanz freudig erregt die Stollentreppe hinab: „Artillerie im Anmarsch. Sie kommt über die Höhe!"

„Verdammt," schreit der Kommandeur und springt auf, „sie sollen drüben bleiben. Wer jagt sie in diesen Hexenkessel hinein!"

Die Offiziere eilen nach oben, achten des Feuers nicht, das sie umspritzt, und richten den Blick angstvoll nach rückwärts, wo Geschütz neben Geschütz inmitten der krachenden Einschläge an= rollt, als sei die Artillerieabteilung zu einer friedlichen Übung ausgerückt.

„Abprotzen", schreit der Infanterie=Regimentskommandeur in wilder Aufregung, als ob die Geschützführer drüben sein Kommando vernehmen könnten. Er hat den Oberleutnant am Arm gepackt, daß sich die Nägel in sein Fleisch krallen: „Da — endlich!"

Die Geschütze drüben ziehen eine Schleife. Die Protzen mit den Pferden jagen davon.

Nur ein berittener Offizier sprengt noch umher, der Abtei= lungsführer. Er deutet mit den Armen, er befiehlt, er ist schon wieder an einem anderen Geschütz, hält neben ihm, weist nach vorn.

Da — der erste Schuß, bald hallt es aus allen Kanonen. Die leichten Feldgranaten zischen über den Grund, berühren fast den Bergkamm des Chemin, krachen jetzt in die feindlichen Minenwerfer hinein, deren Bedienung im ersten Schreck auseinanderläuft.

Der Abteilungsführer der Batterien auf dem Boverücken will absteigen. Schon hat ein Kanonier seinen Gaul am Zügel gefaßt, der Hauptmann schwingt sich zur Erde.

Da heult es heran. Es sind mindestens sechs Geschütze, die gleichzeitig ihre Ladung in die deutschen Batterien schleudern. Der Abteilungsführer breitet die Arme, sinkt wie ein Klotz zu Boden.

Die am Infanterie-Regimentsgefechtsstand starren wie gebannt auf das gräßliche Schauspiel, das jetzt anhebt. Denn der ersten Salve folgen Dutzende. Mit allen Kalibern haut der Franzose in die Tapferen hinein, die ihm den artilleristischen Sieg, zwanzig gegen einen, streitig machen wollen. Leiber wirbeln durch die Luft; bald verhüllt eine dichte Wolke von Staub und Pulverqualm das Grausen.

Aber noch immer zucken Feuerstrahlen aus ihr hervor. Unaufhörlich, solange noch Leben in ihnen ist, versenden die Kanoniere ihre Schüsse.

Nun sind es noch vier Feuerblitze, jetzt zwei, einer. Er zuckt noch immer, noch einmal und wieder, ein letzter, aufbegehrender Schrei des Widerstandes bis zum Äußersten. Dann ist dort drüben nur noch schwarze Pulvernacht.

Da wird auch das feindliche Feuer schwächer. Aus dem Schwarm französischer Flugzeuge, die die Unglücksstätte niedrig umkreisen, lösen sich einzelne und rattern rückwärts. Sie melden den Ihren den Erfolg.

Nur noch einzelne Schüsse hauen in den Hang, um das Vernichtungswerk mit Sicherheit zu vollenden. Dafür lebt das allgemeine Feuer im weiten Umkreise wieder auf und macht alles Land, die Stellungen und was sich kilometertief dahinter zieht, zu einem wogenden Flammenmeer.

Auch um den Regimentsgefechtsstand tobt das Feuer in rasender Wut.

Der Infanteriekommandeur ballt die Fäuste. Im Angesicht des Todes bleibt jede Anerkennung für die Braven dort, woher sie kommen will. Es gibt kein Wort, das ausdrücken könnte, was die Batterien bestanden, wodurch sie bestanden, warum sie bestanden. Es würde wie Phrase klingen.

Langsam verschwindet drüben der schlammige Qualm. Ein leiser Wind treibt ihn auseinander, daß der Blick wieder frei wird. Er erkennt schwarze Punkte, die sich nicht mehr rühren. Sie sind seltsam geringelt und gerundet. Das sind die Toten, die neben und hinter den zerschossenen Rohren unbeweglich liegen — Wache halten.

Dort kriechen auch Verwundete langsam am Boden. Der eine hat den Oberkörper halb gehoben, unendlich langsam schiebt er sich nach rückwärts zwischen den Einschlägen hindurch, die noch immer sorglich ihre Beute einkreisen. Über dem Kadaver seines Pferdes, als wolle er es liebevoll umarmen, breitet der tote Abteilungsführer seine Arme. Vor seinem Kinn bricht sich die Sonne in einem glänzenden Gegenstand. Es ist das Fernglas des Gefallenen.

Da füllt jäh ein Lärmen die Luft. Der Wind trägt das Rasseln schwerer Räder, das Kreischen der Achsen, Kommandoton und Peitschenklang herüber. Besser noch, als sie selbst hier, müssen die feindlichen Flieger bemerken, was hinter der Höhe vorgeht.

Die Infanterieoffiziere blicken sich stumm an.

Nun bricht es hinter dem Berg hervor. Im sausenden Galopp preschen die Protzen heran. Wo die Bedienungsmannschaft nicht mehr helfen kann, springen die Fahrer ein. Wie durch Zauberhand haben sie die Geschütze, soweit sie noch fahrbar sind, aus den Stellungen befreit.

Schon rasen die ersten wieder davon.

Der Feind scheint wie erstarrt ob solcher Kühnheit. Ehe er

sich recht von seinem Erstaunen erholt hat, ist das Ganze schon wie ein Spuk vorübergegangen. Auch die Verwundeten nahmen sie mit sich.

Nur die Toten ruhen noch immer an dem Platz, der ihnen zum Verhängnis wurde, dunkle Flecke, große, schwarze Vögel, die sich dort einsam niedergelassen haben.

Ein Lichtsignalist hastet herbei: "Beauregard meldet Zunahme des Feuers auf Höhle. Außer dem bisherigen schweren Minenbeschuß hat eine Eisenbahngeschützbatterie eingesetzt und schießt mit Verzögerung. Die Freimachung der fort und fort verschütteten Eingänge bereitet Schwierigkeiten und Verluste. Im Abschnitt sonst alles in Ordnung."

"Melden Sie weiter an Brigade", befiehlt der Kommandeur.

Der Oberleutnant stützt die Kartentasche auf das Knie, benutzt sie als Schreibunterlage.

"Setzen Sie außerdem hinzu, daß gegen die Minenwerfer der Einsatz von Feldartillerie zwecklos ist. Was an Kanonenbatterien noch intakt wäre, solle auf die vertrackten Hunde halten, die uns alles kurz und klein schießen. Geben Sie den Wisch!" Er unterzeichnet.

Der Lichtsignalist eilt davon.

Aber schon nach wenigen Metern trifft ihn ein Splitter in den Rücken. Den Stürzenden stützt der hinzuspringende Adjutant, der Regimentskommandeur selbst führt ihn in den Unterstand, von neuem Splitterregen eingehüllt.

Am Hang klettert der Oberleutnant. Man sieht deutlich das weiße Papier in seiner Rechten leuchten. Er eilt zur Lichtsignalstation.

Wir sitzen in dem Gelaß des Rittmeisters. Von den vier vorderen Räumen der Höhle sind nunmehr nur noch zwei benutzbar.

"Was kann man tun?" fragt der Bataillonskommandeur. "Worauf warten sie eigentlich noch, daß sie noch immer nicht anfangen?"

„Daß wir mausetot sind", entgegne ich ruhig. „Das ist eine alte, liebe Gepflogenheit von ihnen, die zwar nicht von großem Selbstbewußtsein zeugt, aber für uns unangenehm ist. Wir können uns einen solchen Munitionsverbrauch niemals leisten."

„Es ist eine Gemeinheit," zürnt der Rittmeister, „ist kein Kampf mehr, sondern Schlächterei."

Bei dem dumpfen Einschlag, der sich gerade über unseren Köpfen in den Kalkstein bohrt, erlischt die Kerze. Mit dumpfem Klang poltert es allenthalben an den Wänden.

„Wie steht es mit der Verpflegung?" fragt der Rittmeister.

„Mit den Konserven hapert's, denn es ist zu viel, was sich allmählich hier bei uns einfindet. Die unglücklichen Liegnitzer, unsere Reserve, oho! — werden überall herausgeschossen. So landet der traurige Rest schließlich bei uns. Hauptsache aber ist, daß noch ein guter Selterswasservorrat vorhanden ist. Ich halte den Daumen darauf, für die Notzeit, die uns bevorsteht. Durst ist immer das schlimmste. Der Körper verbraucht zu viel Flüssigkeit infolge der Erregung und Anstrengungen."

„Aber in der Nacht werden wir genügend Zufuhr erhalten?"

Ich blicke mitleidig zurück. „Eher ist der Krieg morgen aus. Aber es muß versucht werden, denn auch wenig hilft. Hauptsache bleibt, daß sie bald angreifen."

Der Rittmeister schweigt, vertieft sich in die Karte, die vor ihm liegt. Er hat Sorgen um Reifs Abschnitt. Was wir tun können, ist geschehen. Schon wieder sind Melder zum Nachbar-R.-T.-K. unterwegs, die dringend die Aufrechterhaltung der Postierungen im dortigen ersten Graben fordern.

Ich ziehe mich in meine eigene Bucht zurück. Eine unsägliche Müdigkeit fällt mich an. Ich darf ihr nachgeben, denn zur Zeit ist nichts zu tun. Das Warten martert mehr als ertragbar ist. Jede Minute Schlaf aber kommt dem Gefecht zugute.

Worauf warten wir denn? Die Hälfte des Vormittags ist vorüber. Heute wird der Franzose außer gelegentlichen Patrouillenvorstößen, die festzustellen haben, ob wir noch atmen, keinen Angriff unternehmen. Also warten wir auf den Durchschuß der Höhle. Das ist auch eine Aufgabe.

Ich werfe mich auf meine Drahtmatratze. Sie ist ein wenig hart, denn die weiche Unterlage, die sie ehemals bedeckte, ließ ich entfernen; zu sehr wimmelten die Läuse darin und gaben den Flöhen ihre lustigen Feste, deren unfreiwilliger Gast ich war.

Über meinem Kopf, ragt Felsgestein, denn man hat als Stelle für die Lagerstätte eine natürliche Höhlung ausersehen, die gerade für einen lang ausgestreckten Körper, Raum gibt.

Das ist schon unter meinen Vorgängern geschehen. Vielleicht ließen sie auch die Einbuchtungen aushauen. Was geht es mich an?

Wo mein Vater stecken mag? Seit jenem Wiedersehen an der Many-Ferme, bei der jetzt unser Regimentsstab seinen Kattun bezieht, dem er in seinen tiefen Stollen besser gewachsen ist als wir hier, trafen wir uns nur noch ein paarmal flüchtig. Jetzt liegt er mit den 203ern irgendwo bei Laon und wartet auf das Eingreifen.

Auch kein Vergnügen, sein Wartenmüssen, bis das Schlamassel ganz und gar zubereitet ist. Außerdem besitzt er das freundliche Wissen, daß ich hier in der Höhle kauere, auf verlorenem Posten sozusagen, wie ich ganz nüchtern plötzlich feststelle. Er kann uns von Laon aus sehen. Es muß eine wunderbare Aussicht sein, die man jetzt von der Bergstadt von dem freien Platz neben der Kathedrale auf den feuerglühenden Chemin genießen kann.

Ich wundere mich über nichts mehr, auch nicht, daß sich jetzt die Wände vor einer neuen Detonation gegeneinander zu neigen scheinen, zusammenschieben, daß der gräßliche Luftdruck den Atem jäh abschneidet.

Unwillkürlich, in der Furcht zu ersticken, fassen die Hände nach dem Rockkragen, öffnen ihn weit.

Dann ist es schon wieder vorbei. Nur das Steingebröckel häuft sich an allen vier Wänden. Unentwegt rieselt es von ihnen herab. Schon laufen große Risse über sie hin. Man wartet darauf, daß sie sich verbreitern.

An der Öffnung des Eingangs erscheint eine Gestalt. Es ist die Ordonnanz, die mir persönlich zur Verfügung steht.

Wir haben zueinander eine stille Zuneigung. Der Mann ist sonst schwer zugänglich, Hannoveraner, also mein niedersächsischer Landsmann. Aber wenn ich mit ihm Unterhaltung mache, dann taut er doch auf.

Man muß das Reden nur verstehen. Es ist schwerer, als sich in blendender Konversation zu bewegen, wie man so schön sagt. Das vermöchten wir heute auch nicht mehr. Ich muß lachen, wenn ich mich in einen Ballsaal denke. Gibt es so etwas eigentlich noch?

Der Hannoveraner brummt etwas in seinen Bart.

Was ist? Ich soll hier raus? Warum denn? Die Risse? Sind denn anderswo keine?

Im Mittelpunkt der Höhle sei es sicherer.

Na ja, da hocken aber neben zwei Zügen der zehnten Kompanie auch die Liegnitzer und zwanzig Pioniere und was sich sonst anfand.

Ob der Herr Leutnant nicht im Sanitätsraum die Befehlsstelle aufschlagen wolle?

Das fehlte gerade noch. Wenn es sein muß, weil mir hier die Bude über dem Kopf zusammenstürzt — sonst niemals. Die Verwundeten müssen Ruhe haben.

Es klingt seltsam, hier von Ruhe zu sprechen.

Die Ordonnanz verschwindet. Jetzt drehe ich mich auf die Seite, will schlafen, schlafe auch — bis es mich unvermittelt aus der Bleischwere der Mattigkeit emporreißt, daß ich erschrocken vom Lager und aus der engen Nische in den Raum springe.

Niemand ist da! Was ist's?

Da schwankt das Gemach wie ein Schiff auf dem Ozean. Mit donnerndem Gepolter stürzt es sich auf die Höhlung, die ich eben verlassen habe, erdrückt die Bettstatt, die ganze Schlafstelle. Dann ist nichts mehr von ihr zu erblicken, denn die nach=

drängenden, zermalmenden Felsmassen füllen die Nische, die niemals gewesen zu sein scheint.

Der Niedersachse stürzt herein: „Herr Leutnant!"

„Es ist nichts weiter", sage ich. „Legen Sie für die Nacht eine Decke auf die Erde!" Und nehme die Gasmaske um, den Gurt mit der Pistole und mache mich zum Postenrundgang fertig.

Leutnant Reif wischt sich den rinnenden Schweiß von der braungebrannten Stirn, stürzt den dünnen, kalten Kaffee, den der Bursche für ihn bereit hielt, hinunter.

„Treue Seele, Omschatz, Freund, dieses Mal kriegen sie uns zu packen. Denn die lieben Nachbarn sind verduftet. Ich gebe zu, es ist kein herbstlicher Kuraufenthalt, dieses Malmaison. Droben am Kreuzgang hätte mich eine Mine beinahe erwischt, aber was machen wir nun? Man kann nicht gut nach vorn und nach rückwärts schießen. Ach wurscht", er lacht sein Jungenlachen, „es ist noch immer gut gegangen. Warum soll gleich das Schlimmste eintreffen!"

Omschatz nickt eifrig. „An der Somme war's auch nicht viel besser, Herr Leutnant, damals hatten wir nicht einmal Unterstände, und es ist auch geworden. Wenn der Schangel auch mal ein paar Meter vorrückt, ein Kunststück ist das nun gerade nicht bei der Knallerei und den vielen Truppen. Da kommen auf jeden von uns Stücker fünf. Na, dem Maschinengewehr ist das egal und mir auch."

Er streicht eine Scheibe Kommißbrot liebevoll mit Marmelade, jenem Gemisch aus Rüben und ähnlichen Dingen, an das wir uns so langsam haben gewöhnen müssen.

„Haushalten, Omschatz", warnt Reif, „werden lange lauern müssen, ehe wir wieder etwas zu fassen kriegen."

Omschatz grinst freundlich über sein ganzes, gutmütiges Gesicht. „Na, ich denke doch, die Franzmänner werden sich gut versehen haben. Es kann nicht mehr lange dauern, daß wir ein paar von ihnen an den Kragen nehmen. Dann gibt's Weißbrot", er macht verzückte Augen, „und einen besseren Aufstrich als diesen hier. Auch ihre Konserven sind etwas wert. Wissen Herr Leutnant noch am Winterberg?"

Der Kompanieführer ist schon wieder draußen. Man darf keinen Augenblick versäumen, um nach dem Rechten zu sehen.

Das Feuer auf die Stellungen läßt noch immer nicht nach, aber es hat auch keine Verstärkung erfahren. Dafür ist die Gegend um die Höhle ein einziges Rauch- und Flammenmeer.

Wenn sie das Bataillon nur nicht rausschießen, denkt Reif besorgt. Gut, daß ich den Erdtelegraphen habe. Ein Melder würde jetzt kaum durchkommen. Aber ehe ich senden lasse, will ich mich noch zum zweiten Male überzeugen.

Gewandt springt der Leutnant, von einem Füsilier begleitet, von Trichter zu Trichter, zwischen den krachenden Einschlägen hindurch, aufregendes Wettrennen mit dem Tode, immer weiter nach rechts, wo die Nachbarn liegen müssen.

Jetzt werde ich es mit ihrer Hauptwiderstandslinie versuchen. Dort müssen sie wohl noch sitzen, beschließt der Suchende.

So genau Reif in diesen Wochen die Stellung auch kennengelernt hat, das nun seit Tagen schon währende Trommelfeuer hat sie so um und um gewühlt, daß keinerlei Merkmale mehr vorhanden sind, die von ihrem früheren Aussehen zeugen. Man kann sich nur nach dem Stand der Sonne richten, das geht rascher als den Kompaß befragen.

Ja, jetzt müssen sie schon im Nachbarabschnitt sein. Sind dort nicht auch Helme? Gott sei Dank, mehr als genug.

Mit kühnem Satz schwingt sich der Offizier über den Trichterrand in den nächsten, der von einer schweren Mine herrühren muß, so weit erstreckt sich sein Umkreis, mitten in die dort kauernden Männer hinein.

Sie fahren entsetzt hoch, um dann freudig Halloh! zu rufen.

„Da habe ich ja Glück, Herr Kamerad." Reif streckt dem Nachbarkompanieführer die schmutzige Hand entgegen. „Wir sind nun den ganzen Morgen im ersten Graben auf Suche nach Ihren Leuten, aber denen scheint es dort ungemütlich geworden zu sein. Zum mindesten müssen wir eine Verabredung treffen."

Der andere ist erstaunt. „Eben erst stellte ich dort wieder Posten aus. Die letzten holte mir der Schangel weg, der mit Übermacht über ihnen war, ehe Hilfe gebracht werden konnte. Aber sie haben sich nicht so ohne weiteres ergeben, da" — er zeigt zur Seite, wo drei blaue Gestalten reglos und zusammengesunken am Boden liegen, „die fanden wir noch. Wieviele mögen sie noch mit sich geschleppt haben. Denn ein paar weitere kamen auf unser Konto."

„Wieder Alpenjäger", stellt Reif fest. „Die Leute haben das Patrouillegehen raus. Also bleibt es dabei, Sie besetzen den ersten Graben weiter?"

„Das versteht sich", gibt der Gefragte zurück. „Und wenn sonst etwas ist, wir halten Verbindung."

„Abgemacht!"

Reif klettert schon davon. „Wir werden das Kind schon schaukeln, wenn es auch ein recht ausgewachsener Wechselbalg zu sein scheint. Auf Wiedersehen!"

Obwohl er erst wenige Meter von der Gruppe entfernt ist, geht der Rest seiner Rede in dem Lärm der Granaten unter, die sie umheulen. Nur den winkenden Gruß sieht der andere, gibt ihn ernst zurück.

Wenige Augenblicke später fährt ein Volltreffer in den Nachbar-Kompaniestab. Niemand entgeht ihm. Da um diese Zeit auch sämtliche Zugführer gefallen sind, reißt eine ungeheure Verwirrung ein, die viel zu spät erkannt wird, als daß ihr noch gesteuert werden kann.

Leutnant Reif erfährt von diesen Vorgängen nichts.

Er nimmt einen Umweg über seine vorderen Postierungen. Das Herz ist ihm bedeutend leichter, seitdem er mit dem Nachbar persönlich verhandelt hat. Der Führer dort sah nicht aus, als ob er locker lassen würde. Man kennt sich aus in Menschen in diesem Orlog.

„Achtung, Herr Leutnant", schreit's hinter ihm. Es ist die begleitende Ordonnanz.

Da, jetzt hört er's auch trotz des Höllenlärms, der sie umgibt, das scharfe, schlagende Tak! Tak! eines Maschinengewehrs.

„Das kommt vom ehemaligen Sappengraben," brüllt Reif, „da sind sie aneinander. Vielleicht geht es schon los."

Er hat die Handgranate aus dem Gurte gezogen, stürmt vorwärts ungeachtet jedes Granateinschlages, dorthin, woher der Kampflärm jetzt lauter erschallt und Gewehrfeurr und Handgranatendetonationen den Beginn des Infanteries gefechtes deutlich anzeigen.

Die Elfte hält sich wacker, das ist das erste, was Reif feststellen kann. Vor ihnen schwärmt eine Schützenlinie von blauen Gestalten, in die das deutsche Maschinengewehr sauber hineinhält, daß sie bald zwischen Erdwellen und Trichtern verschwunden sind.

„Die bekamen genug", meldet der Führer des vordersten Zuges stolz. „Sie haben sich das anders gedacht, glaubten, wir wären schon herausgeschossen, und wollten sich hier häuslich einnisten."

Reif antwortet nicht, läßt die Blicke angestrengt vorausspannen. „Ruhig," befiehlt er, „und fertig machen zum Nachfolgen, diese Gruppe nur. Sie hier sagen den andern Bescheid!"

Er beugt sich näher zum Vizefeldwebel, damit der ihn im Lärm des Gefechtes versteht. „Sehen Sie die drei Mann dort dicht vor uns in dem Minentrichter? Sie sind den übrigen ein wenig vorausgekommen. Nun wird sich's zeigen, ob sie mehr vorhaben, als nur einen Patrouillenvorstoß. Aber ich glaube es nicht, denn nirgendwo fordern sie Sperrfeuer an. Wenn sie sich also zurückziehen, denn ihre jetzige Lage ist höchst ungemütlich und die Drei folgen ———."

Er kann nicht vollenden. Drüben ist schon Bewegung erkennbar.

Besinnungslos stürzt Reif vorwärts, ohne darauf zu achten, ob jemand ihm nacheilt. So sehr erstaunt sind die Angreifer, die eben im Begriff waren, ihre Stellung zu wechseln, daß ihre Schüsse erst knattern, als der Leutnant längst in dem Minenloch verschwunden ist, in dem sich die drei Franzosen verbargen.

Aber auch die Gruppe ist nicht faul gewesen, schwärmt schon in Höhe der ersehnten Beute und hält erst inne, als das rasende

Feuer der Alpenjäger jedes Vorwärtskommen vor der Hand unmöglich macht.

Wo aber ist der Leutnant?

Die Pistole in der Rechten auf die erschrockenen Franzosen gerichtet, die Linke schwingt drohend die Handgranate, so steht Reif mitten unter den Dreien, die sich nur langsam von ihrer Überraschung zu erholen vermögen.

„Abschnallen", befiehlt der Offizier mit unmißverständlicher Gebärde.

Der eine Franzose hat sich jetzt gerafft. Er greift mit beiden Händen nach dem Leutnant.

Reifs Schuß kracht, der Angreifer taumelt rückwärts. Aber nun sind die beiden andern über dem Offizier und reißen ihn zu Boden. Der fühlt, daß seine letzte Stunde gekommen ist.

Da setzt es mit langem Sprunge in das Loch hinein. „Ich bin schon da!" schreit es auf. Es ist Omschatz, der dem Leutnant gefolgt ist.

Dann ist auch der Vizefeldwebel heran, die andern liegen seitwärts mit den Alpenjägern im Feuergefecht, um sie niederzuhalten. In wenigen Minuten sind die in dem Trichter Überraschten kampfunfähig gemacht.

Nur der erste, den Reifs Schuß verwundete, will sich nicht ergeben. Er hat mit der heilen Linken sein Seitengewehr gepackt und macht Miene, sich von neuem auf die Deutschen zu stürzen. Das kann auch die anderen wieder zur Auflehnung bringen.

Der Feldwebel läßt das Gewehr sausen, mit gespaltenem Schädel, den der Kolbenhieb quer traf, sinkt der Tapfere zu Boden. Da sind auch die beiden Letzten ganz still.

Schade, denkt Reif, und wirft einen stummen Blick auf den Gefallenen. Nun aber zurück!

Das wird schwierig. Nicht nur, daß das feindliche Artilleriefeuer nach dem mißlungenen französischen Vorstoß wieder schärfer eingesetzt hat, auch die Maschinengewehre der Alpenjäger, die jetzt die ihrigen vermißt haben mögen, wachen gespannt, daß die Deutschen den Rückweg antreten. Denn sie werden nicht bis zur Dunkelheit ausharren wollen.

„Allons!" ruft Reif und deutet mit der erhobenen Rechten hinter sich.

Die Gefangenen verstehen, springen aus dem Loch. Die Deutschen wollen nach, als schon die Garbe von drüben herüberpfeift, von der säuberlich erfaßt die Alpenjäger sich schreiend am Boden wälzen.

Da stutzt für einen Augenblick der Franzmann, vielleicht hat er eine Ladehemmung. Jedenfalls gereicht es Reif und den andern zum Heil. Bald landen sie wieder in ihren Stellungen.

„Ich vergaß bei dem Abenteuer", sagt Reif tief Atem holend, „das Bataillon wartet auf Meldung."

Er kriecht in seinen Stollen, an dessen Zugang schon die ersten Rahmen leicht geknickt sind, und diktiert dem Mann, der den Erdtelegraphen bedient:

„Anschluß nach rechts persönlich hergestellt, alles in Ordnung. Feindlichen Vorstoß soeben abgewiesen, eingebrachte Gefangene bei Rückmarsch gefallen. Abschnitt Danzig."

Ich bin gerade vom Postenrundgang zurück, als mir der Telegraphist entgegenkommt und die Morsezeichen der Elften übersetzt. Eilends bringe ich sie dem Rittmeister. Er verhandelt gerade mit einem Meldegänger des rechten Abschnittskommandeurs, der über den Stand bei uns neueste Nachrichten einholen soll.

Der Mann ist noch ganz erschöpft von dem Weg in die Höhle. Er behauptet, stundenlang gewartet zu haben, ehe sich eine Feuerlücke zum Einschlupf hätte benutzen lassen. Ich glaube es wohl.

Irgend etwas an dem schriftlichen Bericht der Nachbarn fällt mir auf. Es sind nicht die anscheinend in höchster Erregung hingeworfenen, kreuz und quer liegenden Buchstaben. Ich bin kein Handschriftendeuter, und in Erregung befinden wir uns alle. Es kommt nur darauf an, daß wir sie hinunterschlucken und uns mit Willen erfüllen. Aber während der dortige Kommandeur uns um Aufklärung über den Stand unserer Lage ersucht, spricht er auch die dringende Bitte aus, daß wir die Verbindung zu seiner vorderen Flügelkompanie aufnehmen möchten. Das ist in erster Linie seine Sache.

Dennoch können wir ihm dank Reif dienen.

Ich orientiere entsprechend und gebe dem Melder den schriftlichen Bericht mit. Er verschwindet im Höhlenausgang.

Wir hören das unterirdische Grollen kaum mehr. Die Risse in den Wänden haben sich nicht vergrößert. Das ist beruhigend. Dafür hauen die Schweren mit Verzögerung jetzt auf den Südteil der Höhle. Dort liegen zumeist Pioniere und wenige Leute der zehnten Kompanie.

Ich bin wieder in meinem Adjutantengemach. So viel steht fest: für heute und vielleicht auch morgen sind wir nur Artillerieschießscheiben. Das muß überstanden werden.

Auf der blanken Erde hat mein Hannoveraner ein prächtiges Lager hergerichtet, zwei Zeltbahnen und eine Decke. Es ist fürstlich. Aber ich habe keine Lust, es aufzusuchen.

Zuweilen heftet sich mein Auge auf jene Stelle in der Wand, in der sich noch vor wenigen Stunden die geräumige Höhlung befand, die mir zum Schlafunterschlupf diente. Ich muß daran denken, daß ich selbst nun als formlose Masse unter den Felsen liegen würde, wenn mich nicht im letzten Augenblicke eine unerklärliche Stimmung vom Lager aufgescheucht hätte.

Aber es wäre für die anderen sehr bequem gewesen: ein Grab, das sich von selbst geöffnet hat. Nichts anderes hätten die Kameraden zu tun brauchen als ein Kreuz auf die Wand zu malen und den Namen daran zu schreiben: „Es starb den Heldentod..."

Ich weiß bei solcher Überlegung sehr deutlich, daß ich nach allem anderen Verlangen trage als zu sterben. Geduckt in der Höhle, widerstandslos einem Verderben ausgeliefert, gegen das man nichts anderes einzusetzen vermag als das geduldige Abwarten, erwacht alle Erbärmlichkeit, die unseres Lebens größten Teil ausmacht, und hohnlacht über die errungene Kraft der Seele, ob sie sich auch dawiderstemmen möchte. Die Minuten schleichen wie Stunden. Man rechnet die Zeit nur nach den Einschlägen, die auf den Kopf hämmern und ihn noch immer nicht erreichten.

Wie lange noch?

Das fragen sich alle, die hier mit mir kauern, den schmalen, langen Gang dicht bei dicht füllen, der in den dem Feinde zugekehrten Teil der Höhle führt, wo sie ebenfalls eng aufeinander hocken.

Wie lange noch?

Das stöhnen die Verwundeten, und nur noch der Schrei nach Wasser, das der stille, unermüdliche Arzt ihnen bereitwillig reichen läßt, wenn die Art der Verwundung, Bauchschuß oder was es ist, die Gabe nicht verbietet, übertönt die trostlose Frage zeitweilig, um sie desto stärker erstehen zu lassen: Wann kommt das Ende?

Wir sind zu sehr Vielen hier, und doch ist jeder allein, grenzenlos allein. Die frische Luft fehlt und die Gefahr, der man begegnen kann, indem man ihr kühn ins Gesicht blickt.

Ich weiß es jetzt, es darf nicht mehr zu lange dauern, sonst folgt Gleichgültigkeit der Todesangst. Vor ihr aber gibt es keine Rettung mehr.

Ich habe die Meldungen der letzten Stunden geordnet, ich prüfe noch einmal alle Befehle. Sie können uns nicht mehr sagen, als was wir selbst nicht schon wüßten.

Auch die wenigen Nachrichtenmittel, auf die wir überhaupt noch rechnen, sind intakt. Die Lichtsignalstation zwar erhielt wieder einen Treffer. Zum Glück wurde niemand verletzt, und der Umzug auf eine neue Station wurde schon gemeldet. Auch der Erdtelegraph, der uns mit Reif verbindet, bleibt zuverlässig, solange sie den Unterstand dort nicht nehmen. Für die Außenwelt kommt er nicht in Betracht. Zu guter Letzt haben wir noch die Brieftauben, die ein alter Landwehrmann sorgsam wartet. Sie werden den Weg zu ihrer Futterstelle beim Oberkommando nicht verfehlen. Die armen Tierchen müssen jetzt schon hungern.

Auch sie werden fragen: Wie lange noch?

Der Melder der zwölften Kompanie des Leutnants v. Boettiker, der die erfreuliche Nachricht brachte, daß in dem vortags so schwer heimgesuchten Abschnitt keine neuen Ereignisse zu verzeichnen sind, hat mich soeben verlassen. Ich habe den Kopf in beide Arme gestützt und warte, warte — worauf denn? — Vor der Tür schallt ein dumpfes Gemurmel, dort sprechen zwei, — was sie sich zu erzählen haben mögen! — da schlägt jäh eine blendende Flammenlohe um mich her, ein gewaltiges Zerren und Sägen geht durch die weite Höhle, reißt mich mit Riesenkraft über den umstürzenden Tisch hinweg gegen die sich neigende Wand, mein Kopf schlägt auf den harten Kalkstein, für Sekunden schwindet jede Besinnung, und mit dem unaussprechlichen Gefühl, daß nun alles vorbei ist, sinke ich in eine schwarze Nacht.

Erst das Blutgerinsel, das meine Stirne feuchtet, mehr noch ein wildes, gellendes Schreien, das nicht nachlassen will und meine Ohren füllt, so daß ein Schaudern die Glieder schüttelt, und das Herz sich vor Frost zusammenkrampft, zerren mich langsam ins Leben zurück.

Eine entsetzliche Übelkeit kommt aus dem Magen, der sich jeden Augenblick erbrechen möchte. Was war's, das mir die Luft abschnitt, was legte sich wie ein Felsblock mit einem Male auf mich? Ein Wirbelwind hat mich erfaßt und im Flammenmeer davongetragen. Nun liege ich blutend auf der Erde, weil die Höhle mich nicht freigab.

Da gellt wieder das fürchterliche Schreien und Jammern, so entsetzlich, daß die Haare sich sträuben, und eine lähmende Starrheit den Leib unbeweglich macht, weil noch jeder Wille fehlt, sie abzuschütteln.

Was war denn? Kein Mensch redet, spricht, rennt mit tappenden Schritten irgendwo, nur das Schreien wie von sterbenden Tieren sprengt meine Ohren.

Da raffe ich mich mit aller Anstrengung empor, vergesse den Schmerz, der auf der Stirne brennt, aus der unaufhörlich das Blut rinnt, presse das Taschentuch gegen die Wunde, stürze hinaus, nur die eine entsetzliche Frage im Herzen: „Ist alles tot?"

Denn nun weiß ich: unser Warten wurde erfüllt, die Höhle ist durchschossen.

Auf dem Gange kauern sie noch immer, tragen bleiche, erdfahle Gesichter, die ihnen im Schein der dürftigen Kerzen etwas Totenähnliches geben. Keiner redet, als er mich sieht. Ja, merkten sie denn nicht, was vorging?

Sie wissen es wohl, aber der grausige Schreck bannt sie noch immer, bis ich den Nächsten bei den Schultern packe, ihn rüttle: „Durchlassen!" und so fort und fort mich nach dem Südteil der Höhle durch die erstarrten Männer schiebe, die nur das eine zu stammeln wissen: „Es schlug durch!"

Immer näher komme ich der gräßlichen Stätte, aus der das wilde Jammern erschallt und mit jedem Schritt gellender schrillt, daß es selbst das ungeheure Toben der Granaten übertönt.

Ich habe den Sanitätsraum durchquert, in dem der Arzt bleich auf einem wackligen Stuhl sitzt, und als ich ihn anrede, statt aller Antwort nur stumm geradeaus weist, so, als wisse er selbst noch nicht. Dann wendet er sich wieder dem Verwundeten zu, um dessen Stirn er sorgsam den Verband legt.

Es können erst wenige Sekunden vergangen sein seit jenem Flammenbiß, seit dem nach dem Leben greifenden, gewaltigen Luftdruck, der mich gegen die Wand schleuderte, aber sie dünken mich Ewigkeiten.

Der Arzt hat seine Liebesarbeit beendet, greift stumm nach dem Verbandtäschchen und folgt mir nach.

Aber nur wenige Schritte kommen wir den Gang hinunter, der überall schon von Geröll und herabgestürztem Sand bedeckt ist. Denn dorther, wo am Ende des Steiges sich der letzte große Raum der Höhle öffnet, aus dem Ausgänge nach Süden in das Freie führen, rast uns eine Gestalt entgegen. Der Mantel flattert wild um den rennenden Mann. Er starrt geradeaus, ohne uns zu bemerken, seine Lippen murmeln etwas, und als wir ihn anrufen, stutzt er jäh, breitet die Arme, umfängt mich, halb zusammensinkend, und stößt einen wilden Schrei aus: „Hilfe!"

Das geht durch Mark und Bein; schauerlich gellt der Ruf des völlig Verstörten von den kahlen Wänden wieder, begleitet von der gräßlichen Jammermusik dort hinten.

Ich erkenne jetzt den Mann. Es ist ein Leutnant der Pioniere, der den uns zugeteilten Trupp führt. Ich packe ihn hart am Arm, schüttle ihn wild, und mit diesem Tun finde auch ich mich ganz wieder in die Wirklichkeit zurück, bin für alles gerüstet. „Was ist, Kamerad? Sie leben doch, — wir auch, — was geschah?"

„Meine Leute", entringt es sich trostlos den Lippen des Befragten, „alle meine Leute!"

Die wenigen Worte sagen vorerst genug. Der Arzt rafft an Sanitätern zusammen, was er bekommen kann, und eilt dorthin, wo das Gräßliche geschehen sein muß. Der Soldat kann nicht mehr helfen, wo sein Amt beginnt.

Immer noch, trommelnder, wie es uns scheinen will, prasselt das Feuer auf die Höhle.

Ich zerre den Pionier, um dessen Verstand ich fürchte, mit mir in eine Nische und reiche ihm die Feldflasche, in der sich noch ein paar Tropfen Branntwein befinden müssen. Er verweigert den Trank nicht, stürzt ihn gierig.

Dann erzählt er ohne Klang in den Worten:

„Wir saßen alle zusammen, alle meine Leute, dazu ein paar von Ihrem Regiment, Liegnitzer und Meldegänger. Meine Pioniere kloppten Skat. Ich selbst war mit den Unterführern in Beratung über die Aufgaben der Nacht, die Sie uns zudiktiert haben. Das Feuer auf die Höhle war wie immer, nicht stärker als jetzt auch", er zittert, als ob er jeden Augenblick ein neues Verhängnis über sich hereinbrechen sieht.

Wie zum Beweis dessen, daß seine Furcht nur zu begründet ist, bohrt sich eben wieder über unsern Häuptern eine Mine in den Kalk. Man glaubt zu fühlen, wie sie sich zu uns durchfrißt. Dann schüttert und wankt von der Explosion im Gestein der ganze Bau.

Ich schiebe dem Pionier stumm die Flasche hin, aber er nimmt sie nicht, fährt schleppend fort:

"Ja, sie spielten Skat, wie war es doch", er streicht sich die Stirn, als könne er die Sinne so ordnen, "ich gab meine Anweisungen an die Unterführer, — ja, was war dann? Man weiß nichts mehr. Ich werde hochgehoben, fuhr in einem Flammenschiff zur Decke, fiel wieder, kam auf die Füße und schlug zu Boden, daß mir das Bewußtsein schwand. Ich weiß nicht, wie lange, ich weiß überhaupt nichts mehr."

Und dann stürzen ihm die Tränen, wild, unaufhaltsam. Ich sitze stumm, nur ab und zu fährt meine Hand streichelnd an dem Arm des Weinenden auf und ab.

Endlich rafft sich der Pionier auf. "Als ich erwachte, war das gräßliche Schreien um mich her", berichtet er mit wehendem Atem. "Über Leichen, die in Haufen lagen, über zerschmetterte und abgerissene Glieder schwang dieses fürchterliche Geheul. Es kam aus dem Munde von mühsam kriechenden Gestalten, die bekannte Gesichter trugen. Blut hüllte sie ein, nach Blut roch alles, mischte sich mit dem beißenden Pulverqualm und legte sich kettenschwer auf die Sinne. Wo sollte ich helfen, was konnte ich tun? Nur noch wenige von den fünfzig, die in dem Raum gewesen waren, lehnten gleich mir fassungslos an der Wand und starrten auf das Grauen. Ja, und ich irre mich nicht, sie schrieen am lautesten, daß es unheimlich in mir aufstieg. Das klang nicht wie Wehgeschrei, war gellendes, schreckliches Gelächter von Wahnsinnigen, denen es den Verstand verwirrt hatte. Da packte mich das Entsetzen, da floh ich, wo ich nicht mehr zu helfen vermochte. So fanden Sie mich."

Aus dem Dunkel ist der Hannoveraner aufgetaucht. Er ist immer wie ein Schatten hinter mir, wo er Gefahr glaubt.

"Bleiben Sie bei dem Leutnant", sage ich jetzt, "und sehen Sie zu, ob er verwundet ist."

Der Pionier nickt dankbar, er will abwehren.

"Nein", sage ich scharf, "Sie warten vorerst. Sehen Sie — dort?" Das rechte Hosenbein des Offiziers ist dunkel gefärbt von frischem Blut, auch blutet der Ärmste aus einer faustgroßen Kopfwunde.

Aber trotz der Mahnung versucht der Pionier aufzukommen. „Vielleicht kann ich doch noch helfen", trotzt er in erwachter Entschlossenheit und versucht zu gehen. Was vorhin ihm aus dem rasenden Entsetzen, das ihn befallen hatte, mühelos gelungen ist, will ihm jetzt nicht mehr glücken. Er kommt nur wenige mühsame Schritte weit und muß humpelnd wieder zu seinem Schemel zurück.

„Nun also —" sage ich. „Im übrigen sind alle Rettungsarbeiten eingeleitet. Was noch aus den Trümmern lebend zu bergen ist, soll nicht vergebens auf uns hoffen."

Das Schreien in dem durchschossenen Teil der Höhle ist schwächer geworden. Man spürt die Arbeit der Sanitäter. Sie vor allem müssen jetzt Raum und Ruhe haben. Der enge Gang läßt gerade eine Tragbahre durch. Darum treffe ich Vorkehrungen, daß niemand den schmalen Steig betritt, obwohl ich selbst danach dränge, die Unglücksstätte zu untersuchen, um die näheren Umstände des gräßlichen Ereignisses feststellen zu können.

Bahre auf Bahre kommt herbei. Der Sanitätsunterstand, in dem der Arzt sein Hauptquartier jetzt wieder aufgeschlagen hat, füllt sich zusehends. Bald werden die vorhandenen Liegestätten nicht mehr ausreichen. Dabei sind sie erst für den Angriff vorgesehen, der die meisten Verluste bringen muß. Man wird also diese Nacht schon räumen müssen. Wie aber die Unseligen bei dem Trommelfeuer nach hinten gelangen werden, ist eine andere, schreckliche Frage.

Was ist das für ein Lärmen an der Durchschußstelle?!

Da die Sperre dorthin leicht durchzuführen war und ich sie selbst überwacht habe, kann kein Unbefugter durchgedrungen sein. So gut es bei den Steinhaufen gehen will, die hier allenthalben schon den Boden bedecken, eile ich vorwärts, um selbst nach dem Rechten zu sehen.

Ein Sanitätsfeldwebel kommt mir entgegen. Er fuchtelt

aufgeregt mit den Armen in der Luft. Als er mich erblickt, stößt er einen tiefen Seufzer aus: „Gott sei Dank!"

„Was ist?"

Statt aller Antwort winkt er mir und kehrt vorsichtig um. So wandern wir der Durchschußstelle zu, aus der der gellende Lärm immer aufdringlicher schrillt. Nun erinnere ich mich des Berichtes des verwundeten Pionieroffiziers und höre selbst, daß dort jemand lacht, — unentwegt lacht, als könne er sich nicht beruhigen über eine Lustigkeit ohne Maßen.

Der Sanitätsfeldwebel verharrt und deutet vorauf: „Es sind mehrere, ich weiß mir nicht zu helfen. Denn wenn man sich ihnen nähert, sie fortführen will, dann werden sie bösartig." Den starken Mann, der schon manches Entsetzen sah, packt es jäh, Tränen stürzen ihm aus den Augen. Er bedeckt sie mit den Händen: „Es ist fürchterlich!"

Ich dränge ihn hart. Der Augenblick ist gekommen, stark zu sein, mitleidslos zu scheinen, denn das ist das wahre Mitleid. Jede Minute kann eine Panik ausbrechen, die die ganze Höhle erfaßt. Schon hört man von dort, woher wir gekommen sind, dumpfes Raunen und Murmeln, entsetzte Aufschreie. Die Erzählungen der Sanitäter, die die Verwundeten holten, laufen rundum.

Über uns, unentwegt, als ob sie der Erfolg ihres Durchschusses nur noch mehr anspornte, lebende Wesen, die unsere Vernichtung ertrotzen wollen, hämmern und hauen die Minen und schweren Granaten.

„Vorwärts", sage ich, „wir müssen die Leute beruhigen und sie sobald als möglich nach hinten entlassen."

„Jawohl", sagt der Feldwebel, „aber wie?" Er tippt an seine Stirn und sieht mich bedeutungsvoll an. „Die wissen von nichts mehr ..."

Ich dränge das Grauen, das in mir aufsteigt, gewaltsam zurück. „Vorwärts!" sage ich und schiebe mich rücksichtslos an dem noch zögernden Sanitäter vorbei, der nach einiger Besinnung mir schleunigst folgt, wie die hinter mir hallenden Schritte beweisen.

Wir biegen in den Südteil der Höhle. Schwaches Tageslicht, das durch die Ritzen und Risse dringt, die der Durchschuß öffnete, erhellt die grausige Stätte, auf der verstümmelte Leichen, abgeschlagene Körperteile mit Felsen und Kalk ein schier unentwirrbares Chaos bilden.

Davor knien, stehen Menschen.

Sind das noch Menschen, die dort mit glühenden Augen, aus denen schon der Wahnwitz leuchtet, mit flehend ausgestreckten Armen auf den Leichenwirrwarr starren, so, als wollten sie in Sehnsucht umfangen und an die Brust drücken, was dort den letzten Schlaf schläft? Aber das fürchterliche Lachen ist schwächer geworden und löst sich jetzt in wildes Schluchzen, das sich ohne Fassung und Scham Bahn bricht, ein unendlicher Strom, der unversieglich scheint.

Der Feldwebel, dem meine letzte Mahnung und Befürchtung einer allgemein ausbrechenden Flucht noch im Hirn bohrt, will rauh auf die Weinenden los. Schon poltert sein erstes, gutgemeintes Wort, als ich ihn am Ärmel zurückzerre.

Erstaunt blickt er mich an, versteht den Widersinn nicht, der ihm in meiner abwartenden Haltung zu liegen scheint.

Es ist wenig Zeit, ihn aufzuklären. „Sehen Sie nicht", sage ich, „daß sie wieder zu sich kommen?"

Das Weinen der Drei — so viele zähle ich jetzt, die neben den grausig verstümmelten Leichen knien und stehen — ist immer leiser geworden. Jetzt bleibt nur noch ein Stoßen, das zuweilen eine Brust erschüttert. Es ist soweit.

Ich trete leise heran, lege dem einen, der mir zunächst kniet, die Hand auf die Schulter. „Ihr müßt nun gehen, Kameraden", sage ich mit zwingendem Klang in der Stimme.

Da hebt der Mann das tränennasse Auge zu mir empor. Mir ist es, als ginge eine Erleichterung sichtbar über seinen Leib, der sich unwillkürlich strafft. Ich fühle ein gutes Zeichen.

„Da hinten ist alles in bester Ordnung", fahre ich ruhig fort. „Dort seid ihr in Abrahams Schoß und könnt euch ausruhen. Wollt ihr nicht kommen?"

Unter meinen letzten Worten ist der Mann ganz still geworden. Es ist ein Pionier, der mich nicht kennt, auch die Offizierachselstücke kaum wahrgenommen haben mag. Er erhebt sich langsam. Der Feldwebel und ich stützen seine Schwäche. Auch der zweite ist nun aufmerksam geworden und folgt mechanisch dem Tun seines Kameraden.

Nur der dritte starrt noch immer ausdruckslos, wie gebannt auf die unheimliche Stätte des Verderbens.

„Führen Sie die beiden fort", befehle ich, „geben Sie ihnen zu trinken, und dann bei der nächsten Gelegenheit nach hinten, sobald sie sich einigermaßen für diesen nicht leichten Gang gerüstet haben."

Der Feldwebel läßt die Pioniere vorausgehen, die, als sie erst von dem Platz des Grauens fortgewandt sind, in größter Hast dem nördlichen Gange zustreben.

Ich wende mich dem dritten zu. Er verharrt so unheimlich stumm, in solcher Starre, daß ich, allein mit ihm und den Toten ringsum, alle Kraft zusammennehmen muß, um die rechten Worte zu suchen.

„Kamerad", sage ich und fasse den Ärmsten liebevoll um die Schulter, „nun mußt auch du gehen, nicht wahr? Die andern sind schon fort, — in Sicherheit. Es ist hier nicht gut sein..."

Wie um eine Warnung zu bekräftigen, haut eine Schwere dicht neben einen der verschütteten Ausgänge, daß für den Augenblick Sand und Stein frei werden und ein greller Feuerschein, gelbrotes Flammenbündel, in unsere Augen schlägt, die wie geblendet sind.

Das ist zuviel für den Verstörten.

Während ich mich vom Boden erhebe, auf den mich der Luftdruck niederschleuderte, unverletzt, wie ich fühle, stößt der andere einen Schrei aus und ist in Blitzesschnelle aufgesprungen, ehe ich noch recht gesehen habe. Jetzt klettert der Mann über Leichen und Geröll, als ob der Teufel hinter ihm her wäre.

Da begreife ich, bin ihm nach. Meine Stiefel treten in die weichen Leiber, können nicht achten, ob sie die Köpfe der Toten unsanft streifen oder gar verletzen, denn hier gilt es, einen Lebenden zu retten.

Aber der kurze Vorsprung, den der halb Wahnsinnige gewonnen hat, ist nicht mehr einzuholen, zumal seine kletternden Füße mir Steine in den Weg schleudern, Sand in die Augen spritzen. Eben habe ich das letzte Hindernis gewonnen, da ist er auch schon in dem schmalen Schlitz des Höhlenausganges verschwunden, läuft draußen ohne Vorsicht und Verstand in das Trommeln, in den sicheren Tod mitten hinein.

Ich gebe es noch nicht auf. Aber als ich mich ebenfalls ins Freie zwängen will, denn vielleicht ist der Unglückliche nicht weit gekommen, und ich kann ihm noch Hilfe bringen, macht ein neuer Einschlag wett, was der vorige gefehlt hat, und verschüttet von neuem die schmale Spalte. Es ist mein Glück, daß ich den Ausstieg noch nicht begonnen hatte.

Ich verlasse den schaurigen Ort nicht, ohne eine Untersuchung vorgenommen zu haben, wie das Unglück geschehen ist. Die Erfüllung dieser Pflicht rettet vor den einstürmenden Gedanken.

Auf den ersten Blick erscheint es rätselhaft, was die Ursache zu so einschneidenden Verlusten hat werden können. Wenn in der Tat die Höhle durchschlagen wurde, könnte ich mich nicht mehr in diesem Teil aufhalten, müßte alles ein Trümmerhaufen sein, aus dem keine Opfer mehr zu bergen sein würden, so tief lägen sie darunter begraben. Außer den Rissen und Spalten aber, den verschütteten Eingängen, ist keine Beschädigung in verheerendem Ausmaße zu erblicken.

Da kommt mir das Begreifen. Keine andere Möglichkeit ist vorhanden, als daß genau durch den schmalen Luftschacht, der ihr gerade Platz ließ und steil nach abwärts führt, eine schwere Mine mit Verzögerung in die Höhle Eingang fand und hier unten explodierte.

Auf dem Rückweg zum Sanitätsunterstand spreche ich kurz den Arzt, der mit rührender Behutsamkeit bei den Verwundeten beschäftigt ist. So erfahre ich die Zahlen.

Der Lichtsignalist nimmt meine Meldung für das Regiment entgegen:

„In den Mittagsstunden erreichte eine schwere Mine das

Innere des Südteils der Höhle. Die Verluste betrugen dreiundzwanzig Tote und siebenundzwanzig Verwundete. Höhlenräumung infolge taktischer Wichtigkeit des Platzes zur Zeit noch nicht erwogen. Abschnitt Beauregard."

Auch dieser Tag endet. Aber die Nacht, die ihm folgt, bringt keine Ruhe.

Es ist, wie ich gesagt habe. Sie sperren das Hintergelände mit allen Geschützen, die sie von der ganzen Front zusammengeholt haben, um sich den Sieg zu sichern.

Dennoch versuchen die Unsern, Hilfe zu bringen. Vor allem muß für die Front Verpflegung und Munition herbei. Neue Batterien rasseln in Stellung. Munitionskolonnen bemühen sich, die verschossenen wieder gefechtsfähig zu machen.

Und das alles hat nur die eine Straße zur Verfügung, die von Laon feindwärts führt.

Für die Franzosen ist es eine kinderleichte Arbeit, die kilometerweise durch Fahrzeuge und Kolonnen verstopfte Chaussee mit Granaten aller Kaliber nahezu unpassierbar zu machen.

Dennoch lassen die Deutschen nicht nach.

Hinter Etouvelles beginnt erst der richtige Weg in die Hölle. Denn haben sie dieses Dorf noch umfahren und umgehen können, so wird jetzt ein Ausweichen unmöglich. Man muß durch Urcel, das an allen vier Ecken flammt und lodert, mitten hindurch.

Sie wissen nicht, was das Schlimmste ist. Wenn sie in jagender Fahrt, die plötzlich durch einen umgestürzten Wagen, Menschenleichen, Pferdekadaver jäh aufgehalten wird, daß ein allgemeines Stocken beginnt, durch die rauchende Dorfstraße hetzen, dann prasseln die stürzenden Ziegel um sie her, dann streifen verkohlte Balken dicht an den Pferdenasen vorbei, daß die geängstigten Tiere sich wie rasend gebärden.

Jetzt stürzt ein Pferd, zerreißt die Stränge, liegt mit wildschlagenden Hufen. Ringsherum heult und kracht es im Höllenkonzert.

Der Begleitmann des Fahrers, der mit aller Kraft den Rest

der Pferde zu bändigen sucht, springt eilends vom Wagen, ist schon bei dem gefallenen Tier. Dort, am braunen Halse erglänzt rotes Blut. Ein handbreiter Riß von einem Granatsplitter klafft tief. Da ist nicht mehr zu helfen.

Aber sie müssen weiterkommen.

Der Begleiter hat schon die Pistole an den Schädel des treuen Pferdes gesetzt, drückt ab. Wenige Griffe befreien das Gestränge von dem Kadaver. Er spannt um.

Neben dem Gefährt neigt sich unter dem schmetternden Schlag eines Treffers das Haus, das bislang noch unversehrt gestanden hat. Mehr der gewaltige Lärm seines Einsturzes als die klatschende Peitsche treibt die zitternden Gäule von neuem an.

Dort ist auch die Batteriestellung.

Stellung?

Sie erkennen nur noch traurige Eisenreste, so sehr zerhieb das feindliche Feuer die Geschütze.

Aus irgendwelchen Löchern hasten dunkle Gestalten herbei. Sie helfen schweigend, denn in dem ungeheuren Toben dieses Weltunterganges, den Menschen herbeiriefen, bleibt doch jedes Wort unverständlich. Keuchend schleppen sie die Granaten, häufen sie an verschiedenen Stellen, damit der Feind sie nicht mit einem Male aufflammen lassen kann.

Endlich ist die Arbeit getan.

„Wo bleiben die angeforderten Geschütze?" zürnt der Wachtmeister, der an Stelle des gefallenen Batterieführers das Kommando hat. Er brüllt es fordernd dem Kolonnenführer ins Ohr.

Der zeigt mit dem Peitschenstiel rückwärts: „Sie müssen dicht hinter uns fertig geworden sein. Die Nachricht ereilte uns sehr spät. Vielleicht kommen sie jeden Augenblick."

Plötzlich ist heller Flammenbrand um sie alle her.

„Fort!" schreit der Batterieführer in höchster Not. Er hat selbst mit verzweifelter Kraft die Pferdeköpfe herumgerissen.

Der Fahrer ist schon aufgesprungen, haut auf die tobenden Gäule, denn er hat begriffen.

Der Feuerschein wird stärker und stärker. Er bricht aus dem einen Munitionsstapel, den ein Einschlag entzündete. Alles tobt in wilder Flucht davon.

Und dann explodiert Granate nach Granate und läßt ihre Splitter surren. Alles wird zerspringen, was eben gerade unter Einsatz der letzten Kraft, mit Schweiß und blutigen Verlusten bis hierher gebracht worden ist.

Aus der feuerspeienden Nacht kommt ein wilder Schrei. „Verdammt, sie haben ein Munitionsdepot getroffen!"

Es ist ein ächzender Trupp Infanteristen, der schwer bepackt durch das Trommelfeuer nach vorne strebt, den kämpfenden Kameraden Lebensmittel und Handgranaten zu bringen.

„Alles mir nach!" schreit die gleiche Stimme noch einmal und mit höchster Anstrengung, daß niemand mehr im Zweifel sein kann, daß es hier um das Leben geht.

Von dem stundenlangen Marsch, der angstvollen Hetze durch die Feuerzone schon bis aufs äußerste mitgenommen, vermag der Trupp kaum mehr Atem herzugeben. Es ist nur ein sehr mühseliger, tolpatschiger Trott, den das nahe Unheil, das sie fast schon zu verschlingen droht, ihnen noch abnötigt.

„Ich kann nicht mehr!" schreit es jammernd auf. Eine dunkle Gestalt stürzt sich aus der Reihe, fällt seufzend in das Gras und ist in der dunklen Nacht schon nicht mehr zu erkennen.

„Weiter, weiter!" befiehlt der Truppführer. Denn noch sind sie aus der Gefahrenzone nicht heraus, wenn auch keiner weiß, in welches neue und sichere Verderben sie hineinrennen.

Hinter einem Hang, der notdürftig Deckung verheißt, wenn auch die großen, frischen Trichter in der Runde höhnisch von etwas anderem wissen, befiehlt der Unteroffizier zu halten. Er zählt die Männer. Es sind nur noch acht. Fast die Hälfte nahm ihm der Weg, vermißt — verwundet — tot.

Es ist eine Rast mitten im Feuerorkan, der um so unheimlicher auf alle Sinne einwirkt, als er die Nacht sich zum schützenden Mantel nahm. Ihn aber malt er gut mit roten und gelben und weißen Farbenlohen.

„Wenn das nur gut geht!" orakelt einer der Infanteristen bedenklich und holt eine Zigarette hervor.

„Maul halten", knurrt der Nachbar, „oder merkst du noch immer nicht, daß es schief geht?"

„Na, na", beruhigt der erste wieder, „ich kann doch nichts dafür, und es kommen auch wieder bessere Zeiten." Er hat die Zigarette in Brand gesetzt, daß die Spitze bei jedem Zug wie ein Glühwürmchen aufleuchtet.

Der Truppführer bemerkt es. „Wollt ihr uns das Feuer auf den Hals ziehen, ihr Schafsköpfe!"

„Na, davon kann doch keine Rede sein, Herr Unteroffizier", bemerkt der Raucher gemütlich. „Ich meine, sie schießen schon wacker genug."

„Eigentlich haben Sie recht", lacht der Truppführer zurück und ist sichtlich erleichtert. Denn er setzt seufzend den Helm ab, in dessen Lederfutter er sein eigenes Rauchzeug barg, entzündet sich nun selbst den Glimmstengel. „Ah!" Es ist ein Ton tiefster Befriedigung, der sich ihm entringt.

Sie liegen gerade noch außerhalb des Splitterradius, in dessen Mittelpunkt die rotgelbe Flamme aus dem getroffenen Munitionsdepot steil gen Himmel bleckt. Aber sie ist schon schwächer geworden.

Das bemerken auch die Artilleristen aus ihren kärglichen Verstecken, die sie nur einigermaßen vor Splitterwirkung zu schützen vermögen. Der Batterieführer holt sie zusammen, indem er von Loch zu Loch springt und brüllt:

„Batterie wieder antreten, die Geschütze kommen!"

Sein gutes Ohr hat Pferdegetrappel vernommen, das sich ihnen rasch nähert. Daß es die sehnlichst erwarteten Kanonen sind, kann er nur vermuten.

Aber sie sind es.

Ein Leutnant, der gestern von Urlaub zurückgerufen wurde, führt sie. Er wird jetzt auch die Batterie übernehmen.

„Die Bombers sind schon wieder an der Arbeit", stellt am Hange der Infanterie-Truppführer fest. Er mahnt zum Aufbruch, denn die Zigarette nähert sich dem Ende.

Das brennende Munitionsdepot hat seine letzte Granate in die Lüfte geschleudert, die noch ein Pferd der ankommenden Protzen verwundet. Dann sinkt die steile Flamme in sich zusammen.

Neue Kanonen pflanzen sich breit auf das freie, narbenzerrissene Feld, mit den zertrümmerten traben die Protzen davon.

„Achtung, Sperrfeuer!" schreit der Leuchtsignalposten mahnend.

Der Leutnant springt vor: „Achtung, erstes, zweites, drittes Geschütz feuern!"

Schuß auf Schuß kracht aus den Rohren. Sie arbeiten fieberhaft.

„Nun wird's hier mulmig", erklärt der Infanterie-Unteroffizier am Hange. „Wir wollen weiter!"

Schon heulen dicht über die Köpfe der Rastenden hinweg die Lagen der feindlichen Artillerie, die die neu erstandenen deutschen Geschütze sucht.

Bepackt mit Sandsäcken, die schwer am Halse herunterhängen, in denen Selterswasserflaschen leise aneinanderklingen, das Koppel dicht bei dicht mit Handgranaten bestecht, in den Händen wieder Säcke, die mit Konserven und Brot gefüllt sind, so marschiert der Trägertrupp stolpernd, fluchend, aber dennoch unbeirrt immer tiefer in das Feuermeer hinein.

Nur Wenige sind es, die heil das Ziel erreichen. Aber die Freude der hungernden Kameraden ist mehr als Königsdank.

„Was soll das?" fragt mich der Rittmeister mürrisch und reicht mir einen Lichtspruch. „Das Regiment schlägt vor, die Höhle zu räumen? Was halten Sie davon?"

„Daß wir diesem Vorschlage, so gut er auch gemeint ist, nicht folgen werden. Sollte rechts von uns ein Einbruch erfolgen, bleibt Beauregard die einzige Bastion weit und breit, an der sich ein neuer Widerstand aufranken kann. Das Regiment hält den Astahang hinter uns als neuen Gefechtsstand für geeignet Nun, wenn wir uns verkriechen und im übrigen ausgeschaltet sein wollen, haben die an der Many-Ferme recht."

„Sind die Liegnitzer Grenadiere schon von dem Befehl zum Abrücken an den Hang in Kenntnis gesetzt?"

„Die ersten Trupps verlassen eben die Höhle. Diese scheinbare Schwächung unserer Gefechtskraft dient im übrigen nur ihrer Stärke, falls wir direkt eingreifen müssen. Es saß hier zu viel herum, einer hinderte den andern. Auf ein paar wenige Entschlossene wird es aber nachher ankommen."

Der Rittmeister blickt mich schweigend an. „Sie sprechen als wäre die vorderste Stellung schon verloren. Haben wir nicht Reif und die brave zwölfte Kompanie?" bricht er jetzt los.

Ich zucke die Achseln. „Noch haben wir sie", entgegne ich langsam. „Die letzten Ereignisse bei unsern Nachbarn machen mich auf alles gefaßt. Als Reif gestern persönlich den Anschluß mit ihnen hergestellt hatte, traf dort ein Volltreffer den ganzen Kompagniestab. Das ist ein Unglück, das jeder widerstandslos über sich ergehen lassen muß. Aber daß der dortige K.T.K. erst sechs Stunden später davon erfuhr und dann erst bei uns nachfragte, statt sofort selbst die Sache in die Hand zu nehmen, gibt uns das Recht, für alles Vorkehrungen zu treffen. Wenn nun um diese Zeit schon der Angriff erfolgt wäre? Reif hat genug mit sich zu tun, als daß er noch über dem fremden Abschnitt wachen kann. Zur Zeit soll, wie er meldet, dort alles wieder in Ordnung sein. Ein tüchtiger Vize führt die Kompanie."

„Meldung vom Nachbarabschnitt Malepartus", der Lichtsignalist hat sich vor uns aufgebaut, reicht den Zettel. Gespannt lauscht der Rittmeister.

Ich lese: „Das Maschinengewehrnest an der S-Schleife erneut durch Volltreffer erledigt. Leutnant v. Vitzthum gefallen. Vordere Gräben und Unterstände eingeebnet, sichere durch Patrouillen. Gezeichnet Bataillon Geest."

„Vitzthum?" fragt der Kommandeur zerstreut. „Das war doch der Kleine, Zierliche, der bei Leutnant v. Lücken Zugführer war?"

„Jawohl", gebe ich still zurück und denke an jenen Nachmittag vor zwei Monaten, als ich Lücken, Osten, Vitzthum und den anderen von der Stellung hier berichtete.

Der Rittmeister hat sich erhoben, schnallt sein Koppel um und nimmt die Gasmaske. „Ich gehe in Stellung."

„Ich mit!"

„Sie bleiben hier", befiehlt er. „Soll der Gefechtsstand verwaist stehen?"

„Aber vielleicht ist es besser, wenn ich statt Ihrer ...?"

Der Rittmeister lächelt. „Sie trauen meinen Westerfahrungen noch immer nicht ganz?" Er schweigt einen Augenblick, lauscht auf den Höllenlärm, der um die Höhle kracht. „Man lernt das Pirschen schneller, als man denkt. Haben Sie für die Kompanien etwas Besonderes?"

„Die Verbindung der Elften nach rechts", sage ich schnell, „alles dreht sich um diese Verbindung."

Langsam kriecht der Rittmeister den Höhlenausgang hinauf. Unter jedem Tritt fallen Sand und Kalk nach. Der einst geräumige Zugang läßt heute gerade noch einen Mann durch, wenn er sich schlank genug hält. Die Reitergestalt des Rittmeisters ist ihm genehm.

Ich ringe mit mir, ob ich trotz des Verbotes nachfolgen soll. Aber der Kommandeur hat recht. Wer soll die Befehle entgegennehmen oder jeder Zeit notwendig werdende erteilen, wenn wir beide fehlen! Meine Zeit wird kommen, das weiß ich schaudernd. Denn nur dann kann sie fruchtbar werden, wenn die Schlacht an uns hier gelangt. Das aber hieße ... Ich will nicht daran denken!

Kaum hat er das Freie betreten, so wirft den Kommandeur ein wohlgezielter Schuß mehrere Meter seitwärts. Den fast im Lehm Begrabenen befreit der Melder, der ihn begleitet. Der Mann ist durch einen Splitter leicht an der Hand verwundet worden, die stark blutet. Gelassen windet er einen schmutzigen Lappen darum, der ihm wohl als Schnupftuch dient, und ist mit dem Befehl des Rittmeisters, sofort zur Höhle zurückzukehren, nicht einverstanden. Er denkt an den meinen, der ihm auftrug, den Kommandeur nicht aus den Augen zu lassen. Den rührt auch die Treue des Füsiliers, und er gibt schließlich nach, zumal für Auseinandersetzungen in dem wogenden Lärm der Artillerien kaum Gelegenheit ist.

Wie gut es ist, daß er nicht ohne Begleitung seinen Streifzug fortsetzt, bemerkt der Rittmeister bald.

So sehr verwandelt ist die ganze Landschaft, die einst von Bäumen und Gras belebt war, wo jede Anhöhe ihren Namen besaß und jede Bodenschwellung zum Richtpunkt diente, daß ein ganz anderes und furchtbares Antlitz entstanden ist, dessen grausige Züge der Rittmeister nicht mehr zu durchdringen vermag. Wo blieben die Gräben, die Drahtreihen, die den Abschnitt der elften Kompanie vor jeder Umgehung zur Rechten schützen sollten? Nichts mehr ist übrig von einer monatelangen Arbeit, hinter die er Wille und Eifer gesetzt hat mit jedem Mann des Bataillons, — als hinge das Reich davon ab. Sie trommelten es zusammen. Was soll nun werden, wenn ...?

Der Gedanke läßt ihn nicht mehr los.

Er achtet kaum der Einschläge, die ihn umkreisen, hastet voraus, wo irgendwo in Trichtern die Elfte liegen muß, hält erst inne, als der Melder ihn warnend am Arm packt:

„Nicht dort hinaus!"

Ach ja, sie sind schon im ersten Graben. Fast wäre er dem Franzmann geradeswegs in die Hände gelaufen. Aber man kennt sich auch nicht mehr aus. Wo einst die kleine Höhe sich erhob — er kann darauf schwören, daß es hier gewesen sein muß, — ist alles in ein tiefes Tal verwandelt, durch die Geschosse abgetragen, die Lehm und Sand und Steine hochaufwirbelten, davonschleppten, daß nun alles Höhe ist oder Tal, Totenlandschaft, Feuerhölle, Inferno aus Nacht und Flammen.

Im ersten Graben?

Das, was einst Graben war! Aber noch haben sie nicht einen einzigen Mann der Elften angetroffen seit ihrem Hetzweg von der Höhe, die hinter ihnen in Rauchfahnen schwimmt.

Den Rittmeister beschleicht ein tödliches Bangen. „Wo bleibt denn die Kompanie?" schreit er auf.

Der Melder zeigt stumm. Der Mann muß Augen haben wie

ein Indianer. So sehr sich der Rittmeister auch bemüht, bedarf es einiger Zeit, ehe er die kleinen, schwarzen Punkte gewahren kann, die an Trichterrändern unbeweglich kleben, lauernd, schweigsam.

Nun steuern sie darauf zu.

Da erst kommt Bewegung in die stummen Männer. Ihre Gesichter sind von Dreck und Pulverdampf verschmiert, daß man die Züge darin nicht mehr erkennt. Erst eine Stimme läßt den Rittmeister aufmerken. Nun weiß er. Es ist der Unteroffizier, der den ersten Zug führt.

"Alles in Ordnung", meldet der Führer kurz. "Auch die Verbindung nach rechts klappt endlich. Sie liegen dort in gleicher Höhe. Unsere M. G. sind noch intakt." Er schmunzelt befriedigt. "Wenn sie bald kommen, werden wir sie haben."

Dem Rittmeister fällt ein Stein vom Herzen. Er beschließt, dem Adjutanten wegen seines Pessimismus die Leviten zu lesen. Aber nein, Vorsicht ist schließlich kein militärisches Manko, vor allem, wenn man die Persönlichkeiten, die sie üben, in Betracht zieht.

"Wo ist Leutnant Reif?" fragt der Kommandeur.

Der Zugführer hat ein frohes Leuchten im Gesicht. "Überall und nirgends", sagt er stolz. "Unser Leutnant gönnt sich keine Ruhe mehr und hat geschworen, den Abschnitt ganz allein zu halten, wenn es sein muß. An der Somme ist es schon einmal ähnlich gewesen. Da war alles futsch, nur Leutnant Reif mit seinem M. G. stand noch da, ganze zwölf Stunden lang, bis endlich der Gegenstoß kam. Ich war auch dabei", vollendet er bescheiden, ohne noch etwas hinzuzufügen.

Ein naher Einschlag zwingt die Gruppe, die Köpfe tiefer zu ziehen. Als der Rauch sich langsam entnebelt, kommt es durch ihn angesetzt. Übermütiges Lachen schallt auf und wirkt in seinem Gegensatz zu dem Pfeifen und Surren und Krachen ringsum so erfrischend gesund, daß dem Rittmeister das erste Mal in diesen Tagen das Herz höher, freudiger schlägt.

"'n Morgen, Herr Rittmeister", sagt Leutnant Reif. Kaum daß er die Sohle des Trichterrandes berührt, bemüht er sich, trotz der unebenen Lage eine militärische Haltung zu finden.

„Elfte Kompanie mit noch fünfzig Gewehren hält den Abschnitt Danzig!"

Der Rittmeister drückt dem Jungen die Hand.

„Ich sehe, Sie haben sich ihren Humor bewahrt, lieber Reif, und ihre Männer auch, wie ich schon feststellen konnte. Was aber erweckte so Ihre Freude?"

„Wir haben eben den Schangels einen Streich gespielt, den sie nicht so bald vergessen werden", berichtet Reif voll Eifer. „Sie glauben nämlich schon wieder, sie hätten uns ganz und gar aus dem ersten Graben herausgeschossen. Da paßten wir auf, bis wieder eine Stoßgruppe von ihnen vordrang, so hübsch in der Mitte, daß wir sie von beiden Seiten mit Handgranaten zudecken konnten. Keiner ist entwischt."

„Und Ihr rechter Nachbar?" fragt der Rittmeister.

„Alles in Ordnung, wenn sie auch leider den Kompagnieführer abschossen. Deshalb riß der Wirrwarr dort ein. Aber wir geben schon acht, und wenn es zum Ärgsten kommt, meldet sich mein Erdtelegraph. Dann kann die Zehnte mir vielleicht wieder Luft schaffen."

„Wann aber werden sie endlich angreifen?" Der Rittmeister stellt die Frage, die Tausende beschäftigt den ganzen feuerspeienden Chemin des Dames entlang, auf dem die feindliche Artillerieübermacht langsam alles deutsche Leben vernichtet.

„Morgen früh!" entgegnet Reif so bestimmt, daß der Kommandeur sich erstaunt. „Es ist kein Zweifel mehr," fährt er fort, „denn die Gräben drüben füllen sich immer mehr. Meine guten Augen lassen mich nicht im Stich. Auch die Gefangenenaussagen stimmen damit überein."

Noch einmal, zum Abschied, reicht der Rittmeister dem Leutnant die Hand.

Reif winkt grüßend zurück, als der Kommandeur sich jetzt durch die Granatfontänen hindurch nach dem linken Abschnitt pirscht, wo die Zwölfte des Leutnants v. Boetticher unbeirrt ihre Linien hält.

Auch hier sind die Gräben eingeebnet, die Unterstände im vordersten Graben sämtlich verschüttet, den nur Patrouillen noch sichern. Der Steinbruch gar mußte vorerst völlig aufgegeben werden bis auf das M.G.-Nest, das die Flanke zu Reif hinüber sichert.

Der Rittmeister wird freudig begrüßt. Man tauscht seine Ansichten aus. Auch der Führer der Zwölften rechnet für den kommenden Morgen mit dem Angriff.

„Aber die Höhle, Herr Rittmeister?"

Er weist nach hinten, wo eine schwarze Rauchwolke untrüglich das Plateau von Beauregard anzeigt. „Will man sie nach dem furchtbaren Durchschuß nicht räumen?"

„Ausgeschlossen, solange der letzte Stein hält", versichert der Kommandeur.

Leutnant v. Boetticher ist erleichtert. „Beten wir also, daß er's tut", spricht er ernst. „Wir möchten hier ungern das Rückgrad vermissen, das der feste Platz uns gibt."

Als der Kommandeur seine Anweisungen erteilt hat und im übrigen feststellen konnte, daß auch hier die Füsiliere voller Zuversicht den Ereignissen entgegensehen und nur den einen Wunsch hegen, daß sie bald eintreten möchten, entschließt er sich zum Aufbruch.

Es ist ein ungünstiger Augenblick. Aber weiß man, ob ihm nicht noch schlimmere folgen werden? Das zunehmende Feuer verkündet den nahenden Abend —, die zweite Nacht zieht auf, seitdem wir schon auf den Angriff warten. Die Höhle vor allem bleibt mit allen Kalibern eingedeckt.

„Waidmannsheil!" sagt der Leutnant v. Boetticher, als sich der Rittmeister verabschiedet, und trägt Grüße an mich auf. „Er ist doch gewiß oben auf?"

„Im Gegenteil, er sieht mir zu schwarz", erwidert der Rittmeister zukunftsfroh. Der Eindruck, den die unerschütterlich haltenden Füsiliere seinem sorgenden Herzen schenkten, die im ewigen Kampf mit dem Trommelfeuer nicht nachgelassen haben, ist noch so frisch in ihm, daß er an den sicheren Sieg glaubt.

Leutnant v. Boetticher schweigt. Er denkt nach. Dann zuckt

er die Achseln. „Von dieser Seite kenne ich ihn nicht. Er hat wohl seine guten Gründe...."

„Ich kann ihm beste Nachricht überbringen", wirft der Kommandeur ein. „Reif selbst beruhigte mich. Aber nun endlich: auf Wiedersehen!"

Der kurze Weg, der sonst vielleicht sechs Minuten erfordert hätte, beansprucht durch das Harren vor den Feuerriegeln, durch die notwendigen Umwege, die die Granaten vorschreiben, fast eine Stunde, ehe der Rittmeister endlich wieder die Höhle erreicht, von der der Feind nach wie vor jeden Verkehr fernzuhalten sucht.

Seine Nachrichten erfreuen mich durchaus. Voller Befriedigung vernehme ich auch, daß der Rittmeister unsere Neunte, die als Regimentsreserve rechts von uns in gleicher Höhe am Hange liegt, nicht mehr aufgesucht hat. So schlägt er mir es denn nicht ab, als ich nun mich selbst für diese Aufgabe anbiete.

Auch der Weg zur Neunten ist in ruhigen Zeiten nur kurz. Ich habe wenig Lust, ihn länger auszudehnen, als notwendig ist. Daß der Rittmeister mich zu Pieske gehen ließ, heißt Glück. Ich will es ausnutzen.

In einem kurzen Stollen am Hange finde ich den Führer der Neunten. Ich warte die Sprengwirkung der Schweren noch geruhsam ab, ehe ich aus meiner Sandnische, die höchst ungemütlich ist, durch den frischen Trichter in den Eingang stolpere.

„Nun, holder Knabe?" unterbricht Pieske die tiefsinnige Betrachtung seiner Stellungskarte. „Welche ungewöhnlichen Ereignisse verschaffen mir die hohe Ehre?"

„Vielleicht dieses, daß du noch nicht verwundet bist", stehe ich lachend Antwort.

Pieske ist nicht böse. „Immer die alten Witze! Aber, Hand aufs Herz, ein ehrenvoller Heimatschuß hat noch niemanden gereut."

„Bloß ein bißchen spät", stelle ich fest. „Wenn man so den Rückweg bedenkt, Mensch, das sind die reinsten Promenadenwege für Fettleibige."

Pieske schiebt mir den Trinkbecher herüber. „Ein Rest Kaffee ist noch drin, kannst ihn nach dem Marsch brauchen. Ich habe noch eine kleine Reserve, und zur Not helft ihr Höhlenbewohner ja aus." Er blickt mit schiefgelegtem Kopfe erwartungsvoll mich an: „Also was gibt es?"

„Ehe ich rede: Wie steht es bei unsern rechten Nachbarn, in denen du ja mitten drin sitzt?"

Pieske nickt beruhigt: „Dachte ich's mir doch, das also ist's. Nun," er spricht es schnell, „tun wir also, als ob wir allein den ganzen Mist zu machen haben!"

Ich blicke zur Seite, wo die Melder hocken. Sie dreschen einen Skat und lassen sich nicht stören, wenn auch die ewigen Einschläge eine unermüdliche Bedienung der fort und fort verlöschenden Leuchte notwendig machen.

„Vor den Jungens kannst du ruhig reden", fährt Pieske gelassen fort. „Die sind doch nicht von Dummsdorf, und ihr gesundes Selbstbewußtsein hat noch keinen Knax bekommen. Nee, es ist halt so, diese geradezu gottsjämmerliche Schießerei, bei der kein Heldenauge trocken bleibt, hat unserm Herrn Nachbar-K.T.K. ein wenig den Verstand verwirrt, sofern jemals was davon vorhanden gewesen ist. Im übrigen haben die Leute besonderes Pech, aber dafür einen guten Willen. Was kann man machen?"

„Vor allem: ernst sein, mein Lieber", nicke ich. „Aller Voraussicht nach greifen sie morgen an."

„Hoffentlich, denn es wird Zeit", brummt Pieske grimmig.

„Deine Aufgabe bleibt Schutz der rechten Flanke. Ich habe nun den Eindruck, daß diese Flanke sehr ausgedehnt werden kann. Zwar sollst du nur auf Regimentsbefehl handeln. Ich glaube aber, daß der Franzmann via unsere Nachbarn über dir ist, ehe die an der Many-Ferme überhaupt wissen können, was die Uhr geschlagen hat. Also..."

„Also!" sagt Pieske und pafft den Rauch seiner Zigarette mir gerade ins Gesicht. „Du kannst dich schon auf uns verlassen, mein Alter."

„Das wollte ich nur wissen", erwidere ich ruhig und rüste mich zum Gehen. „Wir sehen uns wohl irgendwo in der Schlacht?"

„Will's meinen, am rechten Ort," Pieske begleitet mich bis zum Ausgange, „und wenn du mir einen Gefallen tun willst, dann nimm den oberen Hangpfad. Auf dem anderen schossen sie mir schon vier Leute ab."

Ich bin schon hinaus. Pieske hat recht gehabt. In verhältnismäßiger Sicherheit kann ich den Weg zur Höhle zurücklegen. Nur vor ihrem Eingang bedarf es einer längeren Zeit, um den rechten Augenblick zum Einschlupf abzupassen.

Gegen Abend erhebt sich das Feuer allerorten wieder zu ungeahnter Stärke.

Die Höhle, aus deren zerschossenem Südteil wir die Toten vor den Eingang getragen haben, der dort ein schauerliches Bild bietet, wankt und zittert in allen Fugen. Unentwegt treibe ich die Männer an, die sich schließenden Ausgänge wieder freizulegen. Das ist kein ungefährliches Geschäft und scheint zudem eine Danaidenarbeit zu sein. Denn kaum geöffnet, schließen neue Schüsse sie abermals.

Aber es muß sein, wenn der kommende Morgen uns gerüstet finden soll.

Der Schlaf ist in diesen Tagen selten. Er wird genommen irgendwann für zwanzig Minuten, wenn die Lage es gestattet und der todmüde Leib aufbegehrt. Dann versinkt das Ich in einen bodenlosen Abgrund, aus dem das Emportauchen so jäh erfolgt, daß man sich die Augen reibt und fragt:

„Was ist?"

„Meldung vom rechten Nachbar-K.T.K. Der Feind ist in seine ersten Gräben eingedrungen. Er bittet um nähere Aufklärung, wie es bei Beauregard steht, damit er den Gegenstoß ansetzen kann."

Ich bin aufgesprungen. Ein Blick auf die Armbanduhr belehrt mich, daß es erst zehn Uhr abends ist. Ich habe also nur fünfzehn Minuten geschlafen, fühle mich aber frisch wie am Morgen. Was ist das für eine Sache, daß sie sich drüben herausschließen ließen?

Der Rittmeister zerrt nervös an der Meldekarte, die die Hiobspost enthält.

„Da ist wenig zu machen", sage ich überlegend. „Richten wir uns auf das Schlimmste ein, dann können wir der Sache wohl noch die Spitze abbiegen. Die Materialverschwendung der Franzosen macht sich belohnt."

„Und Reif?"

Ich habe schon geschrieben und für die Elfte eine kurze Orientierung über die neue Lage entworfen.

„Darf ich selbst ....?"

„Nein", sagt der Rittmeister, „ich brauche Sie dringend hier. Cholewa her!" Der Gefreite erscheint. „Noch ein zweiter Mann fertig machen, sofort zu Leutnant Reif!"

Cholewa nimmt den Befehl, verschwindet.

„In einer halben Stunde können wir Bescheid haben?"

Ich setze die Unterhaltung fort. „Reif hält noch, sonst hätten wir längst von ihm Nachricht. Aber auch die Neunte muß Bescheid bekommen. Ich schlage vor, daß sie ständige Läufer sowohl bei dem K. T. K. als auch der rechten Nachbarkompanie unterhält. Damit haben wir die Übersicht, die wir brauchen."

Der Kommandeur nickt und unterschreibt den Befehl.

Das Feuer draußen trommelt unentwegt weiter.

Der Ordonnanzoffizier kehrt von seinem Postenrundgang zurück. Er ist tief erschöpft. Das Wasser rinnt ihm in Strömen unter dem Stahlhelm hervor. Er reißt ihn ab und läßt sich atemholend am Tische nieder.

„Nun, K.?" frage ich.

„Prachtvoll!" entgegnet der Leutnant und schüttelt sich. „Das ist der wahre Hexentanz draußen. Im Dunkel versah ich mich des Weges und kam zwischen die Leichen des Durchschusses, die wir am Südausgang aufgestapelt haben. Der Luftdruck haute mich mitten hinein, — brrrh!"

Wir antworten nicht.

„Sollen wir nicht durch Erdtelegraph anfragen?" drängt der Rittmeister.

„Damit die Franzosen es abfangen", wehre ich ab. „Noch

sind keine zwanzig Minuten vergangen. Cholewa kann noch nicht durchgekommen sein."

Die ewigen Fragen des Kommandeurs ermüden und martern zugleich. Ich winke K., wir lassen ihn allein, wandern durch die Höhle, bleiben dort und hier stehen, wo sie in kleinen Gruppen zusammenkauern und stumpfsinnig warten, — warten.

"Habt Ihr denn keine Spielkarten?" wende ich mich an die Leute der Zehnten. "Sonst solltet Ihr schlafen!"

"Es ist besser, daß wir das später abmachen, Herr Leutnant", kommt die Antwort. "Man hat keine Ruhe mehr."

"Dann muß man sie sich gewaltsam herbeiholen", empfehle ich. "Seht den Moritz dort an," ich weise in eine dunkle Ecke, aus der ein Schnarchen friedlich und unaufhaltsam ertönt, "der hat's erfaßt."

"Den bringt auch nichts aus der Ruhe," lachen sie zurück, "er verpennt noch den ganzen Angriff, wenn wir ihn nicht auf die Beine bringen."

Der Verwundetenraum ist zum Glück in der vergangenen Nacht durch die aufopferungsvolle Arbeit der Sanitätskompanie geleert worden. Nun ist wieder etwas Platz vorhanden. Wir finden den Doktor neben seiner Karbidleuchte zeitunglesend. Auch er kann nicht schlafen.

Wir begrüßen uns stumm. Es ist schwer, mit dem stillen, feinen Mann in ein Gespräch zu kommen. Aber dennoch drängt es ihn, über die allgemeine Lage etwas zu erfahren.

Ich erkläre ihm das Nötige und sehe keine Veranlassung, sie besonders schwarz zu malen. Die Sorgen sind Sache der Kämpfer. Die blutige Arbeit des Arztes ist schwer genug.

Als ich danach meine Schritte zum Südteil lenke, der gestern durchschossen wurde, hält K. mich zurück: "Sie hauen jetzt gerade wieder wie verteufelt in diese Ecke. Wenn Sie nichts Besonderes vorhaben...?"

Aber das habe ich. Denn mir ist eingefallen, daß von dieser Seite aus die Abwehr eines Frontalangriffes von besonderem Vorteil für uns sein kann. Darum will ich die Örtlichkeit noch einmal in Augenschein nehmen.

Es ist so, wie ich erwartet habe. Das seit gestern nicht einen Augenblick verstummende Feuer hat in dem Unheilsraum noch mehr Risse und Spalten entstehen lassen. Zwar sind die eigentlichen Ausgänge so gut wie verschüttet, dafür öffneten sich einige neue Luken feindwärts, die für eine M. G.-Besatzung wie geschaffen sind.

Wir kriechen über das Geröll, die Felsen und Balken, nur von dem Licht unserer Taschenlampen geführt. Denn außer uns ist niemand mehr in dem gefährdeten Teil.

Plötzlich brüllt ein Donnerkrachen in die Luken hinein, wir sausen mit den Köpfen auf das harte Gestein, daß wir sie eben noch mit den Händen schützen können.

„Prachtvoll," sagt K., „aber ich schlage doch vor, es wie Knopp zu tun und diesen Ort schleunigst zu verlassen."

„Wir werden ihn bald wiedersehen", setze ich ahnungsvoll hinzu. „Im übrigen haben Sie recht."

Der Kommandeur empfängt uns mit Ungeduld. „Noch immer keine Nachricht von Reif?"

Ich mache eine verneinende Bewegung. Eine Stunde ist jetzt schon vergangen, seitdem Cholewa die Höhle verließ. Dann suche ich die Feldflasche um einen Rest Obstbranntwein zu betrügen. „Prost!" sage ich.

Das Schweigen des Kommandeurs martert jetzt mehr als das Warten. Für lustige Geschichten, wie K. und ich sie in Gang zu bringen versuchen, hat er keinen Sinn mehr. Aber von der Schlacht zu sprechen, zum hundertsten Male zu erwägen, ob auch alles getan sei, ist noch weniger für uns.

Endlich geht auch dies vorüber. Wie in Wasser getaucht von der Anstrengung des Streifganges kommt Cholewa zurück und hat gute Nachrichten von der Elften, jedenfalls was ihre eigene Stellung betrifft, die noch immer völlig in ihrer Hand ist. Die Verbindung mit dem rechten Nachbar allerdings reiße immer wieder ab, aber Reif will mit seinen Versuchen nicht nachlassen und uns noch genauen Bescheid zuschicken.

Das ist viel und doch nicht viel. Wir können nicht mehr tun, als wieder warten.

Das Feuer draußen zeigt deutlich an, daß es seine letzte Kraft hergeben will, — vor dem Sturm.

Ich bin so ruhig, wie noch nie in diesen Tagen. Die Entscheidung reift heran. Nun wird bald nichts Halbes und Ungewisses mehr sein.

Der Rittmeister stützt sorgenvoll das Haupt und blickt tiefsinnig. „Wollen wir nicht noch — — können wir vielleicht ... ?"

„Wir können uns jetzt hinhauen," sage ich rauh, „denn ich glaube, in den nächsten vierundzwanzig Stunden wird die Zeit dazu fehlen."

„Ich kann nicht schlafen", klagt der Kommandeur.

Das ist seine Sache. K. und ich wenigstens ziehen uns zurück. Denn auch der Ordonnanzoffizier, der tagsüber die M. G.s Nester des Abschnittes abgegangen ist, fühlt sich hundemüde.

Wir haben in der Tat auch gut geschlafen, zwei Stunden höchstens, aber sie gaben genug Kraft. Als mich mein Niedersachse derb am Arm rüttelt, bedarf es für ihn keiner großen Ermahnungen, sondern ich fahre kerzengerade hoch und bin auch sofort im Bild, als ich Omschatz, Reifs treuen Burschen, vor mir sehe.

„Es ist man so, Herr Leutnant," meldet er mit treuherzigem Augenaufschlag, „daß mit denen rechts mal Verbindung da ist, mal wieder keine. Eine faule Gesellschaft, sagt der Leutnant, denn mehr Zunder als wir kriegen die da auch nicht. Aber das Bataillon soll sich nur keine Sorgen machen, die Elfte schafft es schon, meint Leutnant Reif, und wird sich vorsehen."

„Es ist gut, Omschatz," gebe ich zurück, „und nun stärken Sie sich erst einmal, solange ich die Meldung des Leutnants lese."

Das läßt sich die Ordonnanz nicht zweimal sagen und greift nach der mit Butter nicht gerade üppig bestrichenen Kommißbrotscheibe, die der Niedersachse mir schon am Abend hingestellt hat und die noch unberührt geblieben ist.

Während ich lese und dabei nicht mehr erfahre, als was Omschatz mir schon mündlich ausgerichtet hat, läßt der Füsilier ein vergnügtes Lachen hören.

„Wenn Herr Leutnant so richtigen Kohldampf haben, dann

müssen Sie zu uns kommen. Wir haben uns von den abgeschossenen Schangels schon ein ganz hübsches Depot von Weißbrot und Konserven angelegt, Schweinefleisch extra fein und Corned beef, Donnerwetter. Der Leutnant hat gesagt, das muß alles diese Nacht noch weggeputzt werden, weil man doch nicht wissen kann, was morgen kommt."

„Nein, das weiß man nicht", erwidere ich wie abwesend und starre auf das Blatt Papier, raffe mich endlich, rufe einen Melder. „Schläft der Rittmeister?" frage ich den Füsilier.

„Er hat sich vor fünf Minuten hingelegt", gibt der Angeredete zurück. Da steht es für mich fest, den Kommandeur nicht mehr zu wecken, der bald alle seine Kräfte beisammen haben muß.

Ich schreibe hastig. Omschatz sitzt neben mir und schleckt jetzt Kaffee. Ich schiebe ihm die Zigarettenschachtel hinüber.

„Damit steht's jetzt knapp bei uns", meint er ehrlich.

„Dann nehmen Sie sie ganz mit und laßt sie euch gut schmecken." Ich habe noch drei in Reserve.

Aufmerksam überfliege ich mein Geschreibsel:

„Abschnitt Beauregard hält nach wie vor alle Stellungen. Verbindung zu Ihrer linken Flügelkompanie ist zeitweilig vorhanden, reißt aber fortwährend ab. Empfehle dortseits Aufklärung von seiten K. T. K. Laut hier eingegangener Mitteilung des Regiments Angriff schon kommenden Morgen wahrscheinlich. Beauregard befiehlt höchste Gefechtsbereitschaft."

„Sofort zum K. T. K. Astahang", befehle ich. Da Omschatz nun genügend gekräftigt erscheint, ordne ich an, daß er einen Umweg über den Abschnitt der Zwölften nimmt und Ihr wie auch seiner Elften im Hinblick auf den erwarteten französischen Sturm den Befehl zur höchsten Gefechtsbereitschaft übermittelt.

Omschatz grinst beim Abschied: „Wir sind schon allemal bereit, Herr Leutnant!"

Aus der Ecke kommt ein Grollen. Der Ordonnanzoffizier hat den letzten Teil unseres Gespräches gehört, springt jetzt auf die Beine. „Was Neues?" fragt er.

Ich erkläre ihm kurz die Lage.

K. wiegt den Kopf. „Prachtvoll", sagt er mit Betonung, aber sie läßt nicht gerade ein Entzücken vermuten. Dann empfiehlt er mir, mich noch einmal aufs Ohr zu legen. Wir sollten abwechselnd wachen. Er könne jetzt sowieso nicht mehr schlafen.

Also gut. Ich ziehe die Decke über den Kopf, dusele allmählich wieder ein.

Um vier Uhr morgens, es kann erst eine halbe Stunde vergangen sein, weckt mich ein Lichtspruch vom Regiment an der Manny-Ferme aufs neue. Nochmals und auf Grund neuer Gefangenenaussagen rechnet das Regiment mit dem feindlichen Angriff mit Anbruch der Dämmerung.

A la bonheur! Wir sind nicht mehr wie Kinder, denen die Vorfreude den Schlaf vertreibt. Denn Freude verspüren wir insgesamt, so dreckig es auch um uns aussieht. Weil ein Ende bevorsteht, ein Würfelfall, der so oder so die angestrengten Nerven befreien muß.

Ich höre K.s gedämpfte Stimme auf dem Gange. Eine Stunde Zeit gebe ich mir noch. Der Wille zwingt es, sie zum Schlafe auszunutzen. Ich weiß, wie wertvoll solche Willensübungen sind.

Dann packt mich jäh ein unsanfter Griff bei den Schultern. Sofort bin ich aus der Tiefe eines traumlosen Schlafes an der Oberfläche des Bewußtseins aufgetaucht und schreie ins Gemach:

„Kommen sie?"

„Noch nicht," lacht jemand — es ist der Ordonnanzoffizier—, „aber bald. Ich habe den Eindruck, als ob das Feuer auf die Höhle nachläßt. Hören Sie ...?"

Schrumm! und Bumm! Schrumm! Bumm!

Eigentlich reicht es noch für eine Himmelsbeförderung, aber gegen sonst ist es allerdings ein Nachlassen. Man muß nur feine Ohren haben, um es herauszuhören. Ich nehme derweilen Koppel und Gasmaske und frage:

„Ist der Rittmeister hoch?"

„Er rappelt sich schon auf, und seine erste Frage war nach Ihnen und wie es mit der Elften steht."

Ich bin schnell bei dem Kommandeur und erstatte kurz Bericht. Er ist mit den getroffenen Maßnahmen einverstanden, aber meine Gründe, ihn nicht geweckt zu haben, will er nicht gelten lassen. Alle unnützen Reden darüber schneide ich mit dem einen kurz ab:

„Es ist soweit!"

„Was?" schreit der Rittmeister.

Ich ziehe die Uhr. Sie zeigt fünf Uhr dreißig Minuten morgens. Draußen muß schon die Dämmerung mählich im Anmarsch sein. Das Feuer auf die Höhle wird immer schwächer. Nur noch die Eingänge treffen regelmäßige Einschläge, deren Zwischenräume man aber wieder zu berechnen vermag, was bei dem Trommeln in den letzten Tagen nicht mehr möglich war.

„Der Angriff!" sage ich.

K. ist schon zum Höhlenausgang hin verschwunden. Ich wende mich an den Rittmeister:

„Sobald es soweit ist, gebe ich Bescheid."

Er nickt und ruft nach den Meldern, daß sie sich fertig machen. Ich selbst bin dem Ordonnanzoffizier nach.

K. steht noch am Ausgang und merkt auf den nächsten Schuß Er läßt länger auf sich warten, als wir gedacht haben. Da bleibt noch Zeit zur Verabredung, die draußen bei dem Feuer und im Zwielicht nur Schwierigkeiten machen kann. „Wir halten uns nach rechts an den kleinen Hang, oder wenn sie uns dort hinausschießen, drücken wir gegebenenfalls nach vorne durch, wo wir schon einen feuerarmen Raum finden werden."

K. neigt bejahend den Kopf. Wir haben beide Mützen auf, die uns für diese Erkundung bequemer dünken.

Da, — der Einschlag!

Wie die Wiesel klettern wir aufwärts, rasen zum Hange, mitten in eine einschlagende Schwere hinein. Aber ihre Nähe macht es, daß die Splitter über unsere dicht an den Lehm geschmiegten Leiber hinwegflattern.

„Prachtvoll!"

Tiefaufatmend sind wir wieder auf den Beinen, halten

schnell Umschau. Wirklich, je weiter es nach vorne geht, desto schwächer wird das Feuer. Wir laufen querfeldein, wenige Meter nur, und verharren in einem Trichter.

Hinter uns schweigt alles. Kein Artillerieschuß kommt von den Boves-Höhen. Sie werden sich alles für den Angriff aufsparen, denke ich.

„Halloh!" schreit K. laut auf.

Wir sind beide aufgesprungen, achten nicht mehr der sausenden Geschosse, die jetzt über unsere Köpfe rauschend ihre Bahn ziehen, schauen nur wie gebannt auf die Reihe von strahlend roten Leuchtkugeln, die sich jetzt vor uns, bei Reif, bei der Zwölften, überall mahnend erheben:

„Artillerie! Sperrfeuer schießen, Artillerie!"

Da sind auch unsere Pistolen hoch, verzischen die roten Patronen.

Immer wieder schießen die vorne, kaum dreihundert Meter von uns entfernt, ihre hilferufenden Leuchtzeichen.

Aber nichts rührt sich hinter uns, kein Schuß fällt, so eilig wir auch die Zeichen weitergeben, die die rückwärtige Höhe auch achtsam aufnimmt.

Der Ordonnanzoffizier und ich blicken uns stumm an.

„Donnerwetter", sagt K., „das ist zum Kotzen, da scheint alles kaputt zu sein."

Ich antworte nicht, schaue nur wie gebannt nach rechts, zu unsern Nachbarn, wo ganz vereinzelt eine rote Leuchtkugel zitternd himmelan langt und in vielen Sternchen zerflattert.

Was geschah dort?

K. will mich fortziehen, denn mit einem Male hält die französische Artillerie wieder wie toll auf das Plateau, daß wir nur wie durch Zufall verschont bleiben.

Ich merke wenig von dem allen, denke nur, denke. Dann habe ich mich endlich gefaßt. Keine Artillerie mehr und rechts von uns alles zusammengetrommelt, so wie die drüben es haben wollen, ehe sie angreifen. Nun kommt die Sache also doch an uns!

Jetzt hört man bei Reif Maschinengewehrfeuer, gottlob kräftig und in langen Stößen. Daß es nicht zu verebben braucht, ist unsere Aufgabe.

In langen Sprüngen rasen wir zur Höhle zurück und tauchen in ihre stinkende Finsternis.

„Der französische Angriff hat auf der ganzen Linie eingesetzt", melde ich dem Rittmeister, „zehnte Kompanie sofort zum Gegenstoß bereit machen!"

Der Rest der Zehnten, die mit anderthalb Zügen zum Ausgleich der bei den vorderen Kompanien eingetretenen Verluste schon eingesetzt ist, tritt an. Ihr Führer, Leutnant F., entsendet auf unsere Veranlassung schon vorher eine Patrouille aus, die die Lage bei Reif klären soll, wo das Maschinengewehrfeuer immer leiser erschallt.

Unsere Artillerie muß in der Tat vernichtet sein, denn noch immer rührt sie sich trotz aller Sperrfeueranforderungen, die wir wirksam unterstützen, indem wir fort und fort unsere Leuchtpistolen sprechen lassen, mit keinem Schusse.

Da kommt die Patrouille der Zehnten schon schreiend zurück: „Franzosen vor der Höhle!"

Das walte der Teufel!

„Antreten die Kompagnie, vorwärts!" befiehlt der Rittmeister und setzt sich selbst an die Spitze der Stürmer. Ich bin neben ihm, als mich sein Befehl zurückscheucht:

„Sie führen derweilen das Bataillon!"

Der Ordonnanzoffizier zieht mich zurück. „Sie kommen nicht weit", raunt er. „Reif ist umfaßt, Gott gebe, daß wenigstens die Zwölfte sich abriegeln kann. Wir wollen auf den Hang aufpassen!"

Wir stürzen zum Nordausgang hinaus, die Zehnte hat südlich die Höhle verlassen. Man sieht noch wenig ringsum. In dem Zwielicht ist es schwer, einen sicheren Schuß anzubringen. Gespannt lauschen wir nach rechts. Das klingt schon wie Maschinengewehrfeuer hinter uns. Oder hören wir Gespenster?

Da stürzt der Erdtelegraphist herbei, der zweite, der uns die Nachrichten zu übermitteln hat. Er schwitzt vor Lauf und Auf=

regung. Ich entreiße ihm ungeduldig den Wisch Papier, während der Mann schon stammelt:

„Elfte erbittet dringend Hilfe!"

Ja, zum Donner, die ist schon unterwegs!

Wir hören Schreie, gellende Rufe. Ich erkenne die Stimme des Rittmeisters. Sie flucht und beschwört. Schnell hin!

K. und ich setzen mit langen Sprüngen über das Plateau feindwärts und bemerken dabei, daß die Fahrt schon mitten durch Maschinengewehrfeuer geht. Also das ist es!

„Wir kommen nicht durch", schreit der Rittmeister mir entgegen. „Zwischen uns und der Elften ist alles voll Franzosen. Sie kommen in dicken Haufen von Malmaison her!"

„Dann ist Reif verloren, der Abschnitt Danzig futsch, und wir treten an seine Stelle." Meine Stimme ist sehr ruhig, als ich dies sage.

„Das darf nicht sein", brüllt der Kommandeur wütend zurück, „mir nach, wir müssen durch!"

„Aber wir werden es nicht können. Höchstens gelingt es uns, mit der Elften zusammen unterzugehen, aber dann ist die Höhle hin, ist alles hin. Dagegen scheint die Zwölfte sich noch zu behaupten." Ich fasse einen Entschluß. „Ja, damit können wir das Heft wieder in die Hand nehmen. Zwei Gruppen hierher!" befehle ich.

Die Füsiliere rangieren sich willig.

„Unteroffizier Dommelmann übernimmt das Kommando. Sofort Verbindung mit Leutnant v. Boetticher herstellen und Lage dort erkunden. Ein Maschinengewehr an den Höhlenausgang hier. Genau beobachten, was sich rechts begeben wird, und wenn es lohnt, dann schießen, wie der Teufel schießen, sobald sie weiter nach Osten drücken und der Zwölften in die Flanke wollen. Ich gehe zunächst mit den beiden Gruppen mit. Sie, K., decken uns am Maschinengewehr! Vorwärts, abhauen!"

Der Rittmeister starrt mir nach. „Aber Reif?" stöhnt er auf.

„Es bleibt nichts mehr, als ihn zu rächen", entgegne ich ernst. „Ich hoffe, in Kürze wieder zurück zu sein."

Der Marsch geht schneller, als wir denken. Dafür sorgt auch das Maschinengewehrfeuer, das fortwährend von Malmaison, schon von rückwärts her, über uns hinstreicht. Meine Absicht ist, wenn nur irgend möglich, Reif noch Entsatz zu bringen. Darum halte ich auf die Mitte der beiden vorderen Kampfabschnitte zu.

Aber da kommt es uns schon in dicken, blauen Schwärmen entgegen. Alle Wetter, — die Bande singt sogar, — vor Siegesübermut oder Besoffenheit. Wir wollen ihnen beides vertreiben.

Die beiden leichten Maschinengewehre sind blitzschnell in Stellung gebracht. Die Stürmer haben uns noch nicht gesehen, würden auf diesem Wege sogar in das eben von mir aufgestellte Maschinengewehr laufen. Jetzt können wir es ihnen noch schneller besorgen.

„Achtung, Schuß!" brülle ich.

Die Garben sitzen mitten drin. Vor uns purzelt und stürzt es, deckt sich schleunigst in Trichtern.

Wir aber biegen nach links ab, wo ruhiges Gewehrfeuer, Tacken der Maschinengewehre und vereinzelte Handgranatendetonationen verraten, daß die Zwölfte noch wacker ficht. Hier gilt es, die Verbindung zu schlagen, gemeinsam mit der Höhle eine Festung herzustellen, die zu halten vermag, bis man uns Entsatz schickt. So einfach, wie der Franzose es sich denkt, soll die Schlacht sich nicht anlassen.

Da kommt uns schon hastigen Ganges ein Füsilier entgegen. Er schreit vor Erregung auf, als er mich erkennt. Es ist ein Melder des Leutnants v. Boetticher. „Wir halten, Herr Leutnant!" strahlt er uns an.

Der Führer der Zwölften hat dem Boten eine genaue Skizze über den derzeitigen Stand der Stellung mitgegeben. Danach sitzen die Franzosen zwar im ersten Graben, der ihnen ja auch befehlsgemäß überlassen werden konnte. Die Hauptwiderstandslinie blieb fest in unserer Hand. Gegen Reif hat die Zwölfte sich abgeriegelt. Unser auf alles bedacht gewesener Stellungsbau, macht sich jetzt belohnt, wenn auch die Stellungen selbst zerschossen sind. Zum zweiten Bataillon links ist auch noch Anschluß vorhanden.

So weiß ich nun, was zu tun ist.

Die beiden leichten Maschinengewehre erhalten Plätze, die ihnen eine einwandfreie Wirkung zur Freihaltung und Sicherung der rechten Flanke der Zwölften gestatten und zugleich mit dem Zentrum der Höhle die Verbindung sichern. Ich besetze sie mit nur je vier Mann und nehme die noch übrigbleibende Gruppe wieder mit zurück. Sie soll für Zukünftiges als Reserve dienen.

Mich treibt die Ahnung, daß jetzt bei Beauregard meine Anwesenheit am notwendigsten wird, nachdem die Dinge vorn einigermaßen klar zu übersehen sind. Der Abschnitt der Zwölften und das Plateau der Höhle bilden jetzt die neue vorderste Stellung, die sich bei uns entsprechend zurückbiegt.

Aber was ist rechts von uns? Wurde Reif nur durch einen örtlichen Durchbruch bei seiner Nachbarkompanie umgangen oder klafft gar eine größere Lücke?

In der Höhle herrscht ich fieberhafte Erregung.

Kein Mensch weiß mehr so recht, was vor sich geht. Man kann auch nicht jeden orientieren, wenn ich es auch stets so zu halten pflegte, daß ich möglichst allen, die erreicht werden konnten, jedesmal zu erklären versuchte, was ich selbst wußte. Denn das gibt Ansporn und Beruhigung zugleich, gerade für den einfachen Soldaten, wenn er weiß, worum es geht. Das für den Uneingeweihten sonst immer anscheinend sinnlose Tun des Krieges hat dann plötzlich ein Gesicht erhalten, dessen rätselvolle Grausamkeit begreiflicher wird.

Wo mag die Neunte stecken? Ich warte sehnsüchtig auf Meldung, wie ich sie mit Pieske verabredet habe.

Auch der Rittmeister ist nicht zu finden. Er soll in Richtung des ehemaligen Abschnitts der Elften mit einer Gruppe nochmals vorgestoßen sein, der Brave!

Ich halte am Eingang der Höhle, der am weitesten rechts liegt, und beobachte scharf nach Westen, wo der Pulverrauch sich allmählich verzieht und zugleich mit dem Einbruch des Ta=

ges die Sicht freigibt. Es ist ein unbeschreiblich gewaltiger Eindruck, als jetzt die Morgenschleier zerreißen und der goldene Wagen der Sonne hell über das blutende Schlachtfeld gleitet, aus dem sich zerschossenen Zinnen des Forts Malmaison ragen.

Um das Fort kribbelt's und krabbelt's von Menschen.

Herrgott, das sind doch die Unsern nicht mehr!

Ich habe das Glas an die Augen gerissen, ein Augenblick genügt schon, daß ich es sinken lasse und aufschreie:

„Maschinengewehre her!"

Denn was dort drüben vorwärts flutet, immer vorwärts, sind Haufen von Franzosen, ganze Kompanien, von denen eine einzige so stark ist, wie unser ganzer Regimentsabschnitt jetzt nach dem verheerenden Trommelfeuer. Sie Alle marschieren in Richtung des Hanges, an dem wir liegen, nur daß sie dort uns noch weit mehr in den Rücken kommen. Sie müssen schon nahe an unserm Regimentsgefechtsstand sein. Es wird sie überraschen, die Herren an der Many-Ferme.

Noch einmal: „Maschinengewehre!"

Die Leute der zweiten Maschinengewehr-Kompanie arbeiten fieberhaft. So sehr es mir in den Fingern zuckt, mitanzugreifen, versage ich es mir, übernehme dafür das Kommando.

„Visier sechshundert — Schuß, Visier siebenhundert — Dauerfeuer!"

Mitten in den Schangels liegt die Garbe, daß sie purzeln und dann wie hingemäht der ganze Vormarsch stockt.

Aber dort weiter links marschiert wieder ein Haufen, der noch nichts von unserem Dasein weiß. Er soll es bald zu spüren bekommen. Die Grenadiere zittern vor Begierde.

„Ruhig!" mahnt der Gewehrführer. „Sie laufen uns nicht fort."

Es ist ein Spatzenschießen wie in Rußland, wenn nur die erste Garbe gesessen hat. Denn danach, kaum daß unsere Schüsse tacken, wirft sich drüben die ganze Sturmkolonne zu Boden und wagt vorerst keinen Schritt mehr.

Das Glas kommt mir nicht mehr vom Auge. Ich sehe voller

Entsetzen, daß noch weiter rechts, wohin wir mit unserem Gewehr nicht mehr langen können, dort, wo die große Straße nach Chavignon läuft, unbehelligt von irgendeiner deutschen Einwirkung Kolonne auf Kolonne nordwärts zieht. Kein Zweifel, in einer Breite von mindestens zwei deutschen Divisionen ist der Franzmann durchgebrochen, will auf Laon, sofern sich ihm hinter dem Kanal nichts entgegenstellt. Wir aber sind der rechte Flügel der Armee geworden, ein verlorener Posten, der von rückwärts her bedroht, hilflos in der Luft hängt.

Hilflos?

Solange nicht, als wir noch atmen!

Das letzte Reserve-Maschinengewehr, das wir noch in der Höhle haben, wird herangezogen. Wo nur der Rittmeister bleibt?

Jetzt erkennen wir auch, daß sich auf der höchsten, zerschossenen Zinne von Fort Malmaison die französische Trikolore übermütig im Winde bläht.

Brieftauben her!

Ich kritzele die Meldung:

„Feind hat rechts von uns den ganzen Chemin genommen, marschiert in das Ailettetal. Beauregard hält Abschnitt trotz Verlustes der rechten Flügelkompanie, über welche Näheres noch ungewiß. Ohne Entsatz auf die Dauer Stellung unhaltbar, da Feind schon im Rücken. Mit zweitem Bataillon Anschluß nach links gesichert. Fort Malmaison unter Feuer nehmen."

Der alte Pfleger befestigt die Kapsel mit der inhaltschweren Meldung an dem zierlichen Fuß der Taube. Sie blickt mich mit wehmütigen Augen an.

Braves Tier! denke ich. Du weißt nicht, was von deinem Fluge abhängt.

Dann werfe ich sie steil in die Luft.

Nicht lange verweilt der Vogel über uns. Zweimal umkreist er eilends die rauchende Höhle, um den Flug zu erwittern. Dann findet die Taube die rechte Richtung. Wie der Blitz steigt sie aufwärts, als kleines, graues Pünktchen schwimmt sie jetzt am Horizont, ist verschwunden. Es wird nicht lange währen, dann hat sie die Gefahrenzone — denn das ganze Hintergelände ist ein einziges Feuermeer — überwunden und findet das ersehnte Futter. Wer mit ihr entfliegen dürfte!

Unsere Maschinengewehre lauern noch immer. Jetzt versuchen die drüben wieder ihren Vormarsch.

Taktaktak! Taktaktak!

Das reicht, um Einigen von ihnen die Ewigkeitspforten zu öffnen. Dafür können wir aber damit rechnen, daß sie bald ihre Klatschbatterie auf unsere Spur gesetzt haben werden.

Von unserer Artillerie sieht und hört man nichts. Die Franzosen haben gut gearbeitet, kein Kunststück bei ihrer Materialüberlegenheit. Aber gewiß rollen schon Reserven heran. Wenn die hinten nur über die Lage Bescheid wissen! Ich denke an die Taube . . .

Richtig! Sssssssst — bumm! Haargenau setzt es sich vor die Spitze unseres Maschinengewehrs, daß wir gerade noch Zeit haben, die Köpfe hinter dem Hange zu ducken, über den die Splitter der Feldgranate surrend hinwegschneiden.

Der Gewehrführer schreit auf. Blut stürzt aus seiner Hand, an der der Daumen glatt abgesägt ist. Zähneknirschend vor Schmerz und Wut wickelt der Unteroffizier sein Verbandpäckchen herum, weicht nicht vom Platze. „Hunde!" stöhnt er. „Raus mit der Knarre, das kostet euch etwas!"

Ich schiebe ihn beiseite. „Erst richtig verbinden!" befehle ich und übernehme selbst das Kommando.

Aha! Jetzt kriegen die Franzmänner neuen Zuzug von rückwärts, der sehr siegessicher seine Beine setzt. Seine Sache, — unsere kommt jetzt!

„Halblinks, äußerste linke Ruine des Forts, feindliche Kolonnen, Visier achthundert — Dauerfeuer!"

Beide Maschinengewehre rasseln, was die Läufe nur hergeben wollen.

Bautz! Wieder sitzt die feindliche Artillerie zwischen uns, dieses Mal gleich vier Schuß auf einmal. Aber unsere Maschinengewehre faßten drüben auch, wenn's für uns dabei hier auch verdammt ungemütlich wird.

Von links rast plötzlich der Rittmeister heran.

„Zwölfte hält!, schreie ich ihm entgegen, falls er es noch nicht wissen sollte. „Verbindung ist zuverlässig hergestellt. Hier gibt es Feuerzauber."

Während ich ihm noch die verworrene Lage auseinandersetze und er schon am Maschinengewehr niederkniet, haut wieder ein Artillerieschuß auf unseren Stand am weitesten links, setzt Besatzung und Waffe außer Gefecht. Der Gewehrführer kullert tot dicht vor unsere Füße. Ich springe ein.

Das hilft nun nichts, denn solange wir den Hunden dort drüben, die unsere Division mit ihrer verteufelten Minenschießerei klein kriegten, daß es zum Infanteriekampf gar nicht mehr kam, einigermaßen Schaden zufügen können, steht die ganze Schlacht, werden die hinten auch Reserven heranbringen. Es ist mir klar, daß wir damit die ganze Macht des Gegners auf die Höhle ziehen werden, aber kaputt gehen wir sowieso. Daran zweifle ich um diese Zeit nicht mehr.

Irgendwo findet sich noch ein Maschinengewehr der Liegnitzer Grenadiere an, das sofort an die Stelle des ausgefallenen Gewehrs tritt und das Feuer kräftig aufnimmt. Ich habe derweilen das Kommando wieder abgegeben, pirsche zum Hange, der mir unheimlicher denn jemals erscheint, trotzdem dort noch die Neunte sichert.

Ja, wo bleibt denn Meldung von der Neunten?

Mir ist es, als ob ich nicht weit von uns, in userm Rücken das Krachen von Handgranaten höre. Aber wer soll in dem Höllenlärm ringsum etwas Genaues bestimmen können. Unaufhörlich halten die feindlichen Batterien in das Hintergelände, daß ein Sausen, Surren und Singen über unsere Köpfe flutet.

Nahe am Hange schon entdecke ich eine Stellung, die für ein Maschinengewehr besonders geeignet erscheint. Ich stürme zu den Feuernden an der Höhle zurück, in die noch immer die Artillerie hält, und sage Bescheid. Schleunigst packen die Schützen auf, traben samt dem Rittmeister mir nach, keinen Augenblick zu früh, denn eine Lage der feindlichen Ratscher haut jetzt mitten in die eben verlassene Stellung.

Lachend tauschen wir noch während des Marsches unsere Bemerkungen.

Es ist uns allen trotz der Schwere der Situation, die verteufelt hoffnungslos erscheint, sehr leicht um das Herz geworden. Wir hier, wir Wenigen, haben schon blutige Ernte gehalten und wacker unter den Schangels aufgeräumt. Denn in uns Allen brennt der Gedanke an die arme Elfte wie fressendes Feuer und treibt uns zu höchster Kraftanstrengung, die die eigene Gefahr nicht achten will.

Von neuem arbeiten unsere beiden Maschinengewehre. Jetzt hören wir auch, daß vom Südteil der Höhle unser Feuer eingreift. Nun rennen sie also auch frontal gegen sie und die Zwölfte an.

Meinetwegen, unseretwegen, egal!

Man möchte überall sein und muß doch aushalten, wo man gerade hingeworfen ist. Das Schießen bleibt auch hier nicht lange gemütlich, denn die Klatschbatterien haben auch die neue Stellung bald heraus. Dem Rittmeister durchschlägt es die Gasmaske, mir schneidet ein Splitter den Riemen des Fernglases ab, daß ich es fast nicht bemerkt und den kostbaren Gegenstand verloren hätte. Aber niemand weiter ist bisher verwundet. Das Glück hat sich uns anscheinend zugewandt; aber es kostet verdammte Nerven, bei dem Feuer, das unmittelbar auf uns gerichtet ist, nicht weich zu werden.

Ich bin schon wieder auf der Suche nach einer neuen Stellung, aber der ganze Hang ist jetzt übersät mit Einschlägen. Das ist nicht mehr menschenmöglich. Jeden Augenblick muß es uns vernichten.

Da spricht das Schicksal selbst das Losungswort. Denn die Munitionskästen sind leer. Wir haben Tausende von Schüssen verknallt, aber verdammt mit Erfolg.

„Habt ihr nicht neue Kästen?" brülle ich aus voller Lunge, um mich in dem Lärm der Einschläge verständlich zu machen.

„Wir müssen erst gurten!" schallt die Antwort zurück.

„Munition aus, abbrechen, Herr Rittmeister", schreie ich dem Kommandeur ins Ohr.

Der liegt noch immer neben dem Maschinengewehr. Ich glaube seine Gedanken lesen zu können: Rache für Reif!

Ich zerre ihn hoch, als wir plötzlich beide erfaßt werden und eng verschlungen von dem Luftdruck eines Einschlages den Abhang hinunterkollern. Der Sporn seines Stiefels reißt mir die Wange auf. Im ersten Augenblick glaube ich, verwundet zu sein, stelle dann die Ursache fest.

Wenn sie uns jetzt zum Schluß noch die Maschinengewehre außer Gefecht setzten! Wir haben nicht viele zu vergeben.

Aber da vor uns halten schon die Gewehrbesatzungen. Einen Liegnitzer traf es noch am Bein. Er liegt an unserm Wege.

Der Rittmeister und ich packen den Verwundeten und schleppen ihn mit uns.

Trotzdem es ihm den Knochen durchschlagen hat, wie der Arzt mir später berichtet, kommt kein Wehlaut über die Lippen des Mannes. Nur einmal schreit er es heraus, der in ihm wühlende, rasende Schmerz bricht sich damit Bahn: „Die Schweine"!

In der Höhle sind sie schon am Gurten. Es paßt gut so. Mag die feindliche Klatschbatterie sich erst einmal austoben, ehe wir weiter sprechen.

„Füllt nur alle Gurte auf, deren ihr habhaft werden könnt", empfehle ich, „und keine übertriebene Eile. Wir haben jetzt Zeit. Wichtiger ist, daß ihr sorgfältig guttet, damit wir nachher keine Ladehemmung haben."

Ich bin mit dem Rittmeister schon wieder am Südteil der Höhle. Er ist vor Kampferregung wie im Fieber. Das hier ist das Richtige für ihn, ist wieder Krieg.

Leutnant F. von der Zehnten berichtet, daß er einen frontalen Angriff blutig abgewiesen hat. Bei der Zwölften müsse noch alles in Ordnung sein. Das habe sich aus der Anlage des feindlichen Ansturms ohne weiteres ergeben. Auch die Maschinengewehre, die ich ins Zwischengelände stationiert hätte, seien großartig wirksam geworden.

Durch die Trichter vor uns müht sich ein Mann. Ich kenne ihn gut, es ist Boettichers Ordonnanz.

„Zwölfte alles in Ordnung", grinst der Melder. „Haben einen Major oder gar Oberst und eine ganze Menge anderer Schlawiner zu Gefangenen gemacht. Der Leutnant hat sie schon nach hinten geschickt."

„Gott sei Dank!" sage ich. Die hätten uns in der engen Höhle noch gerade gefehlt.

Der Melder trägt einen Käfig unterm Arm, den ich erst jetzt entdecke. Zwei Brieftauben ducken sich ängstlich darin. Also die sollten dem französischen Oberkommando die freundliche Nachricht übermitteln, daß sie uns hätten! Nun, dafür haben wir jetzt den Herrn Kommandeur samt seinen guten Tierchen.

Mein Niedersachse nimmt sie freudig in Empfang.

Unter den den Gefangenen abgenommenen Sachen finde ich auch eine Karte, die meine höchste Aufmerksamkeit erregt. Sie zeigt unser Stellungssystem, von dem auch jedes kleinste Grabenstück, und wäre es auch kürzlich erst von uns in Angriff genommen worden, schon aufgezeichnet ist. Die drüben müssen Gespensteraugen haben oder Spione!

Ich stecke das interessante Dokument sorgfältig zu mir, obwohl ich nicht recht weiß, was für einen Nutzen es uns bringen kann, und beschließe, es zu studieren, sofern erst eine Ruhepause eingetreten ist.

„Grüßen Sie den Leutnant v. Boetticher und sagen Sie ihm, ihr hättet eure Sache famos gemacht. Dafür passen wir noch einmal so gut auf, ihr könnt euch auf uns verlassen!"

Der Melder verschwindet. Mich treibt eine Unruhe wieder zum Hange. Die Neunte, was ist mit der Neunten?

Vorläufig hält sie als Regimentsreserve den Hauptflankendruck aus, wenn sie nicht schon mit in den allgemeinen Untergang hineingezogen wurde. Das feindliche Artilleriefeuer, das dort noch immer wütet, beweist aber, daß wir noch halten müssen. Die Franzosen beobachten sehr genau.

Vor uns ist alles ruhig. Die Abreibung, die wir ihnen gaben, scheint vor der Hand zu genügen. Also nach der Höhle zurück, falls irgendwoher Meldungen kommen!

Ich habe kaum den Eingang gewonnen, als es draußen laut aufschreit und hallend, wieder und wieder, meinen Namen ruft. Das geht durch Mark und Bein und verrät einen Menschen in Todesnot.

Eiligst springe ich zurück.

Vor der Füllung des Ausganges erscheint eine wankende Gestalt. „Sie sind durch, Mensch", schreit der Mann, „und mit mir ist es aus!"

Er taumelt in meine Arme, es ist der Leutnant Pieske.

Ich zerre ihn völlig in die Höhle hinein, denn die Ratscher draußen wüten erbarmungslos, und es hat jetzt keinen Zweck, sich auszusetzen.

Pieskes Gesicht ist über und über mit Blut beschmiert. So stark spritzt der Strahl, daß es auch mich durchnäßt. Aber zugleich habe ich erkannt, wo es den Freund traf, und weiß, daß es nicht ans Leben zu gehen braucht.

„Sanitäter!" schreie ich, und mein Niedersachse setzt sich schon in Bewegung. „Ach, Quatsch", beruhige ich den Wunden und presse mein Verbandspäckchen auf seine Stirn. „Temporalis durch, werden wir gleich haben!"

„Aber die Kompanie", schreit der Verwundete, der vor dem starken Blutverlust halb ohnmächtig ist.

„Erst Ruhe," schimpfe ich, „augenblicklich besinnt sich der Schangel, das ist klar wie dicke Tinte, und du hast das Maul zu halten, bis der Medizinmann den Schaden behoben hat."

Aber Pieske läßt sich nicht beirren, auch drängt es mich innerlich selbst, vom Schicksal der Neunten zu wissen.

„Das ist schon alles ganz egal", lallt Leutnant Pieske. „Aber jetzt geht es euch an den Kragen. Sie sitzen schon am Hange. Mit Mühe nur kriegte ich sie durch Gegenstoß wieder auf den Berg zurück. Weiß Gott, was das für Verluste kostete. Ich wenigstens weiß es nicht, denn gleich oben warfen sie mir eine Handgranate zwischen die Beine, und dann stürzte das Blut über die Augen, ich sah nichts mehr. Ein Wunder nur kann mich Blinden bis hierher gebracht haben."

"Cholewa," rufe ich schneidend, "sofort mit drei Mann fertig machen!"

Schon bauen die Füsiliere sich auf. Schuckardt ist dabei, der nirgends fehlt, wo es etwas Besonderes gibt. Der frische, immer vergnügte Junge scheint so etwas wie Gefahr nicht zu kennen. Er gehört zu denen, die mir stets das Rätsel aufgeben, welche innere Kraft sie bewegt, daß sie s o sind.

"Cholewa," befehle ich ruhig, "Sie haben gehört, was Leutnant Pieske eben berichtet hat. Die Neunte ist auf dem Hange eingesetzt. Ob sie hält, wie sie hält, ist unbekannt, da der Leutnant bei dem Gegenstoß verwundet wurde. Auftrag: Sie stellen fest, wo die Kompanie sich zur Zeit befindet, wer sie führt, was der Feind macht!"

"Zu Befehl!"

Cholewa wiederholt noch einmal. Er weiß, worum es geht.

"Abhauen!" fordert er die anderen auf, die schnell hinter ihm her sind.

Um Pieske bemüht sich der Arzt. Der sachgemäß angelegte Verband zusammen mit einem Schnaps bringt den Verwundeten wieder etwas auf den Damm.

"Nun hast du also deinen Heimatschuß zum xten Male geschafft, mein Bester, die Sache ging in Ordnung."

"Ja, verdammt noch einmal", knurrt der Verwundete, dem ich in kurzen Zügen das Nötigste mitgeteilt habe, das mit Reif und was es sonst noch gibt. "Sehr verdammt," wiederholt er, "das ist ein Mauseloch geworden, aus dem ich wohl noch herauskomme, sofern mich das Abriegelungsfeuer nicht erledigt, aber ihr . . .?"

"Abwarten," entgegne ich mit gewollter Ruhe in der Stimme, "es wird nichts so heiß gegessen. Vorläufig besinnen sich die Franzmänner, was sie mit uns anfangen sollen. Die Höhle gibt ihnen eine Nuß zu knacken, an der sie sich die Zähne stoßen sollen."

"Ein Melder vom zweiten Bataillon", teilt der Niedersachse mit.

„Gott sei Dank," ich bin voller Befriedigung, „also auch die leben noch. Und über uns können sie sich nicht beklagen."

Der Gefreite vom Bataillonsstab Geest reicht mir seine Meldung. Ich überfliege sie hastig. Anschluß an zwölfte Kompanie gehalten, — wissen wir auch. Aber links davon, Weißbachtal, Durchbruch bei sechster Kampagnie Lücken. Feind vor Malepartushöhle erschienen, durch Bataillonsstab abgewehrt.

Nun ja, just genau so wie bei uns, denke ich. Ein wenig anders, denn beim zweiten Bataillon kam es sogar zum Nahkampf. Hauptmann Geest erhielt einen Handgranatensplitter unter dem Auge. Aber es geht schon wieder. Malepartushöhle jetzt vordere Linie.

Mir verschwimmt es vor den Augen. Dann ist aber doch die sechste . . .?

Noch einmal den Wisch her. Da steht es: „Sechste Kompanie bei Durchbruch aufgerieben, Leutnant v. Lücken — gefallen."

Ist das eine Träne, die mir jäh das Auge feuchtet? Welche eiserne Hand krallt sich nach meinem Herzen, daß jeder Blutstrom stockt? Schreie ich jetzt nicht laut wie ein verwundetes Tier?

Unter seiner blutverschlammten Stirnbinde blickt Pieske mich erschrocken an. „Was ist?" fragt er angstvoll. „Sind sie drüben drin?"

Ich schüttele langsam den Kopf. „Sie waren es, aber an der Malepartushöhle mußten sie umkehren. Nur die Sechste ist futsch — und Lücken."

„Tot?"

„Ja!"

„Du und ich und er, — waren noch viel mehr von den Alten übrig?" fragt Pieske langsam. „Na ja, er tot, ich verwundet — und dann noch du . . ."

„Ach, Quatsch," brause ich auf, rette mich in sinnlose Wut, „das sind alles Firlefanzereien. Wer Pech hat, muß dran glauben, na ja — ah, da ist Cholewa!"

Der Gefreite schwingt schon von weitem die Mütze:

„Die Neunte hält am Hange. Nach rechts machte sie sich

durch M. G. stark. Der Vize, der sie führt, meint, vorläufig sei keine Gefahr. Hier hat er seine Stellung aufgezeichnet. Aber was sonst noch von den Nachbarn herumwimmelt," Cholewa kratzt sich den Kopf, „so manches sitzt dort noch stumpfsinnig und die Hosen voll in Unterständen, das ist alles durcheinander. Das Beste wäre, die Bande verkrümelte sich ganz. Mir auf dem Fuß sind ein paar gefolgt, wollen allem Anschein nach in die Höhle."

„Das fehlte noch", fahre ich auf. „Sonst, Cholewa, sehr gut!"

Die Augen des Gefreiten leuchten. „Aber nun helfen Sie mir mal, wenn es wirklich so ist, und die feige Bande uns hier die Festung versauen will", fordere ich ihn auf.

Schon kriecht es den Höhleneingang hinunter ohne Koppel, ohne Gewehr. Nur die Gasmaske fehlt nicht. Also denken konnten die Brüder noch.

Ich habe den ersten am Wickel, brülle ihn an:

„Wenn ihr türmen wollt, dann bitte sonstwohin, zu eurem famosen Bataillonsstab oder in den Hexenkessel." Ich deute hohnvoll in das brennende Hintergelände.

„Wir haben Befehl, zurückzugehen", stammelt ein verstörter Mann, der den Sprecher macht. Während ich noch mit ihm rede, sind wieder andere an uns vorbei und in die Höhle geglitten. Ich habe es nicht bemerkt. Unglücklicherweise ist das Artilleriefeuer auf dem Plateau auch geringer geworden, wütet jetzt desto mehr am Hange, so daß sie wie Ratten vom sinkenden Schiff zum nächsten schwimmen, und jetzt alle in die ihnen sicherer erscheinende Höhle streben, ohne zu ahnen, daß sie vom Regen in die Traufe gelangen.

Cholewa ist fort, aber er wird schon wissen, warum.

Der Mann vom Nachbarregiment stammelt aufs neue:

„Unser Bataillon befahl den Rückzug, alles solle sich am Kanal sammeln."

Der Ordonnanzoffizier, der gerade herangetreten ist und gute Nachrichten von der Zwölften bringt, lacht laut heraus:

„Kanal? Fünf Kilometer rückwärts? Das ist prachtvoll!"

„Eine Schweinerei," schimpfe ich, „selbst wenn der Mann recht hat. Denn warum erfahren wir hier nichts davon? Das heißt glatt, uns im Stich lassen."

Ein Offizier der zweiten M. G.=Kompanie, der den Gegen= stoß der Neunten mitgemacht hat, die nach wie vor am Hange sitzt, wo sie sich eingräbt, weiß noch Näheres. Er mag seine Verwundung später zum Doktor tragen, dies hier ist wichtiger.

„Was also hörten Sie von dem Befehl?"

„Daß es mit ihm seine Richtigkeit hat. Drüben der Kom= mandeur hat es mir selbst gesagt. Ob er auf höhere Anweisung handelt, entzieht sich meiner Beurteilung."

„Aber sie können doch nicht den spärlichen Rest, der uns noch in der Flanke schützt, wegbeordern, damit wir desto sicherer hops gehen," brause ich auf. „Im übrigen haben dann diese Burschen erst recht nichts hier zu suchen. Hier wird gekämpft, ihr Herren," schreie ich in hellem Zorn, „hier werden Gewehre gebraucht und tüchtige Kerle, die sich vor Tod und Teufel nicht fürchten, aber nicht solche, — solche . . . ." Es verschlägt mir das Wort.

Der Trupp hat sich in die Büsche geschlagen. Die Zeit ist ge= kommen, wo sich der Mann von der Memme scheidet. Rück= sichtslos müssen die Versager fortgetrieben werden, wohin sie wollen. Es ist keine Gelegenheit, tiefsinnige Betrachtungen an= zustellen, was etwa ihr Gemüt so stark in Angriff nahm. Denn jede Minute entscheidet hier über aller Leben, das wir uns kämpfend, siegend aufs neue erobern wollen. Pflicht gegenüber der Gesamtheit, die nicht um ein paar Schwächlinge halber untergehen darf, gebietet die äußerste Härte. Mögen sie in die Granaten mitten hineinlaufen, mögen sie sich zu den Franzosen verirren, es ist alles gleich. Denn wir haben zu halten!

In der Höhle wettert der Gefreite Cholewa. Sollten etwa doch noch?

Ich finde den Gang gestopft voll von Angehörigen fremder Regimenter. Waffenlos, mutlos, nur von dem Gedanken, sich zu retten, beseelt. Es ist eine der kritischen Situationen der

Schlacht, von deren schneller Lösung alles abhängt. Denn in jeder Minute kann ein neuer Angriff einsetzen.

Irgendwo schreit einer auch: „Der Adjutant soll zum Erdtelegraphen!"

Ich kann nicht durch. Vor mir rührt und wankt die Masse der Flüchtlinge nicht. Sie mag mindestens zwanzig Menschen betragen, wo hier zwanzig Kerle eine willkommene Verstärkung bedeuten.

„Der Leutnant zum Erdtelegraphen!" ruft es schon wieder.

„Himmeldonnerwetter, jetzt wird's mir mit der Scheiße aber zu bunt!" Mein Knotenstock saust grimmig auf die Rücken nieder, daß endlich Bewegung in die Männer kommt. Von der anderen Seite wütet Cholewa.

„Wer haut hier?" ruft es aus dem Haufen.

„Ich, ihr Lieben," sage ich, „und werde noch weiter schlagen, bis ihr sämtlich zum Tempel hinaus seid. Nur wer kämpfen will, mit mir zusammen kämpfen will, kann hier bleiben!"

Ich ziehe mich in eine Nische zurück, damit die Menschenschlange an mir vorbei ins Freie kann. Ich schlug noch nie — heute mußte es sein. Es geschieht um ihrer selbst willen, damit sie sich zurückfinden und nicht blindlings das Verderben über alle heraufbeschwören.

„Der Erdtelegraph!" ruft es wieder mahnend zum dritten Male.

„Himmel, ja, ich komme gleich", gebe ich zurück.

Der Strom der Flüchtlinge schiebt sich an mir vorüber. Dann flattern Rufe auf.

„Ich will hier bleiben, Herr Leutnant, es hat uns nur den Kopf so wirr gemacht", kommt eine bittende Stimme.

Ich suche den Sprecher, blicke ihm aufmerksam ins Gesicht. Er trägt schwarze Bartstoppeln und hat ernste, schwermütige Augen. So sieht nur ein alter Marschierer aus.

„Haben Sie Waffen?"

„Unser M. G. bekam einen Treffer. Aber vielleicht kann man es noch zurecht bekommen."

„Wo steht es?"

„Wir ließen es im Unterstand am Hang, den sie uns zusammenschossen."

„Dann holen Sie es. Ich vertraue Ihnen den ganzen wirren Klumpatsch hier an. Suchen Sie das Beste heraus. Werden Sie damit zurecht kommen?"

„Ich hoffe es, Herr Leutnant."

„Ich weiß es sogar", sage ich ermunternd. „Es braucht sich keiner zu schämen, wenn er einmal den Kopf verliert. Auch mir macht der Mist hier verdammt wenig Vergnügen. Aber wir wollen doch wenigstens zusehen, daß wir damit fertig werden."

„Jawohl, Herr Leutnant!" antwortet der Unteroffizier. „Und die Leute haben auch nichts mehr zu fressen gekriegt, seit sechsunddreißig Stunden schon."

„Gut," überlege ich, „sollen sie haben, soweit wir helfen können. Auf je zwei Mann eine Konserve und etwas Brot, dazu jeder Mann eine Selterswasserflasche." Der Vorrat in der Höhle muß jetzt heran. Es wäre Unsinn, damit noch haushalten zu wollen, zumal ich dadurch die Kopflosen wieder zur Vernunft bringe. „Also abgemacht, wenn ihr mit euren Gewehren und dem M. G. zurück seid, dann meldet euch bei mir!"

„Erdtelegraph!" mahnt Cholewa wieder.

Ich hätte es beinahe vergessen. Aber nun hat sich die Menschenschlange gelöst, der Unteroffizier ist fort. Ob er wohl wiederkommt? — ich bin am Apparat.

„Ja, wo ist denn ihr zweiter Mann?"

„Pst! Pst! macht der Telegraphist, der die Hörmuscheln fest auf den Ohren trägt. „Wurde beim Angriff verwundet!" Er schiebt mir einen Zettel zu. Höchste Aufmerksamkeit wetterleuchtet in seinen gespannten Mienen.

Ich lese. Französische Worte. Ah, er hört den Feind ab! Da sind einzelne bekannte Namen. Wo hörte ich sie denn schon? Mir fällt es nicht ein, aber ich weiß, daß es von Wichtigkeit sein könnte, wenn ich mich entsänne. Gefangene, Gefangene, Gefangene! Herrgott noch einmal, ein schöner Tag!

Jetzt schiebt mir der am Erdtelegraphen einen neuen Zettel zu, winkt aufgeregt mit der Hand:

„Attaque allemande vom Granatrücken her!"

Ich bin schon auf und davon, brülle: „Maschinengewehre heraus!"

Hinter mir stürmen und stolpern die Füsiliere.

Von irgendwoher stößt der Rittmeister zu uns. Der Kavallerist hat gute Augen. Noch ehe mein Glas zur Rechten die Höhen durchmustert hat, schreit er schon freudig auf:

„Dort über dem Hange kommen sie!"

Wirklich, die erste, die zweite jetzt, die dritte deutsche Linie flutet über den Bergkamm, rennt auf Malmaison los, macht einen kurzen Halt und rafft sich dann zu neuem Sprunge.

Wenn ich nur nicht wüßte, daß der Franzmann jenen Angriff schon an seine Artillerie weitergab!

„Achtung, beim Fort feindliche Schützenlinien im Zurückgehen, Visier achthundert — Schuß, Visier neunhundert — tausend Dauerfeuer!"

Jetzt haben unsere Gewehre sie erfaßt. Die verfluchte französische Klatschbatterie scheint im Zielwechsel begriffen zu sein, denn wir können ungehindert feuern.

Wir hofften zu früh. Plötzlich geht es drüben hinter Malmaison los, sie haben ihre Begleitbatterien schon auf dem Bergrücken. Wo sich die Gruppen des tapfer geführten deutschen Gegenstoßes zum letzten Sprunge auf die feindliche Stellung gereckt haben, hauen die feindlichen Geschosse mitten in sie hinein. Es stürzt, zerfleddert in viele Teile, bricht erledigt zusammen. Die französische Artillerie schoß haargenau.

Dem Rittmeister kommen von ungefähr Tränen. „Es ist fürchterlich", stöhnt er zähneknirschend.

Die Franzosen schreiten jetzt ihrerseits zum Vorstoß, um auch den Rest der deutschen Stürmer zu erledigen. Das ist etwas für uns. Gleichgültig, ob wir damit das Artilleriefeuer nun auf uns ziehen, springt alles umher, schleppt Munitionskästen, spornt an, heult auf in rasender Verbissenheit.

O ja, wir hauen gut hinein!

Nun wird die ganze französische Front wissen, daß die Höhle

von Beauregard trotz Durchschuß, trotz Durchbruch und Umfassung noch springlebendig ist.

„Schuckardt", rufe ich, denn der Rittmeister ist einverstanden. „Nehmen Sie noch einen mit und pirschen sie quer durch den Ailettegrund zur Many-Ferme. Sehen Sie zu, wie weit Sie kommen können. Die letzte Verbindung mit dem Regimentsstab war vor einer Stunde, der Gegenstoß dort kam aus jener Richtung. Wenn nicht alles trügt, wird der Franzmann in zwanzig Minuten über dem Stab sein. Erkunden Sie, was los ist, und — sehen Sie selbst sich vor!"

„Jawohl, Herr Leutnant!"

Taktaktak! Taktaktak!

Sie sollen von der Höhle noch genug bekommen!

Schuckardt nimmt den befohlenen Weg. Am Hang trifft er Liegnitzer, die wieder Mut schöpfen, als sie erfahren, wie es bei der Höhle steht. Sie haben hier die Rückensicherung, falls die Franzosen noch weiter in das Tal wollen und auf Pargny im Rücken von Beauregard und Malepartus durchstoßen.

„Die Schlahwiners haben dollen Kattun gekriegt", lacht Schuckardt selbstbewußt. „Das geht noch immer so weiter, hört ihr's denn nicht?"

Deutlich klackt von der Höhe unser M. G.-Feuer.

„Wir dachten schon, es wäre der Franzmann", meint ein Liegnitzer erleichtert.

„Ihr seid mir schöne Königsgrenadiere", höhnt Schuckardt zurück. „Wenn er es nun wäre..., wo man schießt, sind doch immer noch zwei."

„Schnauze halten, krummer Gardehund."

„Mach dir nur die Hosen wieder trocken", lacht der Melder vergnügt. Hastig krabbelt er mit seinem Begleiter weiter.

Noch immer hauen Schwere in den Grund, Granaten und Minen, aber die beiden Marschierer kümmert das nicht zu viel. Sie kennen hier Weg und Steg, jeden Unterstand. Wenn die meisten auch verschüttet sind, zum Splitterschutz und Atemholen taugen sie noch immer.

In einem solchen verlassenen Unterschlupfe finden die beiden einen Brotbeutel, der noch die eiserne Portion und etwas Kommißbrot enthält. Ein Verwundeter mag die Kostbarkeit verloren haben.

„Au fein," Schuckardt schleckt schon in Gedanken und macht sich schleunigst über den Fund, „nur zu, Meyer, das wird uns nicht oft geboten."

Mitten im Feuer der Artillerie, hilflose Menschen in einem Eisenorkan voller Sinnlosigkeit und Wut, verzehren die beiden ihr Frühstück. Schuckardt zieht schon die Rinde durch die Zähne: „So", meint er erleichtert, „nun wollen wir mal weiter."

Plötzlich hält der Füsilier inne. „Achtung, Franzosen voraus!" schreit der kleine Meyer.

Schuckardt hat die Knarre an die Backe gerissen, — richtig — er ballert los. Drüben an den Büschen breitet ein Mann in blauer Uniform die Arme, dreht sich rundum, fällt.

„Mensch," sagt Schuckardt und kniet sich nieder, „das ist vielleicht ein Mist. Die Schangels sitzen schon mitten zwischen uns und dem Gefechtsstand. Also müssen wir um die Regenrinne herumholen," er meint die Ailette, „denn rauskriegen, wo der Regimentsstab sich befindet, ob die dort alle schon Richtung Paris abgewandert sind, das müssen wir doch. Ich bin vor Neugierde schon richtig fickrig geworden, und der Leutnant hat's befohlen."

„Also los!" sagt Meyer gleichmütig. „Aber ein büschen fix, denn die Brüder dort vorne haben Lunte gerochen."

Das haben sie allerdings, — und wie!

Es ist ein Glück, daß irgendeine Ladehemmung dazwischenkommt, sonst hätte es die beiden erwischt. Aber dann haben sie eine kleine Anhöhe zwischen sich und die Franzosen gebracht, hinter der ein schmaler Steg, der seltsamerweise noch passierbar blieb, über die Ailette führt. Rechts und links sausen die Ratscher in den weichen Grund. Nur immer geradeaus halten, denken die beiden, warum sollen wir nicht durchkommen!

Dort hinten schimmern weiße Holzblöcke. Die Granaten haben sie durcheinandergewirbelt. Alle Fliegerdeckung, wie man sie in ruhigen Zeiten durch Strauchdächer sehr ordentlich bereitet hat, ist bei der Trommelei natürlich vernichtet worden. So bietet der Pionierpark, woher einst die Minierrahmen für den Unterstandsbau zu holen waren, ein prächtiges Ziel für die Artillerie. Aber irgendwo, so denken die beiden, sitzen hier sicher noch Kameraden. Also nur darauf los!

Schnaufend poltern die Melder in einen Unterstand, fallen auf Leiber, die sich dort an die Wand pressen.

„Saubande!" schimpft es aus der Finsternis.

„Ei der Teufel, ihr Schisser," raunzt Schuckardt, „wollt ihr uns draußen verrecken lassen. Was seid ihr eigentlich für welche?"

Es ist ein buntes Durcheinander, — neben zwei Leuten des eigenen Regiments, den beiden Pionier-Parkverwaltern, auch Liegnitzer Grenadiere, Pioniere, andere Garderegimenter, 203er. Ja, wo kommen die denn schon her?

Auch eingesetzt und schon zerplatzt, erfährt Schuckardt. So peu à peu hat sie das Oberkommando nach vorn geschmissen. Nun halten sie am Kanal, und da soll kein Franzose durchkommen.

„Wir sitzen aber doch noch in der Höhle," schimpft Schuckardt empört, „und der Leutnant geht niemals heraus, wenn er keinen Befehl bekommt. Das zweite Bataillon hält doch auch noch. Was soll aus uns werden, wenn kein Gegenstoß kommt?"

„Na, da mach du mal selbst 'nen Gegenstoß", spottet ein älterer Mann, dem man den mehrfachen Familienvater anzusehen glaubt. „Da würde kein Auge trocken bleiben, haben ja schon andere versucht, ach, du lieber Gott, und euch wäre doch nicht geholfen."

„Ach, ihr seid alle Miesmacher", spricht Schuckardt wegwerfend und zieht den kleinen Meyer mit sich. „Komm, hier erfahren wir doch nichts. Das sind alles Versprengte, die keinen Schimmer haben. Wir müssen woanders zusehen."

Der Pionierpark liegt noch immer unter Feuer. Aber es ist schon gleichgültig, denn wohin schießen sie nicht?

Weil der direkte Weg zur Many-Ferme versperrt ist, müssen

sie nun am Kanal entlang. Weiß der Himmel, da liegt alles voll Truppen, lauter frische Regimenter, denen es in dem Trommelfeuer höchst ungemütlich im Herzen sein mag. Aber die werden doch vorne Entsatz bringen?

Jetzt sind die beiden schon halbwegs Chavignon gelangt. Von diesem Hügel müssen sie zur Ferme Einblick haben.

„Ach, du kriegst die Motten", sagt Schuckardt und zeigt aufgeregt dem andern. Denn um die Ferme wogen dichte Haufen von blauen Uniformen. „Da hat's den ganzen Regimentsstab geschnappt, aber zusehen wollen wir doch!"

Sie pirschen näher heran. Dann hören sie auch schon dicht vor sich das Hämmern eines Maschinengewehrs.

„Das sind die Unsern," schreit Schuckardt glücklich und rast in federnden Sprüngen davon, daß der kleine Meyer kaum zu folgen vermag.

Sie haben den schmalen Steg erreicht, ein schlüpfriger Bretterpfad, der hier über das sumpfige Gelände führt. Das Maschinengewehr hat ausgesetzt. Dafür sind aber gerade Leute damit beschäftigt, hinter sich die Bretter abzureißen und weit in den Sumpf zu schleudern.

„Donnerwetter, halt," schreit Schuckardt ihnen zu, „dann laßt uns wenigstens noch herüber, ihr Affen!"

Die Leute vom Regimentsstab, denn sie sind es, können sich vor Erstaunen nicht fassen, daß statt der erwarteten Franzosen, die übrigens in nächster Nähe sind, zwei Leute ihres Regiments und noch dazu vom vordersten Bataillon auftauchen, das sie längst vernichtet glauben.

„Na, dann man fix, Kamerad," ermuntert ein Unteroffizier, „sonst kommt der Franzmann zu gleicher Zeit an."

Munter hüpfen die beiden Melder über die Bretter den andern nach. Mit liebenswürdiger Handbewegung winkt Schuckardt den in der trügerischen Decke bald verschwindenden Latten nach, die sie hinter sich abreißen.

Schon sind sie wieder auf festem Boden, am Busch, wo die M.-G.-Besatzung ungeduldig ihrer harrt, damit das Schußfeld frei wird.

"Achtung!" brüllt der Unteroffizier und deutet voraus.

Sie haben in der Tat im letzten Augenblick den Übergang bewerkstelligt. Aus dem Wäldchen vor ihnen quillt es in dicken Strömen, färbt die Landschaft himmelblau.

"Bloß hineinhalten!" feuert Schuckardt an und ballert selbst mit seinem 98er Gewehr stehend freihändig darauf los. "Junge das saß, — noch einmal, — Mensch, die haben's gekriegt!"

"Bravo!" sagt eine dunkle Stimme hinter dem Füsilier. Es ist der Regimentsadjutant, der den gebotenen Rückzug des Stabes sichert. Der lange Oberleutnant erkennt Schuckardt jetzt:

"Mann, wo kommst du her? Ist bei euch auch der Teufel los?"

"Das kann man wohl sagen," versichert der Melder treuherzig, "und die Elfte ist auch futsch. Keinen Mann mehr von ihr haben wir zu Gesicht bekommen. Aber sonst kann man ganz zufrieden sein..."

Der Regimentsadjutant lacht auf. Sie liegen jetzt dicht nebeneinander auf der blanken Ebene, denn die Stürmer drüben haben ihre Maschinengewehre in Stellung gebracht und feuern wie die Wilden. "Na, wenn wir unsern Regimentsgefechtsstand hinter euch gehabt hätten, dann brauchten wir jetzt nicht heimatlos im Gelände herumzuflitzen", klagt der Oberleutnant.

"Nee!" antwortet Schuckardt. Das ist seine ehrliche Überzeugung.

"Langsam zurückpirschen!" befiehlt der Regimentsadjutant jetzt. "M. G. feuert bis zuletzt, — und du, mein Junge, kommst wohl mit uns?"

"Das geht nun nicht, Herr Oberleutnant. Ich habe vom Leutnant genauen Befehl, auf alle Fälle festzustellen, wo das Regiment geblieben ist. Na," er grinst verschmitzt, "das habe ich ja nun hier erwischt." Dann fällt ihm etwas ein: "Nur den Herrn Oberstleutnant kann ich nicht finden?" Er ist ehrlich besorgt.

"Der ist schon in Richtung Brigade weiter", erklärt der Oberleutnant, "und wird dort Spuk machen, daß sie entweder die

Höhe wiedernehmen oder euch zurückholen. Denkt ihr, wir sind nicht für euch da?"

„Ich bin doch lange genug Melder gewesen", entgegnet Schuckardt stolz, „und weiß, was die Uhr schlägt, — jawohl!"

„Wir brechen ab!" ruft der M. G.-Führer herüber.

Die Franzosen sind über den Rand des Wäldchens nicht mehr herausgestoßen. Nun ihr Feuer streicht beängstigend nahe über die Köpfe der Liegenden weg.

Jetzt trifft es auch. Einer der Maschinengewehrleute gibt einen leisen Wehelaut von sich, sinkt dann stumm vornüber.

„Ich helfe mit," ruft Schuckardt begierig, „und du, Meyer, kannst auch anfassen. Hoppla, Herr Oberleutnant, wir werden die Kiste bald schaukeln."

„Nach links halten!" schreit der Oberleutnant und setzt seine langen Beine in jagenden Marsch. Einzeln streben sie, gehetztes Edelwild, aus den Feuergarben.

Sie haben auch Glück.

„Nun können wir doch wegen der Schweine den ganzen Kanal umtippeln", murrt Schuckardt böse. „Das soll ihnen noch Köppe kosten."

Tief Atem holend von dem wilden Lauf hält der Oberleutnant Umschau. Sie sind mitten in einer Infanterielinie gelandet, die die Sumpfübergänge scharf im Auge hat, so daß leicht keine Katze herüberkommen wird. Die Männer sind ganz erstaunt, daß der Rückzug der wenigen, den sie mit Erregung verfolgt haben, so wenig Verluste gekostet hat.

Schuckardt steht stramm:

„Hier ist die Meldung des Herrn Leutnant!"

Der Regimentsadjutant reißt den gelben Umschlag auf, liest befriedigt und wirft auch einen kurzen Blick auf die Skizze, die ich dem Ganzen beigefügt habe.

„Nun sind wir völlig im Bilde, mein Junge," sagt er, „und du kannst bestellen, daß wir nicht müßig sein werden."

Ein einschlagende Granate reißt ihm den Satz vom Munde.

„Zum Kotzen heute," schimpft der Offizier, „wie soll man hier den Gegenangriff ansetzen? Wenn sie die Lausehöhe nicht räumen, sehen wir von unserm Regiment keinen Schwanz wieder."

Ein Entschluß ist in ihm wach geworden, steht eisern in seinem Gesicht. "Alles mitkommen!" befiehlt der Regimentsadjutant. "Falls uns das Feuer auseinander bringen sollte, so wißt ihr den Sammelpunkt: Brigadegefechtsstand. Marsch!"

Er winkt noch einmal Schuckardt. Der lacht zurück.

"Nu wollen wir mal wieder nach der ollen Höhle tippeln", sagt der Melder seufzend zu dem kleinen Meyer, der stumm das Gewehr um den Hals hängt.

Der Brigadegefechtsstand ist kein Luftkurort. Das soll der Regimentsstab erfahren, als er jetzt darin Eingang sucht. Neue schwere und leichte Batterien sind ringsherum in Stellung gebracht, die aber die niedrig kreisenden französischen Flieger sehr schnell entdeckt haben. Es hat auch nichts geholfen, daß eine deutsche Kampfstaffel dazwischenfuhr und soundso viele von ihnen abschoß. Auch in der Luft ist der Gegner an Material vielfach überlegen. Nun hauen die feindlichen Langrohrgeschütze wieder in die frisch bezogenen Geschützstellungen hinein.

Der Regimentsstab, der schon bei dem überraschenden Vorstoß auf seinen Unterstand bei der Many-Ferme, die keine eigene Infanterie mehr deckte, die Hälfte seines Bestandes verloren hat, zählt auch jetzt wieder zwei Verwundete, ehe er sich verschnaufend im Unterstand der Brigade sammeln kann.

Der Oberleutnant trifft seinen Kommandeur sehr erschöpft beim Brigadegeneral wieder.

Der General ist einer von den Draufgängern, die nicht nur für andere Mut besitzen. Ihn wurmt der Einbruch der Franzosen, bis zum hellen Zornesausbruch. Er weiß zwar nicht, wem er die Schuld in die Schuhe schieben soll, aber irgendwo muß doch Schuld sitzen. Jetzt soll erst einmal der Regimentskommandeur herhalten.

Dem wird es zu viel: "Halten wir oder halten wir nicht?" Der Oberstleutnant schreit es im Zorn heraus.

„Aber die beiden andern Divisionen?" schlägt der General zurück.

„Das kann ich nicht beurteilen, denn ich führe sie nicht. Jedenfalls aber hätte es mir persönlich unverhofft um ein Haar Kopf und Kragen gekostet. Warum steckte das A. O. K. alles vorne hin, obwohl wir uns die Finger wund geschrieben haben. Nun schreit es nach Reserven, die ihm die Heeresleitung mehr als genug zur Verfügung gestellt hatte."

„Ja, das weiß ich auch," brüllt der Brigadekommandeur, „damit sagen Sie mir nichts Neues. Es ist eine gottverfluchte Schweinerei..." Er hält plötzlich inne, lacht leise auf.

„Heh?" knurrt der Regimentskommandeur und ist auf einen neuen Vorwurf gefaßt.

„Sie haben eigentlich recht, mein Bester," sagt der General, „wir selbst haben uns nichts vorzuwerfen. Aber, das schwöre ich, wir wollen die Angelegenheit, wie sie auch noch auslaufen möge, nicht auf sich beruhen lassen. Das sind wir der Truppe schuldig."

„Dafür werde auch ich sorgen," grimmt der Oberstleutnant. „Wenn sie in Zukunft alles besser wissen wollen als die Front, dann werfe ich den ganzen Bettel hin. Sie sollen mich kennenlernen."

Der Oberleutnant ist eingetreten:

„Der Rückzug ward ordnungsgemäß bewerkstelligt. Wo soll der neue Gefechtsstand aufgeschlagen werden?"

„Ja, wissen Sie denn überhaupt noch, wie es vorne steht?" fährt der General auf.

„Zu Befehl!" Der Oberleutnant zieht aus seiner Kartentasche die Meldung von Beauregard.

Der Brigadekommandeur liest mit gerunzelten Augenbrauen. Aber seine Mienen werden immer heller. Laut schnaubt sein Hm! durch die Nase. Die Eingeweihten wissen, daß das ein Zeichen höchster Zufriedenheit ist.

Leise hat der Oberleutnant den Regimentskommandeur verständigt. Der nickt lebhaft, erwartet erregt die Äußerung des Generals.

„Da muß Hilfe werden!" ruft der jäh und grimmig. „Haben wir noch Telephonverbindung zur Division? Dann Adjutant kommen, Text verschlüsseln. Noch im Laufe dieses Vormittags muß Gegenangriff gegen Malmaison erfolgen, sonst Stellung der Brigade unhaltbar."

Der Regimentskommandeur nickt befriedigt.

„Sonst etwas Neues?" fährt der General den eintretenden Ordonnanzoffizier an.

„Jawohl, — Gefangene von Beauregard."

„Was, Gefangene machen die auch noch, wo sie den Feind schon im Rücken haben?" Der General läßt die Worte tropfenweise fallen:

„Sie haben ein Prachtregiment, Herr Oberstleutnant!"

Die Gefangenen werden vorgeführt. Ein Oberst, ein Leutnant, mehrere Mann. Der Unterstand wird zum Brechen voll.

„Schickt mir die Kerls weg", befiehlt der Brigadekommandeur unwirsch, „und laßt nur die Offiziere da. Wer machte sie zu Gefangenen?"

„Unsere zwölfte Kompagnie", wirft der Oberleutnant ein.

Der General unterzieht die Franzosen, die von dem Marsch durch das Feuer bis hierher aufs äußerste erschöpft sind, einem strengen Verhör. Eifrig notiert der Ordonnanzoffizier die Ergebnisse.

„Man kann ja förmlich von einem großen Sieg sprechen", brummt der Brigadekommandeur. „Der Franzmann mag sich mit der einen Hälfte Chemin begnügen, bis wir sie uns gelegentlich wiederholen. Sein Angriffsziel für diesen Tag aber ist — Laon. Also doch keine bloße Teilunternehmung, wie das A. O. K. immer faselte, sondern Frankreich raffte sich zu einem solennen, freundlichen Durchbruch auf. Nun wird das Geknalle auch verständlich; wir haben unsere Arbeit noch lange nicht hinter uns."

Das Töt! Töt! des Telephons erschallt.

„Bringt die Herrschaften weg", schnauzt der Kommandeur. „Ich habe die Ehre, meine Herren!" Er verbeugt sich steif, aber nicht unhöflich vor den fremden Offizieren. Sie sind erstaunt ob des ritterlichen Empfanges.

„Division zeigt an," spricht der General, „daß die 43. Reserve-Division zum Gegenangriff angesetzt ist."

„Ich glaube nicht, daß man sie noch vollzählig beisammen hat", raunt der Oberleutnant seinem Kommandeur zu. „Ich traf unterwegs schon Angehörige aller drei Infanterieregimenter. Bei Chavignon sollen die 203er sitzen."

„Wenn der Angriff klappt", vollendet der General, „haben unsere Tapferen bei Beauregard, Malepartus und beim dritten Garderegiment wieder Luft. Begeben wir uns jetzt nach oben, den Angriff zu beobachten."

Von den andern gefolgt, klimmt der General die steile Treppe hinan, tritt festen Schrittes ins Freie, wo das Artilleriefeuer in verstärkter Wucht um den Unterstand heult.

Die 203er saßen wirklich bei Chavignon. Als sie der Befehl des Oberkommandos erreichte, den Chemin wiederzunehmen, sahen Kommandeur und Adjutant sich eine Sekunde lang stumm in die Augen.

„Wissen die denn nicht mehr, daß wir gerade noch ein Bataillon zur Hand haben, alles übrige aber schon längst irgendwo vorne eingesetzt ist, zerhämmert wurde oder im Gelände verstreut liegt? Das ist schlimmer als bei Ypern und Verdun!"

Der Oberst zuckt die Achseln. „Wir werden eben dran glauben müssen", gibt er zurück.

Melder preschen davon. In drei Kolonnen in Reihe zu Einem treten die Stürmer an. Oberst und Adjutant, den Knotenstock in der Hand, gehen voran.

Schon beim Überschreiten des Kanals haut das französische Sperrfeuer in sie hinein. Hier und da fällt einer. Aber weil sie ein kleines Ziel bieten, gelangen sie doch an die fünfzig Meter feindwärts.

Dann aber empfangen sie die französischen Maschinengewehre.

„Wie die sich das denken", murrt der Oberst. „Wir können

mit unſern paar Männern ohne Artillerie doch nicht die ganze franzöſiſche Armee aufrollen!"

Mühſam ſuchen die Angreifer weiter Boden zu gewinnen. Aber jeder Sprung nach vorwärts, und er führt manchmal nur wenige Meter weit, koſtet der Hälfte von ihnen das Leben.

„Die Höhle raucht wieder!" ruft der Adjutant jetzt und zeigt halblinks, wo viele hundert Meter vor ihnen das Plateau von Beauregard von Granaten und Zentnerminen durchwühlt wird. „Alſo halten ſie dort noch immer!"

Der Oberſt zuckt zuſammen. Eine Frage quält ſich hervor: „Erfuhren Sie noch etwas über die Verluſte dort?"

Der andere blickt ſtumm vor ſich hin. Dann gibt er zurück: „Man ſoll das Meiſte von dem, was darüber erzählt wird, als Latrinengerücht abtun. Schon vorgeſtern wußte man von einem Durchſchuß, der die Hälfte der Beauregardbeſatzung erledigte."

„Ja, ja", nickt der Oberſt ungeduldig. „Wir lagen da doch noch hinter Laon, und Sie fragten bei der Schreibſtube des Regimentes an, die nichts davon wußte, daß — mein Sohn darunter war. Aber jetzt, nach dem Angriff, — natürlich, man weiß ja gar nichts, und wir hier ſollen ihnen durch Gegenangriff Luft ſchaffen." Er beißt die Zähne zuſammen: „Aber womit? Ich kann doch nicht unſere Braven zwecklos ins Feuer hetzen, auch wenn es befohlen iſt." Er ſtöhnt auf. „Aber dort oben werden ſie auf uns rechnen. Wenn das verdammte Wirkungsſchießen ihnen einen Ausblick in das Tal geſtatten würde, müßten ſie uns jetzt ſogar ſehen. Jeder Sprung nach vorwärts geſchieht für ihre Rettung."

Vor einer einſchlagenden Granate wälzen ſich Kommandeur und Adjutant ſehr einträchtig im Lehm. Der eben wieder vorwogenden Welle der Stürmer ſchließen ſie ſich an, ſobald ſie wieder auf die Füße gekommen ſind. Aber da faßt ſie auch ſchon M. G.-Feuer von Chavignon her, vom Rücken. In dem zerſchoſſenen Dorf hat ſich der Franzmann ſicher feſtgeſetzt.

„Es iſt heller Wahnſinn", ſagt der Kommandeur der 203er jetzt entſchloſſen. Wenn ich ſchon Vater bin, denkt er jetzt mit halbem Bewußtsein, so sitzt dort droben nur Einer, der auf mich wartet, wenn es auch mein Einziger ist. Hier aber leiden viele meiner Söhne.

Der Adjutant hat die Arme in das feuchte Gras gestützt, lugt aufmerksam nach links, wo er hinter den Büschen starke Bewegungen des Feindes festzustellen glaubt. Er gibt dem Oberst seine Beobachtung weiter.

Das französische Artilleriefeuer verstärkt sich. Es liegt vor und hinter ihnen, spritzt mitten in sie hinein, daß Weherufe und Flüche erschallen.

„Wir werden aus Jägern zum Wild", sagt der Kommandeur.

In wilder Hast schreibt der Adjutant, den Rücken eines Melders als Unterlage benutzend:

„Regiment (das heißt, es sind nur noch drei schwache Kompanien) zieht sich kämpfend zum Kanal zurück. Halbe M. G.-Kompanie auf rechtem Flügel zur Sicherung. Kanalstellung ist unter allen Umständen zu halten. Regimentsstab bei M. G. K."

Es währt eine Weile, bis die Kompanien die Bewegung ausführen können. Unterdessen drängt der Franzmann immer weiter nach. Aber er bezahlt jeden Schritt teuer.

Die M. G.-Kompanie der 203er, wirkt, wenn sie auch aufgelöst ficht, wie ein eiserner Schleier, hinter dem die befohlene Stellung sicher erreicht werden kann. Auch die Verluste halten sich in mäßigen Grenzen. Der drüben jedenfalls muß doppelt zahlen.

Ein paar Melder scharren hinter dem Kanalband ein Loch für Oberst und Adjutant, die eben die neuen Stellungen abhasten. Überall entstehen unter Benutzung von Granattrichtern diese kleinen Schutzlöcher. Aber man kann sie nicht tief ausschachten, weil das Wasser sehr bald an die Oberfläche tritt und das fürstliche Asyl in einen Teich verwandelt.

„Die werden uns hier tüchtig eindecken," prophezeit der Kommandeur, „aber das muß ausgehalten werden."

Er wirft noch einen Blick auf die jenseitigen Höhen des Chemin des Dames, wo inmitten vieltausendfacher Übermacht noch immer deutsche Regimenter, Pfahl im Fleische der französischen Linien, unbekümmert um Tod oder Gefangenschaft aus Trümmern ihre tödlichen Eisen senden, ohne daß die Kameraden sie heraushauen können.

Dicker, nachtschwarzer Qualm verhüllt das Plateau von Beauregard.

„Wir haben sie sehr erzürnt", lächle ich bitter und lausche dem ungeheuren Toben, das über unseren Köpfen entfesselt ist. „Es sollte mich nicht wundernehmen, wenn sie es bald wieder mit einem Gewaltstreich versuchen. Die Zwölfte schwört auf den gefangenen Obersten, der als Tagesziel des Sturms Laon bezeichnet hat. Nun, bis dahin kommen sie ja nun nicht mehr."

Der Ordonnanzoffizier stürzt herein:

„Die Höhleneingänge sind schon beinahe wieder zu!"

„Dann alle Mann an Bord", befehle ich. „Sie haften dafür, daß wir schnell hinauskommen. Wenn der Franzmann zufaßt, bleiben uns kaum zwei Minuten, um die Gewehre in Stellung zu bringen. Hält sich alles bereit?"

Bescheiden tritt ein Unteroffizier in der Uniform des Nachbarregiments ein. Ich erkenne ihn an den schwarzen Bartstoppeln und besinne mich.

„Sie sind also gekommen!"

„Jawohl, Herr Leutnant", erwidert der andere ruhig, „und eine ganze Gruppe samt dem M. G. habe ich bei mir. Das Gewehr ist wieder in Ordnung, ein Laufwechsel genügte."

„Sie werden es bald erproben können", nicke ich ihm zu. „Und ja, die Verpflegung für Ihre Leute."

Cholewa nimmt meine Anweisungen entgegen. Der Unteroffizier strahlt über sein ganzes Gesicht.

Wenn wir nur den richtigen Augenblick nicht versäumen, denke ich, sonst befinden wir uns bald auf dem Wege Richtung Paris. Aber das wird ein sehr trauriger Spaziergang.

Als meine Hände absichtslos mit dem Kartenwust vor mir

spielen, kommt plötzlich jene französische Skizze wieder vor meine Augen, die die Zwölfte vor wenigen Stunden dem französischen Offizier abnahm.

Man kann dieses kleine Meisterwerk nur bewundern. Sie haben drüben helle Augen. Selbst die Latrine, die wir gerade vor zehn Tagen neben der Höhle neu gegraben haben, ist schon verzeichnet. Nun weiß ich, warum ich so oft dort in Druck kam.

Alle unsere Stellungen bis zum kleinsten Graben tragen französische Benennungen. Ebenso die Unterstände. Den Regimentsgefechtsstand, — wenn nur Schuckardt wiederkäme! —, nennen sie „bloc de résistence". Uns werden sie wohl richtig nach der Karte mit „Beauregard" bezeichnet haben.

Aber ich finde den Namen nirgends; statt seiner prangt mit deutlichen Buchstaben der Name: „Rond point". Das ist auch gut ausgedrückt, denke ich. Sehr gleichgültig übrigens, wie die Kriegsgeschichten unsere letzte Grabstelle nennen werden.

„Der rechte Eingang ist wieder frei", meldet K. „Am andern schachten wir noch. Der Rittmeister ist selbst dabei."

Die Minen und Achtundzwanziger hauen jetzt wie irrsinnig. Daß der brave Kalkblock das noch aushält. Ich bin jederzeit auf den letzten und gründlichen Durchschuß gefaßt.

„Der Erdtelegraph wünscht dringend den Leutnant!" schnauft der Niedersachse an.

In Sekundenschnelle bin ich aufgesprungen, habe unabsichtlich die französische Stellungskarte mit mir genommen und rase zum Apparat an der Gruppe des Nachbarregiments, die mit dicken Backen schmaust und trinkt, vorüber. Bereitwillig machen mir die Leute Platz.

Nun bin ich am Erdtelegraphen. Der kleine, schwarzmähnige Bedienungsmann, Semit gewiß, aber ein Kerl, — wir fragen hier nicht nach Rassen und Klassen! — winkt aufgeregt mit der Hand. Er läßt die Hörmuscheln nicht von den Ohren. Aber ehe ich seinen Zettel noch recht lesen kann, stammelt er schon:

„Das werden Sie doch brauchen können, Herr Leutnant. Drüben geben sie weiter: Um neun Uhr konzentrischer Angriff auf Rond Point."

„Mann," jauchze ich, „das ist Gold wert!" und reiße den Arm hoch, die Zeit festzustellen. Die drüben sind ja gegen uns eine Stunde zurück. Es ist fünf Minuten vor zehn Uhr morgens.

Dann beginnt die fünfte Stunde seit dem Anbruch der großen Infanterieschlacht.

„Alles fertig machen!" tobe ich durch die Höhle.

Sie sehen mich ganz erstaunt an, denn draußen auf dem Plateau heult ein wahrer Orkan.

„Die schweren M. G. heran", befehle ich, „die Munitionskästen! K., Sie preschen nach dem Südteil, Leutnant F. soll die Augen aufmachen, Punkt zehn Uhr setzt der Angriff ein."

Sie begreifen noch immer nicht, aber sie folgen willig. An allen Ausgängen lauern Grenadiere und Füsiliere wie die Raubtiere. Und mag auch meine Uhr mit der des Franzmanns um eine Minute differieren, gleichgültig, ich werde mich nach der meinen richten, es soll ein Gottesurteil sein. Wenn der Zeiger den schwarzen Balken der zwölf berührt, und trommeln sie draußen auch weiter, werde ich den Befehl geben und selbst vorauffspringen.

Ich bin sehr ruhig. Die seltsame Fügung, daß mir die französische Karte gerade noch rechtzeitig in den einzigen freien Augenblicken, die mir seit dem Angriff vergönnt gewesen sind, vor Augen kam, der abgehörte Befehl des Erdtelegraphisten, der mit Verstand seine Pflichten versehen hat, — das alles gibt Mut auch für das Kommende.

Wir alle sind eine einzige, brennende Erwartung.

Jetzt hat der Zeiger die Zahl berührt.

„Alles raus!" brülle ich und höre, daß der Ruf überall aufgenommen wird.

Am lautesten schreit der Unteroffizier vom Nachbarregiment. Er ist so dicht hinter mir, als ich jetzt kopfüber aus dem Höhlenloche stürze, daß mein springender Fuß ihm ins Gesicht schlägt. Jedenfalls taumelt er seitwärts, ich auf ihn drauf, denn der Einschlag einer Schweren sitzt gerade vor unsern Nasen.

Immer mehr Männer quellen aus der Höhle.

Nur einen Augenblick ist der Feuerorkan noch um uns her. Dann verstummt er jäh. Wir aber werfen die Maschinengewehre schon auf den niedrigen Hang.

Und da sind sie!

Wir kamen keine Sekunde zu früh. Die Ersten müssen sich schon dicht an uns herangearbeitet haben, des eigenen Feuers nicht achtend. Kaum fünfzig Meter ist der Sturmtrupp entfernt, den jetzt unsere Garben sauber erfassen.

Der Unteroffizier vom Nachbarregiment ist unermüdlich. Als die M. G.-Garbe zu hoch liegt, reißt er den Schützen beiseite, liegt selbst mit der Nase dicht am Visier und richtet einen Augenblick. Als die drüben sich gerade zu neuem Anlauf bereiten, der sie in einem Sprunge mitten unter uns bringen kann, daß wir der Übermacht erliegen müssen, rattert er los.

Das saß. Ein Freudengeschrei weht unsere dünnen Linien entlang.

Vom Südteil der Höhe ertönt wieder M. G.-Feuer. Auch dort halten wir uns den Franzmann vom Leibe.

Nun steht der Kampf.

Nur zuweilen noch entdecken wir eine blaue Uniform, die hinter einer Erdwelle aufschimmert. Dann setzen sofort unsere Schüsse ein.

Das Erste ist überstanden. Nun kommt der schlechtere Teil. Er läßt auch nicht lange auf sich warten.

Ein Sanitäter, den der Erdtelegraphist zu mir sendet, weil sonst kein kampffähiger Mann mehr in der Höhle ist, berichtet, daß die Franzosen ihre Artillerie schon in Kenntnis setzten. Fast gleichzeitig hauen die Ratscher in uns hinein.

„Vorrücken," schreie ich, „so weit wie irgend möglich auf ihren Pelz!"

Mein Befehl erübrigt sich; denn jetzt, Donnerwetter, geben die französischen Artilleristen ihren eigenen Leuten Zunder. Das scheint eine internationale Gepflogenheit der Artillerie zu sein. Sie springen wie irrsinnig drüben auf, laufen schreiend umher und bieten sich uns als hervorragende Zielscheiben dar.

Tak! Tak! Taktaktak!

daß wir zu wenig Infanterie haben! Gerade die M. G.-Besatzungen sind notdürftig besetzt. Dazu ein paar Melder, die kaum eine Gruppe ausmachen.

Bei den Franzosen ist noch immer Bewegung, denn die eigenen Ratscher halten sie gut in Atem. So belohnt sich der Schneid der Alpenjäger schlecht.

Aber was ist das?

Aus unsern Linien lösen sich ein paar Gestalten, springen feindwärts. Wollen die überlaufen? Aber das ist doch Schuckardt? Woher taucht er so plötzlich auf? Wir können ihn doch nicht allein lassen.

„M. G. stopfen!" schreie ich wütend. Will der Mann mir die ganze Front verwerfen? Es ist ein Wunder, daß der Franzmann noch nicht schießt. Aber nun hilft es nichts!

„Prachtvoll", sagt der Ordonnanzoffizier und schwingt eine Handgranate. „Nicht gerade vorsichtig, aber vielleicht haben wir Schwein."

Jetzt liegen wir schon in einer Höhe mit Schuckardt und den andern auf dem Bauche. „Bist du verrückt, alter Sohn?" schnauze ich den Melder an.

„Wir wollten doch nur so weit vor, um ihnen eine Lage zu geben", meint Schuckardt traurig. „Ich kam gerade, als die Sache anfing."

„Und lauft mitten in unsere Maschinengewehre hinein?"

„Aufpassen, Schuß!" schreit schon K.

Unsere Handgranaten wirbeln. Da ist drüben kein Halten mehr, denn die Lage war sauber genug.

„Nun Köpfe in den Dreck", mahne ich, „damit die M. G. ganze Arbeit machen können." Ich winke nach rückwärts. Na, trauen sie sich denn nicht?

Es war wohl nur eine Ladehemmung, denn jetzt setzt das Maschinengewehr am Flügel ein. Mein Freund, der Bartstoppler, ich weiß seinen Namen nicht, — läßt sich die Gelegenheit nicht entgehen.

Es ist sehr wenig gemütlich, wenn auf diese nahe Entfernung gerade eine Handbreit und noch weniger die eigenen M. G.-

Garben über die Köpfe hinweg wischen. Man kann auch nicht beobachten, welches Unheil sie drüben anrichten.

„Schweinerei," schimpft der kleine Meyer, der mit Schuckardt zuerst den Sprung gewagt hat, „jetzt haben mich die Dösköppe in die Schulter gepickt!"

Ich werfe ihm mein Verbandpäckchen zu. Dann schweigt unser Flügel-M. G. Ich rufe nach rückwärts und hoffe, sie haben es begriffen. „Los, abhauen!" gebe ich Befehl.

Der Unteroffizier hat gut aufgepaßt. Schnaufend sind wir wenige Sekunden später wieder in den Stellungen, aus denen die Maschinengewehre von neuem das Feuer aufnehmen.

„Die denken noch an den Tag!" knurrt der Unteroffizier.

Die ärgste Bedrohung ist vorüber. Die Franzosen sind regelrecht vor uns und ihrem eigenen Artilleriefeuer ausgerissen. Noch immer haut es auf die gleiche Stelle. Endlich einmal ist das Schlachtenglück uns hold.

Der kleine Meyer hat nur einen Streifschuß. Er schimpft noch immer mit den M. G.-Leuten herum.

„Aber, Mensch, so freue dich doch, hast 'nen Heimatschuß!"

„Ja, aber von eigenen Landsers, das gilt nicht," verharrt er in seiner Wut.

Der Ordonnanzoffizier soll mir die Meldung bringen, was im Südteil vorgeht, wo auch der Rittmeister kämpft, und ihm dabei von unserm Erfolg berichten.

Die französischen Angriffskolonnen formierten sich neu. Wir stellen fest, daß außer dem Sturmtrupp, der als erledigt gelten kann, bis zu dreihundert Metern alles frei vom Feinde ist.

Leider verbessert die französische Klatschbatterie jetzt ihre Lagen, die bis an uns herangreifen, ohne daß wir groß Deckung suchen dürfen. Denn die Maschinengewehre arbeiten noch immer.

Die beiden linken haben sich schon verschossen. Auch der Unteroffizier vom Nachbarregiment meldet Munitionsknappheit. Ich schärfe ihm äußerste Sparsamkeit ein und begleite die Munitionsholer zur Höhle, wo wir gemeinsam in fieberhafter Eile gurten.

„Das Wasser fehlt!" kommt ein Bote der draußen noch wachenden Maschinengewehrbesatzung.

„Verdammt ja, auch wir haben kein Wasser mehr!"

„Beeilen," naht ein zweiter Mann schnaufend und ächzend. „Sie kommen schon wieder!" Er verharrt noch.

„Was wollen Sie noch?" frage ich.

„Wasser für den Kühler," fordert der Mann, „sonst ist es aus!"

Sollen wir die wenigen Selterswasserflaschen opfern, die kaum noch für diesen Tag langen? Mir fällt ein — wie dumm das doch manchmal trifft! —, was sie in dem Roman von Peter Moors Fahrt nach Südwest taten. Ich besinne mich keinen Augenblick mehr.

„Schifft in die leeren Konservenbüchsen, alle Mann raus mit den Dingern, schifft, was Ihr nur könnt!"

Sie begreifen lachend, füllen die rostigen Gefäße.

Schon ist der erste Bote vom Maschinengewehr wieder heran:

„Sie kommen — kommen!"

„Wir auch", versichert ein M. G.-Führer und packt trotz aller Erregung sorgfältig die neugefüllten Gurte in den Munitionskasten.

Er grient: „Hier habt Ihr auch die — Pinkelkästen!"

Dann halten wir wieder zu drei Gewehren auf dem Hange in der Reihe. Als sich die erste französische Welle über der kleinen Anhöhe zeigt, rattern wir los.

Da fallen sie dort drüben kopfüber in den Dreck, rühren sich nicht mehr.

Die letzte Brieftaube entflattert in den Äther.

„Beauregard wies soeben den zweiten französischen Angriff siegreich auf allen Punkten ab. Verluste hierbei gering, aber Gefechtsstärke im ganzen noch sechzig Gewehre. Infanteriemunition und Verpflegung dringend erbeten. Ohne Entsatz Lage hoffnungslos."

Schuckardt berichtet von seinem Erkundungsgang zum Regimentsstab. „Die werden schon alles für uns tun", versichert er mit bewundernswerter Gläubigkeit. Aber er weiß nicht, daß hier nichts anderes mehr gilt, als uns zurückzurufen.

Ich sage es leise zum Rittmeister. Er sieht mich groß an: „Sie werden wohl recht haben."

Ich lehne an einer durch den Durchschuß geschaffenen Luke am Südteil der Höhle. Das Feuer der Minen und schweren Kaliber aus den Schiffsgeschützen hat wieder eingesetzt.

Neben mir vergönnt sich Leutnant F. eine Gesprächspause. Er kam eben von seinem Postenrundgange zurück. Denn weit vorausgeschoben, aus der härtesten Feuerzone heraus, haben wir die Höhle mit einem dünnen Schützenschleier umgeben, zu dem uns die verschiedensten Formationen ihre Männer stellen mußten. Ohne eine solche Sicherung kann uns ein Handstreich überraschen, daß wir alle wie Mäuse in der Falle sitzen.

Plötzlich haut es dicht neben die fensterartige Öffnung, daß wir platt auf die Erde stürzen. Ich fühle beim Erheben, daß es mir kalt über die Augen läuft.

„Sie sind verwundet!" ruft F. aus.

„Ach Blech", antworte ich, „dann müßte ich doch einen Schmerz fühlen. Außerdem ist es kalt," ich wische, „vielleicht eine Wasserpfütze."

„Blut", sagt der Führer der Zehnten dumpf. „Eine alte Sache von vorgestern — von den Fünfzig und mehr."

Ich muß mitten hineingefallen sein. Wahrscheinlich ist die schon vertrocknete Blutlache durch den Wasserkasten eines Maschinengewehrs vorhin beim Angriff wieder frisch aufgerührt worden. Nun wissen wir auch, woher der widerlich aufdringliche Geruch kommt. Ich habe einen alten Lappen gefunden und wische mir damit das Gesicht. Es ist eine ekle Arbeit.

Cholewa meldet, daß von der rückwärtigen Höhe her geblinkt würde. Unsere Lichtsignalisten, deren Station wir vorübergehend aufgegeben haben, da das Regiment ja doch seinen Standort verlassen mußte, seien schon an der Arbeit.

Dann bringen sie auch Nachricht, es sei in der Tat das Regiment, das eine neue Gefechtsstelle bei Laval bezogen habe und um Erläuterung der Lage ersuche.

Ich lasse das Gleiche signalisieren, was schon die Brieftaube an die Division gemeldet hat.

Die drüben funken zurück: „Aushalten!"

Das wissen wir auch.

„Wird besorgt," lasse ich zurückgeben, „aber denkt an Ersatz und Ablösung!"

Cholewa hat die Eßvorräte besichtigt und ist sehr sorgenvoll, als er mir den unbedeutenden Bestand mitteilt. Eben noch hat die Zwölfte, die sich wieder wacker gehalten hat, einen Teil davongeschleppt. Der Rest reicht nicht über den Abend hinaus. Das ist sehr bedenklich.

Besser schon steht es mit der Munition. In einem verlassenen Gange der Höhle hat der Ordonnanzoffizier zufällig noch eine Menge Kästen aufgefunden. Weiß der Teufel, wie sie dahinkamen, denn vor zwei Tagen waren sie noch nicht da.

Nun hat die Trommelei draußen ihre alte Stärke erreicht, just so wie vor der Infanterieschlacht.

Also traut sich die Gesellschaft nicht mehr vor und wartet, daß der „Rond point" gänzlich rund gemacht wird. An sich das Bequemste, wenn es mich auch nicht ganz fein dünkt. Wir deutschen Infanteristen sind von unseren hohen Stäben nicht so verwöhnt, daß sie uns den Gegner totschießen lassen, ehe wir an ihn heranbrauchen. Deutschland ist arm, kann sich das nicht leisten, weil es gegen die halbe Welt zu kämpfen hat.

„Krummer Hund," sage ich zu dem Ordonnanzoffizier, „habt Ihr noch eine Zigarette?"

Der andere holt ein zerdrücktes Etwas aus seiner Rocktasche hervor, findet auch noch einen zweiten Stengel. Schweigend paffen wir uns den Rauch ins Gesicht.

„Hm!" sage ich.

„Prachtvoll!" kommt die Antwort zurück.

„Wie lange noch?" frage ich.

„Am Abend werden sie's wohl noch einmal versuchen. Das gibt dann eine Abwechslung."

„Vielleicht lassen sie's auch ganz. Die Abfuhr war zu deutlich."

„Vielleicht!"

Wir warten, lauschen den Einschlägen, die das Gestein bröckeln und krachen machen, — warten, — den Nachmittag,— den Abend.

Wir haben uns genauestens vorgesehen. Die Maschinengewehre stehen bereit. Keiner hätte etwas dagegen, wenn die Franzosen jetzt mit dem Trommeln nachließen und wiederkämen.

Aber sie kommen nicht.

Kommen auch in der Nacht nicht, in der die Höhle wie ein stampfendes Schiff hin und her geworfen wird.

Niemand schläft, — jeder erwartet das Ende.

Ich gehe umher, spreche beruhigende Worte, so sinnlos sie mir auch selbst erscheinen. Ein Witz zur rechten Stunde hilft noch immer.

Schuckardt wenigstens ist dieser Ansicht. Man sieht ihn auch jetzt nicht kopfhängerisch. Er hat schon seit seiner Rückkehr von der Many-Ferme zweimal neue Unternehmungen ausführen müssen, einmal zur Zwölften, dann zu Malepartus, ein Weg, bei dem kein Auge trocken bleibt. Beim zweiten Bataillon hält Hauptmann Geest, der neue Mann im Regiment, stur wie ein Bauer. Er stammt auch aus dem Holsteinischen. Von Lücken hat man nicht einmal die Leiche bergen können. Ach, es ist alles sehr gleichgültig!

Schuckardt berichtet unter Lachen von seinen Fahrten. Woher der Mann es nur nimmt! O, wir haben immer noch solche wie ihn! Solange kann es nicht zum Schlimmsten kommen.

„Wenn Herr Leutnant nur gesehen hätten, wie der Regimentsstab getürmt ist!" lacht Schuckardt mich jetzt an. „Das war man 'ne tolle Sache. Und der kleine Meyer, der mit seinem Schulterding hoffentlich gut nach hinten gekommen ist, und ich, — wir machten feste mit."

„Glaub's schon, Schuckardt", antwortete ich müde.

Wenn sie wüßten, warum mir der Kopf so schwer ist!

Bald ist der neue Morgen heran. Den Angriff, den fürchte ich nicht, aber schon jetzt ist die Verpflegung am Ende, und da sie uns in der Nacht keine Hilfe schicken konnten, werden wir auch morgen allein sein, — ganz allein.

Der Morgen ist da. Das Minenfeuer läßt nicht nach. Fort und fort arbeiten wir an der Freihaltung der Höhlenausgänge — aber die Franzosen kommen nicht.

Sind sie etwa an anderer Stelle so weit in unsere Front eingebrochen, daß sie uns wie eine reife Frucht abpflücken zu können glauben? Aber da hätte das Regiment signalisiert, obwohl die Verbindung durch das Feuer sehr schlecht ist. Bald werden sie mir alle Lichtsignalisten abgeschossen haben, und dann weiß die Außenwelt nichts mehr von dem verlorenen Posten.

Der letzte Befehl vom Regiment besagt, mit den und den Bataillonen Verbindung zu suchen, die angeblich hinter uns im Gelände umherwimmeln. Das ist wieder eine Aufgabe für Cholewa und Schuckardt, die ihnen besser gefällt als das Warten und Kopfhinhalten. Ich wollte, ich könnte mit ihnen gehen, anstatt hier lauernd auf dem Sprunge zu sitzen.

Es ist kaum glaublich, daß seit dem letzten Infanterieangriff nun ganze vierundzwanzig Stunden vorübergingen. Immer noch begnügen sie sich mit der Trommelei auf die Höhle, und immer noch hält der alte Kasten, wie um sein Versagen vor drei Tagen, als er die Mine durch seinen Luftschacht ließ, wieder wettzumachen.

Cholewa hat ein sagenhaftes Bataillon gefunden; es steckt drei Kilometer rückwärts beim Alimentenbecken. Ein anderes entdeckte Schuckardt an dem sogenannten Pargnynest. Damit ist wenigstens von uns, die wir kilometerweise in den Feind hineinragen, bis zum Kanal eine breite Flankenfront hergestellt, so daß wir im Rücken nichts mehr zu fürchten haben. Damit wäre es nun an der Zeit, uns baldigst zurückzurufen. Die Geduld der Franzosen erscheint mir schon lange unbegreiflich.

In diese Betrachtungen reißt plötzlich eine Stimme, die mir

das Blut gefrieren macht. Sie geht schwer und schleppend und hatte doch sonst einen immer fröhlichen Klang. Stehen die Toten auf? Fange ich an, verrückt zu werden? Das irrsinnige Hämmern und Knirschen auf dem Kalk über uns kann wohl den Verstand verwirren, so lange schon mußten wir es ertragen.

Ich blicke scheu auf.

Da steht mein Niedersachse und noch einer. Und es ist kein Gespenst, so hohl auch seine Backen liegen, so wirr auch seine Augen flackern, die das Entsetzen widerspiegeln, das sie haben erblicken müssen. Kein Zweifel, es ist — Omschatz.

„Elfte Kompanie meldet sich zurück, Herr Leutnant" sagt der Schlesier traurig.

Ich zerre den Mann an den Schultern her, rücke den wackligen Stuhl herbei, daß er Platz nehmen soll. „Meine letzte halbe Selters her!"

Wie ein Verdurstender schlürft Omschatz den Trank.

„Und nun essen!"

Das bringt den Füsilier wieder ein wenig auf die Beine. Erst jetzt darf er erzählen. Sein Bericht muß uns die wertvollsten Aufschlüsse geben.

„Wo ist Leutnant Reif?"

Omschatz' Tränen stürzen hemmungslos. „Tot!" schluchzt er auf.

„Wie kam es?" frage ich rauh.

„Gegen sechs Uhr morgens ging der Zauber los", beginnt Omschatz stockend und kommt erst allmählich in Fluß, so sehr sind die Ereignisse noch über ihm. „Wir merkten es rechtzeitig, und der Leutnant schoß die erste Sperrfeuerpatrone. Wir sahen auch, daß das Bataillon sie weitergab."

„Ich war es selbst, Omschatz."

„Aber keine Artillerie rührte sich. Das war auch nicht das Schlimmste, denn unsere Maschinengewehre waren alle intakt. Leutnant Reif selbst bediente das am rechten Flügel, weil es uns dort doch immer am windigsten vorkam. Nicht einen Meter, Herr Leutnant, kam der Franzmann vor, nicht einen

Meter, sage ich. Wie hingerotzt lagen sie da, und wir glaubten schon alles in Ordnung.

Da aber kam es von hinten heran. In der Dämmerung konnte man wenig erkennen, und es ging alles so schnell. Ein ganzer Haufen war es, und wir an unserm Maschinengewehr fünf Mann. Sie schossen schon von hinten in uns hinein, als wir noch gar nicht recht wußten, was eigentlich los war." Omschatz stockt.

„Schon gut, Kamerad," sage ich ermunternd, „wir haben es ihnen auch tüchtig wiedergegeben."

„Leutnant Reif war wie ein Wilder hoch, als er den Schaden bemerkte. Er riß das Maschinengewehr herum, aber das war schon zu spät. Da warf er dem Franzmann eine Handgranate entgegen, daß es für einen Augenblick Luft gab, und schrie uns zu: „Nur keine Bange haben, Jungens, das wird noch alles!" Und dann zerrte er am Maschinengewehr, wir faßten alle an und rannten nach links, zum Kompanieführerunterstand. Denn der Leutnant wollte den Erdtelegraphen benachrichtigen, damit er es nach der Höhle geben könne."

Omschatz ist dicker Schweiß auf die Stirn getreten, über die sich eine breite, rote Schramme zieht. Er holt tief Atem, ehe er fortfährt:

„Wir sind auch noch bis zum Unterstand durchgekommen. Ich sprang hinein und sagte Bescheid. Dann war ich wieder draußen, wo Leutnant Reif schon das Maschinengewehr von neuem in Stellung gebracht hatte. Aber da kamen sie wieder von vorne und von der Seite und im Rücken und schrien uns an, wir sollten uns ergeben. Denn so etwas wird es wohl gewesen sein. Da hätten Herr Leutnant aber den Leutnant Reif sehen sollen. ‚Das wäre noch schöner, ihr Sauhunde!' schimpfte er. ‚Noch ist nicht aller Tage Abend, was, Omschatz?' Und mir wurde wieder ganz gut zu Mute, als ich den Leutnant so sah, und schmiß wacker mit Handgranaten nach vorne, nach rechts, nach rückwärts, — man wurde ganz wirr dabei."

Omschatz streicht die schmutzigen Haare aus der Stirn, besinnt sich:

„Ja, und dann war es mit den Handgranaten alle, und das Maschinengewehr hatte einen Querschläger durch den Mantel bekommen. Um uns her aber waren sie wie die Bienen. Ein Kerl sprang aus dem Haufen vor, muß wohl ein Offizier gewesen sein, dem unser aussichtsloser Kampf Eindruck machte, und sagte wieder so etwas wie: ‚Pardon!' Leutnant Reif bekam einen feuerroten Kopf, ich sehe ihn noch ganz deutlich vor mir, wie er in voller Größe dem Franzmann entgegentrat und die Pistole auf ihn richtete. Da klappte der Kerl zusammen. Die andern aber gerieten in wilde Wut und schossen von allen Seiten. Ich sah noch, daß Leutnant Reif vornüber fiel. Er muß von vielen Schüssen getroffen worden sein. Mich selbst ritzte es nur an der Stirn. Aber ich ließ mich mit dem Kopf zuerst in einen Trichter fallen und rührte mich nicht, weil sie glauben sollten, daß es auch mit mir aus sei.

Für die nächste Zeit hatte ich auch Ruhe," fährt Omschatz fort. Stoßweise kommen seine Worte:

„Der Franzmann hatte alle Hände voll zu tun, um einen Angriff abzuwehren, der von der Höhle aus gekommen sein muß. Uns hätte er nie retten können, höchstens die Dauer unseres Kampfes verlängert. Da hatte ich denn große Not, um nicht von den eigenen Kugeln getroffen zu werden. Einmal waren auch Franzosen samt ihrem Maschinengewehr in dem gleichen Trichter, in dem ich lag. So haben sie Leib an Leib mit mir, den sie für einen Toten hielten, gekauert. Das muß gestern vormittag gewesen sein.

Dann setzte das Artilleriefeuer wieder ein, ich sah Schuß auf Schuß in die Höhle gehen, daß die Splitter bis zu mir flogen und die Franzosen schleunigst Reißaus nahmen. Oftmals versuchte ich, Umschau zu halten, ob nicht ein Entkommen möglich wäre. Denn Durst und Hunger peinigten mich. Aber hüben wie drüben wachten die Maschinengewehre, daß ich mich nicht rühren durfte. Ich hatte auch keine Lust, zu guter Letzt noch dem Franzmann in die Hände zu fallen. So wartete ich auf die Nacht.

Da wurde das Feuer immer toller", der Erzähler schüttelt

sich, „und wo es am wildesten tobte, mußte die Höhle sein. Vielleicht konnte ich mich auch zu der Zwölften retten. Aber wußte ich denn, ob es ihr nicht ebenso ergangen war wie uns? Wenn ich nicht nach den ersten Sprüngen auf einen toten Franzosen gestoßen wäre, der noch eine volle Feldflasche bei sich trug, ich glaube, mir wäre die Besinnung weggegangen. So aber kam ich wieder auf die Beine. Nur der Hunger nagte fürchterlich. Noch niemals habe ich solchen Kohldampf gehabt. Aber weil es mir nun einigermaßen wieder gut ging, wollte ich doch zusehen, daß ich die Stelle wiederfand, wo sie den Leutnant erschossen hatten."

Omschatz wischt sich die Augen. „Die verdammte Dunkelheit war mir nur im Wege, und auf der Suche wäre ich fast dem Franzmann in die Arme gelaufen. Da kehrte ich denn um, verlor dabei aber die Richtung ganz und brauchte bis zum Morgen, um mich plötzlich bei dem Maschinengewehr am Steinbruch wiederzufinden. Da haben sie mir ein wenig Brot und Wasser gegeben, das sie in der Zeltbahn vom Regen aufgefangen hatten, und dann schlief ich erst einmal. Und nun bin ich hier..."

Der letzte Mann der elften Kompanie ist wie erleichtert, als er seine furchtbare Geschichte von der Seele hat. Ich drücke ihm schweigend die Hand.

„Bei Einbruch der Dunkelheit müssen sie nach hinten, Omschatz," sage ich dann. „Sie haben es verdient und können denen dort melden, daß es mit uns auch bald aus sein wird."

Aber der Füsilier sträubt sich.

„Das ist nun schon alles ganz egal, und Herr Leutnant können jetzt jeden brauchen!"

Das kann ich allerdings, denn außer Cholewa und Schuckardt sind die Melder alle abgeschossen. So vollendet Omschatz eine wackere Dreizahl.

Jetzt stürzt der Ordonnanzoffizier zu uns:

„Unsere Flieger sind draußen!"

Das ist ein Ruf, der uns wie Schiffbrüchige auf dem Ozean erreicht. Denn seit zwei Stunden ist auch mit dem Regiment keine Verbindung mehr zu erhalten. Er gießt in die schlaffen und gleichgültig Gewordenen neues Feuer. Niemand denkt mehr an das Trommeln draußen, jeder will hinaus, so, als ob der Anblick der Flugzeuge Rettung bedeuten könnte.

Ich halte sie zurück.

„Leutnant K., Cholewa und ich, das genügt," sage ich und gehe den beiden voraus. In niedrigster Höhe umkreisen zwei Maschinen das feuerlohende Plateau. Breit prangt das Eiserne Kreuz auf ihren Tragflächen.

Da, — sie winken schon aus den Flugzeugen.

Der stets auf Alles bedachte Cholewa hat die weißen Fliegertücher schon ausgebreitet. Man winkt noch einmal, hat uns erkannt. Aus dem Krachen und Heulen ringsum vernehmen wir deutlich das Surren der Propeller. So niedrig fliegen die Unsern, daß sie jeden Augenblick von einem Schuß erfaßt werden können und zerspellen.

Jetzt fällt etwas klatschend aus der Maschine dicht vor uns auf die narbenzerrissene Erde und verschwindet in einem Trichter. Leutnant K. ist wie ein Wiesel nachgesprungen und kommt triumphierend mit einem gefüllten Sandsack zurück.

Er wirft ihn Cholewa zu. Auch aus der andern Maschine fallen zwei Pakete. Die erste schleudert wiederum: drei Säcke auf einmal weit im Umkreise bringen uns Abgeschnittenen den Gruß der Kameraden. Auch diese drei können wir bergen.

„Kommißbrote!" ruft Cholewa entzückt und öffnet den zweiten Sack: „Konserven!"

Aus den Lüften winkt es noch einmal zu uns hernieder. Dann steigen die Maschinen steil in die Luft, ohne daß eine feindliche Abwehr schon erfolgt wäre. Denn die Franzosen mögen wohl keine Lust verspüren, in ihre eigenen Geschoßgarben hineinzufliegen.

Unversehrt verschwinden die Unsern schon wieder über dem rückwärtigen Höhenzug.

Es ist nicht viel, was die Lüfte uns gespendet haben. Mehr aber als die Gabe selbst befriedigt das Gefühl, daß man uns nicht vergessen hat. Denn alle Versuche, durch Lichtzeichen den

Bove-Rücken nochmals zu erlangen, scheitern im Artilleriefeuer. Auch die drüben werden den Kopf nicht mehr herausstecken können.

Und das Trommeln läßt nicht nach.

Es bedarf höchster Willensanspannung, fort und fort aufzumerken, ob es nicht jäh aussetzt, und der französische Angriff über uns kommt, ehe wir aus den eingeschossenen Ausgängen ihm entgegentreten können.

Ihr Zustand wird immer bedenklicher. Wir haben versucht, Balken zu Stützzwecken zu verwenden, aber es zeigte sich bald, daß sie höchstens geeignet waren, die Passage zu gefährden. Cholewa wäre um ein Haar darunter begraben worden und erlitt unangenehme Quetschungen, die ihn für die nächste Zeit zur Ruhe zwingen.

Ruhe haben wir eigentlich alle, wenn man es so nennen will, dieses teuflische Unter-der-Erde-Begrabensein. Weil uns die feindlichen Zentnerladungen nicht geradewegs mehr erreicht haben, verschließen sie jetzt höhnisch die Zugänge zum Leben, und wenn es nach Scharren und Hämmern und Graben gelungen ist, ein Stück Licht von draußen zu erhaschen, dann kann man gewiß sein, daß schon die nächste Sekunde es wieder verschüttet.

So naht der Abend, auf den wir noch alle Kräfte gespannt halten. Denn nun muß der Angriff doch kommen, — muß...

Herrgott, wenn wir an Stelle der Franzosen wären! Es hätte uns eine Erlösung bedeutet!

Aber sie kommen wieder nicht.

Wir lohnen ihnen wohl nicht mehr. Wahrscheinlich auch ist, daß ihnen der gestrige Vormittag so sehr in die Glieder fuhr. Ja, das war noch etwas!

So haben wir ganz umsonst die Posten ins Feuermeer gejagt. Ich selbst bin mit K. und einem Maschinengewehr hinausgeklettert, Hölle ringsum. Das Maschinengewehr wurde zerschossen, ein paar Mann getroffen, verwundet, tot. Mich verachteten die Eisen auch dieses Mal.

Aber jene Minuten vergessen wir nicht, als wir wieder in die Höhle zurückwollen. Hier ist doch der Zugang gewesen?

Aber wir finden nur einen Sandsteinblock, der uns von denen unten absperrt, und es muß doch hier gewesen sein.

Mit der letzten Kraft der Lungen und Fäuste, zwischen den spritzenden Einschlägen, dem ohrenbetäubenden Lärm, greifen wir verzweifelt den Block an. Das zerschossene Maschinengewehr wird als Hebel benutzt.

Wir wissen nicht, woher uns die Kraft wird. Doch dann bewegt sich das Hindernis, aber sehr langsam und träge. Endlich! Nachdem er den Rand eines Trichters erreicht hat, kommt der Fels von selbst ins Rollen und verschwindet in seiner Tiefe. Der für uns wichtigste Ausgang, der die Flanke deckt, ist für eine Zeitlang wieder frei.

Tiefaufatmend, erst jetzt begreifend, daß wir mitten im Trommeln noch immer unversehrt geblieben sind, springen wir in das Höhlendunkel zurück.

Das Brot und die Konserven, die die Flieger gebracht haben, werden verteilt. Ein paar Flaschen Selterswasser finden sich noch an. Mir kommt ein fürstlicher Gedanke.

„Wir haben doch noch die französischen Brieftauben," rufe ich dem Niedersachsen zu. „Übergeben wir die armen Tierchen ihrer eigentlichen Schöpfungsbestimmung — braten wir sie!"

Auf einem kleinen Ofen bereitet der Niedersachse das Mahl. Nun können die andern wenigstens unseren Fliegeranteil ganz erhalten. Ich besitze auch noch ein Probierfläschchen Schnaps aus dem letzten Feldpostpaket. Wenn man sparsam ist, kriegen Rittmeister, Ordonnanzoffizier und ich jeder ein Kostkäppchen. Wir wollen in Anstand sterben, denke ich voller Galgenhumor, denn ans Sterben geht es morgen früh gewiß.

Nun braten die Täubchen schon lustig in der Pfanne. Ein angenehmer Geruch füllt das rauchige, stinkige Höhlengemach.

„Prachtvoll," sagt K., „nun wollen wir einmal vergnügt sein!"

Der Orkan auf der Höhle gibt grimmige Antwort. Wir hören schon kaum mehr hin.

Der Niedersachse bringt ein paar Teller. Jeder zieht sein Eßbesteck. Das ist alles noch vom ruhigen Stellungskrieg her vorhanden, jener Ruhe, die unmerklich fast ihre Opfer fordert.

Auch der Rittmeister hat sich mit allem abgefunden. „Ihre Witze sind unerträglich," meint er zu mir, „aber gefallen tun sie mir doch."

„Nun also," ich nicke befriedigt, „es lag auch nur daran, daß sie nicht in die triste Umgebung passen. Sie gehören an einen Stammtisch bei Siechen."

„Das ist eine Gemeinheit," empört sich K., „jetzt daran zu erinnern, wo ich einen solchen Durst habe!"

„Ja," fahre ich fort, „und ein italienischer Salat muß auch dabei sein. Ich schwärmte übrigens immer für illustrierte Gurke..."

„Nun hören Sie aber auf!" fährt mich der Ordonanzoffizier an.

„Aber was wollen Sie denn, mein Lieber! Kriegen wir nicht Tauben jetzt?"

Der Niedersachse trägt schon schmunzelnd auf. Es ist nicht gerade viel für unsere ausgehungerten Mägen, strömt aber doch irgendwie Behagen aus.

Ich ergreife mein Glas, es ist ein Trank für Finken: „Prost!"

„Die Höhleneingänge sind alle zu, bis auf den Westausgang," meldet Cholewa. Er hinkt an seinem Stocke.

„Der ist die Hauptsache," sage ich. „Erst wollen wir alle etwas gegen den Kohldampf tun."

„Eine famose Nemesis," schmatzt der Ordonanzoffizier selig. „Diese Tauben hier — sie sind übrigens sehr zart — sollten unseren Untergang schon gestern berichten. Zur Strafe dafür kommen sie heute in unsere Mägen." Er nagt gierig am letzten Knochen.

Man kann den Westausgang von unserem Tische aus gut sehen. Wir behalten ihn auch stetig im Auge, denn er ist für die Verteidigung am wichtigsten.

Plötzlich hört man vor ihm ein Poltern und Schreien. Dicht davor schlägt es wieder ein.

„Da traf es jemanden," sage ich ernst.

Dann aber füllt sich der Eingang jäh von einer menschlichen Gestalt. Man hört ihren jagenden Atem. Vor einem neuen Einschlag rutscht der Mann mit einem Sprunge vor unsere Füße, richtet sich jetzt straff auf. Man sieht in seinem Gesicht die Willensanspannung, deren der Abgehetzte bedarf, um nicht vor Erschöpfung umzusinken:

„Leutnant v. Seebach meldet sich ganz gehorsamst als Erkundungspatrouille des ersten Bataillons!"

Wir sind so überrascht von diesem Gruß aus einer Welt, mit der wir, wie wir jetzt erst sehr deutlich spüren, schon abgeschlossen haben, daß sich nichts in unseren Mienen verändert.

„Setzen Sie sich nur, mein Lieber", fordere ich gemütlich auf. „Kann ich Ihnen noch etwas Taube anbieten?"

Der Leutnant kann unsere Ruhe noch nicht begreifen. Er hat eine fürchterliche Jagd durch Nacht und Sperrfeuer hinter sich und ist der einzige, der sich von einer Patrouille von vier Mann, die er führte, endlich bis zu uns, die man hinten schon aufgegeben hat, durchschlug. Der Schweiß perlt ihm am ganzen Leibe. Sein Atem geht noch immer stoßweise.

Da nehme ich den Rest meines Kognaks und führe ihm das Glas selbst an die Lippen:

„Im Charlottenburger Kasino war es nicht gemütlicher, wie?"

Leutnant v. Seebach berichtet. Man hat die erste Kompanie — alle anderen des Bataillons kämpfen irgendwo im Gelände — bis zur S-Schleife vorgeschickt. Falls er uns noch antreffen würde, habe er Befehl, uns diese Kompanie zur Verfügung zu stellen. Und nun seien wir ja gottlob noch da.

„Das sind wir," meint K., „ist gar nicht abzustreiten. Aber wir hoffen, daß die Weisheit des hohen Kommandos sich damit nicht erschöpft."

Der Rittmeister blickt zürnend auf den Vorlauten. Ich komme ihm zu Hilfe.

„Jawohl, Herr Rittmeister, da wir nun einmal jemanden

aus der Außenwelt hier haben, so soll er nicht umsonst mit dem Tode haben spielen müssen. Für den Fall, daß Seebach mit Gottes Hilfe wieder heil zurückkommt, mag er genauestens berichten, wie es um uns steht."

"Ich hörte zufällig," sagt Seebach jetzt, der sich schnell wieder erholt hat, "vom zweiten Bataillon sei schon Meldung eingelaufen, daß es einem kommenden Angriff nicht mehr gewachsen ist."

"Also," setze ich fort, "das ist eine deutliche Sprache, die der Hauptmann Geest redet. Wir können es ja schließlich nicht mit der ganzen französischen Armee und noch dazu ohne Munition und Fressen aufnehmen. Außerdem ist der Chemin jetzt völlig illusorisch geworden. Sagen Sie denen also hinten, Seebach, daß es morgen mit uns aus ist, falls man nicht ein neues Regiment hier hereinstopft — und das wäre ganz und gar verrückt. Wenn man also auf unsere fernere Beteiligung an dem Orlog Wert legt, so möge man auf einen anderen Ausweg sinnen. Wir haben eigentlich genug der Kunststücke gezeigt."

Ich entwerfe den schriftlichen Bericht, den der Rittmeister unterzeichnet.

"So, und da wir von diesen Taten nicht leben können, werden wir jetzt mit der ersten Kompanie Verbindung aufnehmen und sie nach der Höhle ziehen. Wir kämpfen hier nämlich bald allein."

Ich drücke Seebach die Hand. "Man soll allen Scherz beiseite lassen, denn der Ernst ist furchtbar. Kommen Sie also gut nach hinten!"

Die kleine Gestalt des Offiziers zwängt sich durch den Ausgang. Schuckardt und Omschatz nehmen Verbindung mit der ersten Kompanie auf. Sie holen sie mir aus der Hölle heraus!

Ich entwerfe mit dem Rittmeister gemeinsam den Verteidigungsplan für den kommenden Morgen. Wir versuchen, nichts dabei außer acht zu lassen, um noch einmal bestehen zu können. Reste der elften Kompanie des Regiments 154 und unserer neunten Kompanie sollen zusammen mit der erwarteten erſten Kompanie um die Höhle einen Halbkreis schließen, der an die zwölfte Anſchluß zu nehmen hat. Ihr gaben wir die Überbleibſel der Liegnitzer ab. Mit der neu eintreffenden erſten Kompanie werden wir dann wieder eine Gefechtsſtärke von ſechzig Gewehren beſitzen, gegen die die Franzmänner ein gutes Tauſend anſetzen können. Das iſt gewiß, und wir ſind es nicht ungewohnt.

Endlich — die Erſte iſt da.

Ihr Führer, Leutnant Otto, ein älterer Kavalleriſt, empfängt ſeine Weiſungen. Zunächſt gehe ich mit ihm die mageren Poſtenlinien ab, die ſchon den ungefähren Verlauf des Verteidigungsringes abzeichnen.

Das iſt ein Höllenſpaziergang.

Allein das Auffinden der im Gelände Verſtreuten iſt eine Leiſtung. Und jede Minute iſt koſtbar, denn ſchon weiſt der Zeiger auf zwei Uhr morgens. Erfahrungsgemäß wird der Angriff gegen ſechs ſpäteſtens auf der ganzen Linie einſetzen.

Dort hinten muß wieder ein Poſten ſtehen. Wir ſehen auch dunkle Geſtalten. Ich ſteuere in ſchnellen Sprüngen gerade darauf los — um jäh innezuhalten. Das ſind doch ...

Ich komme zu keiner weiteren Überlegung mehr. Irgend etwas hat mich an der Kehle gepackt, reißt mich vornüber. Ich ſtrampele und ſtöhne. Im gleichen Augenblick auch haut eine Mine dreißig Schritt von uns ein, daß das Knäuel, das ich mit einem Unbekannten bilde, in einen Trichter geworfen wird.

Dann ſchreit jemand, eine bekannte Stimme. Der Griff um meine Gurgel läßt nach. Jetzt habe ich Luft, reiße die Piſtole heraus, feuere blindlings in den Leib, der aufwärts getaumelt iſt und jetzt zuſammenbricht. Mit ſtieren Augen halte ich Umſchau.

Mein Niederſachſe war es, der zur rechten Zeit dem Franzoſen, der nun regungslos vor meinen Füßen liegt, das Meſſer über die Hände ſchnitt. Den Reſt beſorgte ich ſelbſt, denn der Füſilier iſt ſchon bei Leutnant Otto, der mit einem zweiten Franzoſen ringt, den wir bald gemeinſam dingfeſt machen. Wo die anderen blieben, wiſſen wir nicht.

So sitzen sie also schon mitten in unseren Postenlöchern, denke ich. Noch zwanzig Schritte weiter und sie können uns die Handgranaten in die Höhle kollern lassen.

Warum tun sie es nicht?

Der Führer der Ersten, der das Kommando über alle vorderen Teile übernehmen soll, hat den rechten Begriff bekommen. Wir landen mit unserem Gefangenen erschöpft in der Höhle. Es wird nun Zeit, daß die Erste ihre Stellung bezieht.

Der Franzose entpuppt sich als ein Sousleutnant, ein junges Kerlchen. Während Otto seine paar Unteroffiziere anweist, komme ich mit dem Mann in ein Gespräch. Schon beim Durchgang der Höhle hat er großes Erstaunen bezeigt, als er unsere kärglichen Verteidigungsmöglichkeiten und unsere geringe Kopfzahl feststellte. Die Durchschußstelle und die vielen dort angehäuften Leichen erregen sein Entsetzen: „Horrible!"

„Das kann man wohl sagen", stimmte ich ihm trocken bei und frage ihn radebrechend:

„Warum greifen Sie eigentlich nicht an?"

„O vous-êtes très braves et trop dangereux!"

Und wann sie sich denn nun endlich entschließen würden?

Diesen Morgen gewiß, versichert der Franzose eifrig, sie wären sehr Viele, o, es wäre eine Kleinigkeit.

Das kann ich mir denken, nachdem der Mann sich überzeugen konnte, wie es wirklich um uns bestellt ist. Aber als er hört, daß wir sehr bald in diese zerschossene Lage gekommen sind, auch am Vormittag vor zwei Tagen nicht sehr viel mehr Gewehre hatten, bezeugt er seine unverhohlene Hochachtung.

Ich spreche nur die Wahrheit, wenn ich ihm die meine über den Angriff der Alpenjäger zurückgebe.

Das Niederträchtigste ist, daß wir den Mann jetzt loswerden müssen. Denn wenn er uns hier auskneift, dann haben wir seine Genossen gleich auf dem Hals. Ich aber habe gar keine Lust, kampflos nach Paris auszuwandern.

Also muß Omschatz heran. Der wird den Franzmann gut nach hinten bringen!

"Die Erste ist bereit!" meldet Leutnant Otto.
"Na, dann man los und rin in den Mist!"
Da schallen Stimmen vor dem Eingang. Wer sucht uns jetzt noch heim?

Zwei Mann stolpern den eben wieder freigemachten Eingang hinunter. Es sind Melder vom Regimentsstab. Sie schreien mir schon aufgeregt entgegen:

"Abhauen, Herr Leutnant, Alles abhauen!"

"Erste in Höhle bleiben", sage ich schleunigst Schuckardt dem Leutnant Otto nach. Er trifft ihn auch noch rechtzeitig. Dann sinke ich fassungslos auf den wackligen Stuhl. Das kam zu plötzlich.

Irgendwo winkt und lacht wieder das Leben.

Der Rittmeister hat den Befehl ergriffen. Ja, es ist so. Wir sollen zurück. Kein Franzose warf uns aus dem verlorenen Posten. Der Befehl gibt uns jetzt das Recht.

Es ist schon drei Uhr morgens. Da wird es Zeit. Draußen tobt in unverminderter Wucht das Trommelfeuer, das uns von den Brüdern absperrt.

Nicht daran denken jetzt, Nerven zusammennehmen, es gilt, jedem der einzelnen versprengten Teile und Posten Nachricht zu geben von dem rettenden Befehl.

Ich schreibe wie ein Rasender. Der Rittmeister fällt ab und zu erinnernd ein. Wer aber soll nun die Nachricht überbringen? Es gibt keinen anderen als Schuckardt.

Noch einmal, zum letzten Male, sehe ich das treue und wirklich noch immer vergnügte Gesicht. "Jawohl, Herr Leutnant, das werden wir schon machen!"

Keiner kennt die Wege so wie er. Keiner auch ist sich so der ungeheuren Verantwortung bewußt, die sein Auftrag umschließt.

Schuckardt geht.

Wir haben hier noch alle Hände voll zu tun. Ich stecke an Karten und wichtigen Befehlen fort, was meine braune Tasche nur zu fassen vermag. Mit dem unwichtigen Rest veranstalten wir ein Autodafé.

Eine große Sorge sind auch die Verwundeten. Eine Anzahl mit schweren Verletzungen ist nicht mehr zu bergen. So versichert mir der Arzt. Er wird sie nicht verlassen. Aber was noch einigermaßen beweglich ist, bekommt seinen Ekkehard an die Seite, mit dem er nach rückwärts zu pilgern hat.

Ich entlasse schon die Ersten.

Es ist vier Uhr morgens. Noch immer kam Schuckardt nicht zurück. Wir werden die Letzten sein, die die Stellung verlassen, so haben wir beschlossen. Allmählich leert sich die Höhle immer mehr.

Wenn jetzt die Franzosen kämen!

Draußen wütet das Feuer unverdrossen, es kann ein herrlicher Rückmarsch werden.

Nun ist es dicht vor Fünf! Eine halbe Stunde noch, und der französische Angriff setzt ein. Die erste Kompanie, überhaupt Alles, was noch kreucht und fleucht, bis auf Cholewa und den Ordonnanzoffizier, hat den Rückzug angetreten.

„Nun, Herr Rittmeister?" frage ich.

„Ich sehe uns noch allein fechten", knurrt der bumpf zurück.

Da schallt hinten eine bekannte Stimme, der Kommandeur ist schon hin. Es ist Schuckardt.

Ich bekomme ihn nicht mehr zu sehen, aber ich höre seine Meldung, die die vollzogenen Unterschriften auf unserem Befehl noch bestätigen:

„Alles benachrichtigt, Herr Rittmeister, nur die S-Schleife fehlt noch. Da springe ich gleich hinunter."

„Aber die liegt doch auf unserem Wege", mahnt der Kommandeur. „Von dort aus begeben Sie sich sofort nach hinten zum Brigadegefechtsstand, zu unserem Sammelpunkt."

Dann haben wir von Schuckardt nie mehr etwas gehört.

Es wurde erzählt, er sei von der S-Schleife aus noch einmal sehr überflüssigerweise zur Höhle hinaufgehetzt, weil er Einzelnes von seinen Habseligkeiten vergessen hatte. Dabei habe es ihn dann erwischt. Andere auch wollten wissen, daß ihn erst am Kanal ein Volltreffer zerschmettert habe. Wieder andere gar hatten ihn sterbend am Wege gesehen. Wir hofften noch eine Zeitlang, er würde aus der Gefangenschaft schreiben. Aber niemals kam ein Lebenszeichen.

So ward Schuckardt, der Unermüdliche, Frohe, zu unserem unbekannten Soldaten, dessen Gebeine irgendwo auf dem Chemin des Dames ruhen.

Unser letzter Weg führt zum Sanitätsraum. Die Schwerverwundeten, soweit sie nicht besinnungslos sind, haben gemerkt, was vor sich geht, und wimmern:

„Nehmt uns mit, Kameraden!"

Es geht nicht.

Der Arzt streichelt die Aufgeregten: „Ich bleibe bei euch!"

Ich sehe noch die schlanke, von der tagelangen Blutarbeit ein wenig ermüdete Gestalt leicht gebeugt vor mir stehen, die Hand die mir zuwinkt, während er leise grüßt: „Gehen Sie mit Gott, meine Kameraden!"

Das Feuer spottet unserer Rettung. Wir sollen sie noch schwer erkaufen. Eben haut es den einzigen Ausgang wieder zu. Ihn mit unseren wenigen Kräften ganz freizulegen, ist unmöglich. So scharren wir denn von Fall zu Fall, bis wieder einer sich hindurchzwängen kann und in der heulenden Nacht verschwindet.

Vor mir kraucht der Rittmeister. Die Nacht saugt ihn auf. Der Ordonnanzoffizier und ich sind die Letzten, die wir auch gemeinsam in die Schlacht gingen.

Wir ziehen uns gegenseitig empor. Kalkbrocken prasseln um uns. Schuß auf Schuß kracht in Abständen von einer Viertelminute dicht vor den Eingang.

„So — los!"

Ich bin K. schleunigst nach, rase in die Feuerbrände hinein.

Aber was ist mit der Landschaft vor sich gegangen! Man sieht zwar in dem beginnenden Zwielicht wenig, aber die Füße fühlen, daß sie keinen Boden mehr unter sich haben.

Kopfüber schlage ich den Abhang hinunter. Granaten bersten, Menschen schreien, Bäume brennen wie Fackeln am Wege, der Himmel ist blutig rot, nicht von der nahenden Sonne allein.

Neben mir tappt der Ordonanzoffizier. Ich habe den Ein=

druck, daß niemand mehr etwas von der Richtung weiß. Ich sehe wie in Schleiern Menschen am Wege, die kreischend die Arme nach uns ausstrecken, uns umstricken, nicht fortlassen, bis ein naher Donnerschlag Alles in den Staub wälzt, aus dem wir uns stumpfsinnig wieder erheben.

Jetzt sind wir am Pargnynest. Das Dorf selbst, durch das wir müssen, flammt und donnert an allen Ecken.

Wir verschnaufen kurz in einem Unterstand, aber dann hören wir von außen das Tacken der französischen Maschinengewehre. So sollen wir denn noch mitten in den Angriff hinein und niemals heil herauskommen?

Wir raffen uns zusammen, stürzen wieder in das Flammenmeer. Wer will diesen Todesweg beschreiben!

Da endlich schimmert im ersten Morgengrau das weiße Band des Kanals, breitet sich das Alimentenbecken, dessen allzu langer und beschossener Steg uns in die Freiheit führt. Denn hinter ihm ziehen sich die neuen Stellungen.

Wir jagen nicht mehr. Das ist vorbei. Wir gehen mitten in die Schüsse hinein, denn es brennt ja überall, und sehen uns nicht einmal um, wenn es einen trifft. Vor uns sperren sie die Brücke. Nur zu, wir müssen ja hinüber. Im Rücken schnellt sich die neue Sperrfeuerkette an uns heran. Wir legen uns nicht einmal hin. Wir würden dann nicht mehr aufzustehen brauchen.

Es ist eine lange Menschenschlange, die so von den Höhen hinunterstrebt, durch das Tal keucht. So mancher schleppt treu sein Maschinengewehr, die schweren Munitionskästen, verbittert, entschlossen.

Es ist ein Kampf mit dem Nichts.

Dort hängen rechts und links Verwundete in den Armen eines Kameraden. Eine Granate fuhr dicht neben sie, man glaubt die Gruppe verschlungen, aber da gehen sie noch immer, unentwegt, treu.

Wir sind nun auch über die Brücke. Die Kanallinien sind voll von Truppen. Warum ließen sie dann so lange mit ihrem Befehl auf sich warten!

Dann klimmen wir den Boves-Rücken hinan. Der Tag ist da. Die Franzosen müssen dicht hinter K. und mir die Höhle betreten haben. Es nimmt uns wunder, daß ihre Artillerie, die jetzt mit einem Schlage den Höhenzug verschont, weil sie sich nicht mehr zurechtfinden mag, nicht in uns hineinhält, die wir wie lahme Fliegen die Berglehne aufwärts kriechen. Wir müssen uns deutlich von den grau-grünen Matten abheben.

Aber wir überwinden unbeschossen die Höhe, tauchen in ihren Schutz und gelangen endlich in den Brigadegefechtsstand. Es ist nur ein kleines Häuflein, das sich hier zusammenfindet. Man kann es schnell zählen.

Wir sehen aus wie die Wilden. Mit zerrissenen, blutbefleckten Uniformen und wirren Haaren ähneln wir Buschläufern, aber keinen Soldaten.

Vielleicht denkt das der General, der dort hinten aus dem Unterstand taucht, zur Höhe vorwärts schreitet, ohne uns zu beachten. Neben ihm flüstert der Adjutant.

Da macht der General kurz kehrt, kommt mitten auf unsere ruhende Gruppe zu. Wenige Schritte vor uns bleibt er stehen. Sein Gesicht färbt sich jäh purpurrot. Er bringt kein Wort hervor, nur seine Hand fliegt grüßend an die Mütze.

Da bleibt sie lange — bis wir aus unserer Erstarrtheit uns aufraffen, auf die Füße stellen, stramm stehen.

Der General geht.

Dort hinten ist auch Hauptmann Seest. Er lehnt seinen mächtigen Leib an einen Baumstamm, spricht mit Wangenheim. Der lacht.

Dann ist noch ein zweites Lachen da. Cholewa hat einen Witz gemacht. Ein anderer kann es noch besser. Leben ist wieder unter uns. Wir wollen es festhalten.

Ich habe die neuen Befehle vom Regiment geholt. Wir sollen nach Leuilly. So endet alles im Kreis.

Der nicht ungefährliche Rückmarsch deucht uns ein Kinderspiel im Vergleich zu dem, was hinter uns liegt. Wir fühlen uns als ein Tabu zwischen den Schlachten. Um die Mittagszeit treffen wir an unserem Bestimmungsort ein, der noch immer wie eine Oase unbeschossen in dem betrommelten Hintergelände liegt.

Jetzt wünschen wir, wieder Menschen zu werden.

Mit dem Ausscheiden des Regiments aus der vorderen Linie wird auch unser Kampftruppenkommando hinfällig. Der Rittmeister tritt zum Stabe des Füsilier-Bataillons, ich selbst weiß keine rechte Bleibe. So lenke ich müde meine Schritte zu dem sogenannten Chateau, in dem der Regimentsstab liegt. Der Oberstleutnant hatte für die letzten Tage das Kommando an den Major Milisch abgetreten. Dieser war es gewesen, der sich so nachhaltig für die Räumung des verlorenen Postens eingesetzt hatte. Das Regiment dankte ihm seine besten Leute und wir ihm unser Leben oder unsere Freiheit.

Natürlicherweise werde ich jetzt wieder in meine Stellung als Ordonnanzoffizier zurücktreten müssen, denke ich trauernd, so sehr es mich auch bei der Truppe hält.

In dem Schlößchen finde ich irgendwo meine paar Habseligkeiten. Ich habe keinen anderen Wunsch, als mich zu reinigen. Eine dienstfertige Hand bringt mir Wasser. Ich finde eine alte Wanne und plätschere munter umher. Den stattlich gewachsenen Bart, in dem ich schon Spinnweben vermute, soll nachher ein Friseur der Siebenten vertilgen.

Plötzlich öffnet sich die Tür. Der Regimentskommandeur steckt den Kopf herein und schnauft mich an:

„Sie haben hier gar nichts zu suchen!"

Am liebsten spränge ich auf und ihm an die Kehle. Eine immerhin merkwürdige Begrüßung nach allem, was hinter uns liegt.

Erst eine Stunde später erfahre ich durch Zufall vom Zahlmeister des zweiten Bataillons, daß jene Anraunzerei des Oberstleutnants die liebenswürdige Art einer Dankvermittlung bedeutet hat. Denn ich bin zum Adjutanten des zweiten Bataillons ernannt worden.

Damit ist ein alter Wunsch erfüllt. Dort erlebte ich meine meisten Schlachten, kenne jeden alten Unteroffizier und Mann.

Dort fielen meine besten Freunde. Heimat ist's, die mich erwartet.

Ich beschaffe mir schleunigst den Befehl, denn eher glaube ich an die Ernennung nicht, und melde mich beim Oberstleutnant ab. Unterwegs erfahre ich noch, daß wir mit den Österreichern bei Tolmein-Flitsch durchgebrochen sind und einen großen Erfolg davongetragen haben. Das macht die strahlende Laune unüberwindlich.

Ja, die Tage sind dem Oberstleutnant nahegegangen. Man sieht ungern seine gute Truppe zerstückelt. Er ist auch freundlicher, soweit das bei seiner Nervosität möglich ist.

„Warum sind Sie nicht schon längst beim zweiten Bataillon?" empfängt er mich mürrisch.

Eine sehr törichte Frage, aber sie will beantwortet sein. „Weil ich nicht eher von dem Befehl Kenntnis erhielt..."

„Dann hätten Sie sich drum kümmern müssen!"

Nun, ein Hellseher bin ich schließlich nicht. Scheibe, denke ich, du meinst es ja doch nicht so, und mit mir kannst du es übrigens machen, denn ich bleibe bei der Truppe. Ich grüße also zerknirscht:

„Zu Befehl!"

Aber ich weiß noch heute, daß diese Überwindung mir schwer gefallen ist. An solchen Kleinigkeiten wachsen wir Soldaten.

Dann stehe ich vor Hauptmann Seest. Sein rechtes Auge ist noch verschwollen. Dort traf ihn der Splitter der Handgranate, als die Franzosen bis zur Malepartushöhle vordrangen. Zusammen mit Wangenheim von der M. G. K. und den Meldern hat er sie eigenhändig erledigt. Es muß eine ebenso kritische Lage gewesen sein wie bei uns um die gleiche Stunde.

Wieder befängt mich die ungeheure Sicherheit, die dieser Mann ausstrahlt.

„Wie lange sind Sie schon draußen?"

„Das dritte Jahr geht nun vorüber."

„Immer Westen?"

„Gott und Ludendorff haben's so gewollt."

„Freiwillig vierzehn eingetreten?"

„Jawohl, und habe alle Phasen kennengelernt, vom einfachen Soldaten an. Das war bei Gommécourt im Januar 1915."

„Das ist gut so," er nickt zufrieden, ein Band webt sich zwischen uns, „wir werden zusammen auskommen?"

„Ich hoffe es, Herr Hauptmann. Das Zweite ist mein altes Bataillon."

„Ein sehr braves Bataillon," spricht der Hauptmann anerkennend, „es hat sich wacker geschlagen." Erst später verstand ich so recht, was dieses Lob aus diesem sonst nicht verschwenderischen Munde bedeutet hatte. „Ich hörte, daß Lücken Ihr Freund war?"

Es würgt mir im Halse. „Wir haben manche Schlacht zusammen bestanden. Er war einer der Letzten."

„Das ist überall so," antwortete der Hauptmann kurz, „es wird noch mancher dran glauben müssen, ehe wir wieder ins Manöver ziehen." Er schenkt die Gläser voll, die auf dem Tisch stehen, sieht mich streng an:

„Auf Ihren Freund! Er war ein Kerl!"

Ich glaube einen Doppelsinn hinter den Worten zu spüren. Mir soll es recht sein. Stumm schütte ich den Trank.

An diesem Abend sitzen wir noch lange in eifrigem Gespräch zusammen. Als ich dann endlich mein Lager suchen darf, senkt sich der Schlaf, den wir seit bald einer Woche kaum mehr genossen haben, wie ein Zentnergewicht auf mich nieder, erdrückt mich schier, daß der kommende Tag mich matt findet.

Aber wir haben keine Zeit. Man hat aus den Resten des Regiments ein Bataillon in der Stärke von zweihundert Gewehren zusammengestellt. Die Füsiliere, meine alten Beauregard-Kämpfer, und wir, das zweite Bataillon, vermögen nur je dreißig Gewehre aufzubringen. So sehr sind wir zusammengeschossen.

Hauptmann von Reichenau vom ersten Bataillon übernimmt die Führung. Wir selbst bleiben in Leuilly, das endlich von seinen wenigen Einwohnern geräumt wird. Denn man rechnet damit, daß der Franzose jetzt, wo er im Besitze des Chemin ist und Tageseinblick bis Laon hat, allmählich auch dieses Nest zerschießen wird. Die paar Dörfler rüsten sich zum traurigen Auszug. Auch wir selbst hoffen, bald davonzukommen.

Von meinem Vater habe ich nichts mehr gehört. Ich weiß nur, daß auch die 203er beim Gegenangriff stark zerschossen worden sind. Er selbst lebt. Ich ließ ihm einen Funkspruch zugehen, daß auch ich noch immer heil sei.

Das zusammengestellte Bataillon Reichenau liegt in Stollenkasernen bei Nouvin und Laval und wird nicht mehr zum Eingreifen herangezogen. Der Franzose hat im ganzen ein paar hundert Meter in dieser Schlacht vordringen können, schlechtes Beutestück im Vergleich zu dem großen Durchbruch, den er sich schon am ersten Tage erträumt hatte. Der kleine Einbruch aber ist ihm mindestens so teuer zu stehen gekommen wie uns. Unser Durchhalten bei Beauregard und Malepartus gewinnt jetzt erst seine große Bedeutung.

In den letzten Tagen des Oktobers kommt das Bataillon Reichenau wieder zurück. Am ersten November verlassen wir dann die unfreundliche Gegend. Man spricht davon, daß wir in Ruhe sollen.

Von den Nestern, durch die wir zogen, sind mir noch Plomion und Chaourse in besonderer Erinnerung. Plomion bedeutet für mich ein breites, französisches Bett, viel Rotwein und gute Gespräche. Das ganze Bataillon rühmt seine Quartiere, und die Grenadiere erzählen noch lange von hübschen Mädels.

Der Hauptmann hat einen Bädecker und sucht in jedem noch so kleinen Nest die „Sehenswürdigkeiten". Der Mann ist niemals untätig. In den freien Stunden lernt er Russisch — zur Erholung.

„Auch Sie haben ein Reich, in dem Sie Herr sind," hat er in Plomion zu mir gesagt, „das sind die schriftlichen Geschäfte. Ich liebe es, jedem die Selbständigkeit zu geben, die er verdient. Aber ich pflege unangenehm zu werden, wenn sich das Gegenteil herausstellt." Er sieht mich lange an. „Man irrt sich nicht gern."

Er hat sich nicht geirrt. Bis an seinen Tod, ein Jahr später neben mir, standen wir in treuer Gemeinschaft.

In Chaourse, als ich grade die Marschbefehle für die nächsten Tage durchgehe, erreicht mich ein Ferngespräch. Eine liebe Stimme trifft mein Ohr:

„Bist du's, mein Junge?"

„Ja, ich bin hier und alles in Ordnung."

„Gott sei Dank, ich hatte dich damals schon aufgegeben. Es war eine tolle Schweinerei."

„Das kann man wohl sagen. Was macht Ihr jetzt?"

„Es geht nach dem Osten!"

„Ihr Glücklichen," rufe ich neidisch in den Apparat, „uns läßt man natürlich nicht fort. Ersatz ist schon unterwegs. Wer weiß, was dann ist!"

„Gott schütze dich!"

„Dich auch!"

Die Stimme ist fort. Ich aber habe die Befehle aufzusetzen. Arbeit schützt immer vor Weichheit. Und weich ist man hinten leicht, wenn das Andere wieder einmal vorüberging.

In Laigny endlich dürfen wir bleiben. Auch Ersatz kommt. Er stammt aus Ostregimentern, die aufgelöst wurden. Das Meiste kennt den Westen nicht. Das wird Arbeit kosten.

Der Hauptmann ist unermüdlich. Sein ruhiges, ungebeugtes Wesen strahlt auf das ganze Bataillon über. Man merkt es an den Gesichtern; strafferer Zug geht wieder durch die Reihen, nicht solche Straffheit, die die Furcht vor Strafe erzeugt, die immer etwas Gezwungenes, Leeres hat. Das ist Geist, der sich seine Form gießt, die uns alle unzertrennlich vereint. Bald werden wir wieder stark sein, wenn man uns noch Zeit läßt.

Aber nicht lange dauert es. Man hat auch gewiß einige Wochen Ruhe für uns vorsehen wollen. Der Feind beschließt es anders. Dieses Mal ist es der Tommy, der uns den Strich durch die Rechnung macht.

Mitten in der Nacht kommt der Alarmbefehl. Sie sind bei Cambrai mit Tanks durchgebrochen, die Front brennt wieder.

In regnerischer Dunkelheit, durch die ein kalter Wind stöhnt und heult, tritt das Bataillon zum Abmarsch an. Kaum das Notwendigste haben wir tun können, nur die gerissenen Lücken sind wieder aufgefüllt. Wir haben Grund, bedenklich zu sein.

Der Hauptmann reitet einen umfangreichen Holsteiner, der eigentlich besser zum Lastgaul taugt. Aber für seine Glieder ist das Pferd gut. Das wenigstens wird ihn tragen können. Er setzt sich an die Spitze, gibt das Zeichen zum Abmarsch.

Unaufhörlich rieselt der Regen.

„Es ist zum Kotzen", sage ich verbissen, „was nicht alles hätten wir noch tun können, um wieder eine Truppe zu haben. Müssen wir denn auch immer heran? Es ist noch nicht lange her, daß wir bis zum letzten Mann kämpften."

Der Hauptmann sieht mich groß an. „Weshalb sollen wir denn nicht heute wieder bataillieren?" fragt er mit seinem Lieblingsausdruck. „Dafür sind wir da. Man braucht uns, verstehen Sie?"

Der Wind treibt uns den Regen ins Gesicht, daß wir bald triefend naß sind. Die Sättel werden stumpf. Hinter uns quietschen die Stiefel der marschierenden Männer, knarren die Wagen des Trosses.

„Gestern, — nun ja, und heute und morgen", vollendet der Hauptmann ruhig. „Wir werden immer kämpfen!"

Am Horizont zucken Blitze, noch fern. Doch schon schlägt Donner leise grummelnd uns entgegen. Es sind die Granaten der Tankschlacht von Cambrai, in die wir marschieren . . .

Das Buch: „Die Höhle von Beauregard" ist eine Gestaltung historischer Tatsachen, wie sie die im Besitz des Verfassers befindlichen amtlichen Unterlagen belegen. Auch die Verlustziffern sind genauestens angegeben. Dies bezieht sich u. a. auch auf den Durchschuß der Höhle.

Die in dem Werke auftretenden Personen sind mit ihren tatsächlichen Namen genannt, soweit sie gefallen sind. Falls sie noch leben nur, wenn sie dem Verfasser bereits ihr ausdrückliches Einverständnis dafür mitgeteilt haben.

Die Handlung vollzog sich an der Westfront bei einem berühmten Großkampf-Regiment in der Zeit von Anfang Mai bis Ende November 1917.

Druck:
Canon Deutschland Business Services GmbH
im Auftrag der KNV-Gruppe
Ferdinand-Jühlke-Str. 7
99095 Erfurt